プロセスでわかる住宅の設計・施工

鈴木敏彦＋半田雅俊

彰国社

装丁：榮元正博
本文デザイン＋組版：スタヂオ・ポップ
カバーイラスト：杉原有紀

読者へ

本書は、工学院大学建築学部の「建築プロセス論」の講義内容をまとめたものである。一軒の住宅のはじまりからおわりまで、設計者がいかに設計と施工にかかわるかが本講義のテーマである。受講者は3～4年生という、まもなく社会にはばたき建設業界の将来を担う若者である。彼らは希望に燃えるとともに、不安に満ちている。そんな彼らに実務の全体を提示し、希望をふくらませ、不安をできるかぎり解消することが本講義の目的のひとつである。

全体の企画、構成、司会、進行を鈴木が担当し、指南役を彼らの大先輩であり、今や手がけた数150軒を超えた、住宅設計の達人である建築家の半田雅俊氏に託した。本書でいう、「1軒の住宅」とは半田氏がさまざまな条件の中で設計した数多くの住宅であり、「はじまりからおわりまで」とは、実際に依頼を受けてから竣工、引き渡しまでのプロセスで経験、学習、解決してきたさまざまな現実のことである。この講義は単なる実務のテクニックの紹介に留まらず、これからの建築家のあるべき姿を後輩に示す場となった。

本書の中心は基礎編と実践編から成る。**基礎編**では「良質な住まいをつくるための知識と視点」として、住宅を設計する上での心構えを正す。半田氏は若きころにフランク・ロイド・ライトのタリアセンに学び、彼の住宅をつぶさに見学し「ライトに学ぶ100年住宅のつくり方」を学んだ。また、住宅の寿命を歴史とデータから再認識する「日本の住まいの歴史から考える」を通して住宅設計の意義を問い直す。

実践編では住宅のはじまりからおわりまでを「仕事の相談、依頼、敷地調査」「提案、設計契約」「基本設計」「実施設計」「見積り、工事契約」「確認申請」そして「工事監理」の7つのプロセスに分けて解説する。実務に精通した半田氏が伝える目から鱗が落ちる真実や、建築家としての矜持が学生たちの目を輝かせた。毎回の講義内容に対する「Q＆A」では今の学生の切実な問いに真摯に答えた。

そして、**資料編**では「実施設計の実際」として、建築図書一式を紹介した。実務上の図面がどんなものかを味わってほしい。

本書が建築を学ぶ学生のみならず、社会で悪戦苦闘している建築家の卵である諸君に、設計者としての責任と覚悟、そして一歩前に踏み出す勇気を後押しする役割を担うことを願う。

鈴木敏彦

目次

良質な住まいをつくるための知識と視点

基礎編

1 ライトに学ぶ100年住宅のつくり方

はじめに なぜ、価値はゼロにならないのか

日本の住宅の寿命が何年くらいか知っているだろうか。つくられてから壊されるまでの平均寿命は30年程度と言われている。家をつくるには土地代を別にしても少なくとも2千万円近くかかる。理由はともあれ、何十年もの住宅ローンを組みようやく手に入れた家が、20～30年で不動産評価がただ同然になっているということだ。

これから紹介するフランク・ロイド・ライトの住宅は、築100年以上経っているものも多いが、今なお高い価値を保っている。それは、いったいなぜなのだろうか。

私は、ライトの建築学校（タリアセン）に留学していた当時、ライトの設計した住宅を100棟ほど訪ね歩いた。オリジナルオーナーが暮らしている住宅もまだあり、ライトに設計を依頼したころの話や住み心地を直接聞くことができた。オーナーが代わった住宅も元設計を生かしていずれも大切に使われていた。

ライトは、1867年生まれ。江戸幕府の大政奉還の年だ。1959年、現役のまま92歳の誕生日目前で没するまで、400棟を超える住宅をつくり続けた。ライトが仕事を始めたころの交通手段は馬車だったが、晩年は飛行機の時代になっていた。

このようにライトが生きていた時代、生活スタイルは大きく変化したにもかかわらず、その住宅は建設後100年を過ぎた現在でも大切に使われ続けている。まずは時代の変化に耐え抜いたライトの住宅を見てみよう。

フランク・ロイド・ライト
Frank Lloyd Wright
1867年6月8日 - 1959年4月9日
アメリカ、ウィスコンシン州生まれ。1906年のロビー邸はプレイリースタイル（草原様式）の代表的作品。1910年、ドイツで出版されたライト作品集は、ヨーロッパの近代建築運動に大きな影響を与えた。1913年、帝国ホテル新館設計のために訪日。弟子の遠藤新の指揮のもと1923年に竣工。1930年代後半、カウフマン邸（落水荘）、ジョンソンワックス社と2つの代表作を相次いで発表し、70歳代になって再び歴史の表舞台に返り咲く。同時期にプレイリースタイルの発展形である「ユーソニアン・ハウス」と名づけられた新たな建設方式を考案し、これに則った工業化住宅を次々と設計した。ここでは万人に安価でより良い住宅を提供することが目標とされた。1937年のジェイコブス邸はその第1作目の作品である。

写1 「タリアセン・ウエスト」外観。アリゾナ州フェニックスに立つ、ライトらの冬の仕事場。建物はすべて自力建設である。

写2 事務所の仕事を手伝う学生たちは、自分で設営したテントで暮らす。

写3 タリアセン・ウエスト独特の石打ち込みコンクリート作業。新人はまず施工から教わる。

Column

◉タリアセンで学んだこと

私がタリアセンに在籍していたころはすでにライトは亡くなっていたが、ライト夫人をはじめライトから薫陶を受けたスタッフたちがタリアセンを引き継いでいた。当時タリアセンは、スタッフとその家族、学生たち約70人が共同生活を営んでいた。食事は交代でつくりすべての仕事は、家事も含めて分担作業で行われた。新人学生は、まず建物の修理などの工事を担当させられる。

ライトは、体験を重視していた。建築でもっとも重要なことのひとつは、素材の性質を把握していることである。それは知識ではなく、実際に触り使ってみることで身につく。どんな空間が求められているかは、自分で使ってみれば自ずから理解が深まる。使いやすいキッチンを設計するには、調理の経験が必須である。気持ちの良い空間をつくるには、気持ちの良い空間の体験がないとつくれない。それは、おいしいものをつくるには、おいしく感じた経験が必須なのと同じである。

敷地の魅力を引き出すハーディ邸（1905年）

フランク・ロイド・ライトは日本と深い因縁がある建築家だ。ライトが初めて勤めたシカゴの建築家J・シルスビーは、日本の美術を世界に紹介したA・フェノロサの従兄弟に当たる。ライトは若いころから日本の文化に強い関心を持ち浮世絵に通じていた。1905年に建てたハーディ邸の見上げのパースは、掛け軸のようなプロポーションをしている（図1）。下半分が余白の大胆な構図で、広重の浮世絵「東海道五十三次・亀山雪晴」とよく似ている（図2）。

ハーディ邸は、道路側からは平屋に見えるが内部は3層である。空間を縦に重ねることによって敷地の高低差を生かし、どの階からもすばらしい眺望を確保している。最下層にはダイニングとキッチン、湖に面した大きなテラスがある。キッチンとダイニングの間は隔てられている。当時はメイドが家事をするのが当たり前で、調理中の気配が家族に届きにくいようダイニングとの間に配膳室が設けられることが多かった。居間は2層分の開口部を持つ吹抜けになっている。湖が見渡せ、林の中にいるようなツリーハウスのような気持ちよさが満喫できる（写3）。インテリアは、白いスタッコ塗りの壁に木の縁がまわり、東京目白に現存する「自由学園」（1922年、ライト設計、重要文化財）を思い起こさせる。

図1　ハーディ邸パース

図2　安藤広重の「亀山雪晴」
ライトのハーディ邸の大胆な構図は、広重からの大きな影響が指摘されている。

写1　外観／ウィスコンシン州ラシーン

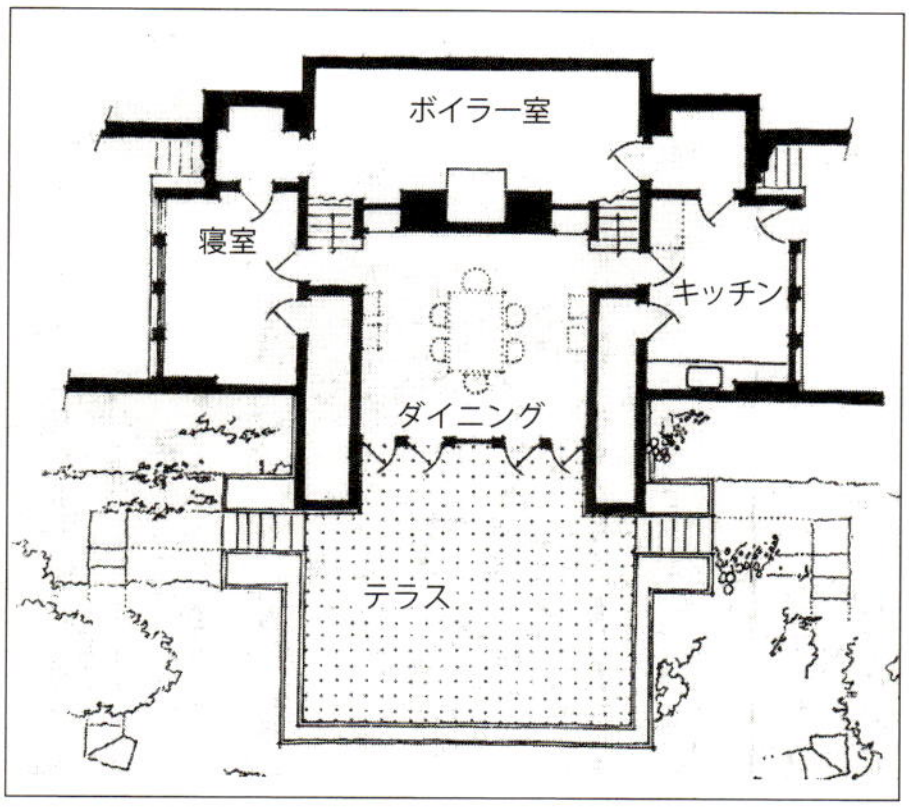

図3　下階平面

写2　ステンドグラスを用いた窓
ライトのステンドグラスのデザインは、装飾のためだけのデザインではない。大版の板ガラスの製造が難しかった当時、大きなガラスの開口部をつくるには、鉛でガラスをつなぐ方法が有効だったのである。

写3　2層分の吹抜けをもつ居間

社会の変化に対応する ウィリー邸(1934年)

ウィリー邸はハーディ邸から30年ほど経ってからつくられた住宅である。

第1次世界大戦後、世界経済の中心はイギリスからアメリカへと移り、アメリカは繁栄を謳歌していた。ところが、一夜にしてその浮かれた時代は終わる。1929年11月24日、ニューヨーク株式市場大暴落(暗黒の日曜日)が、世界大恐慌の引き金を引く。

この住宅はこうした時代背景のもと計画された。中流家庭でもメイドが家事をすることがなくなり、馬車の代わりに自動車が普及するようになった。

プランを見てみよう(図1)。限られた予算のせいもあり、この家では居間とダイニングが壁で隔てられるのではなく、両面オープンの棚で区切られている。ダイニングに面したキッチンからは、調理しながら居間が見渡せる(写1)。これが、いわゆる対面キッチンの始まりである。メイドに替わり主婦が調理するようになった社会的変化が、プランに反映されている。連続した両開きの掃き出し窓を開けると、居間は戸外と連続した空間となる。閉じられた部屋ではなく、戸外との一体感を得るために開口部の仕掛けがされている。大きな庇に開けられた水平の開口部は、室内ではトップライトとなり、内外の連続性を強調している。

写1　台所のガラス仕切りの棚をとおして食堂と居間の暖炉が見える。

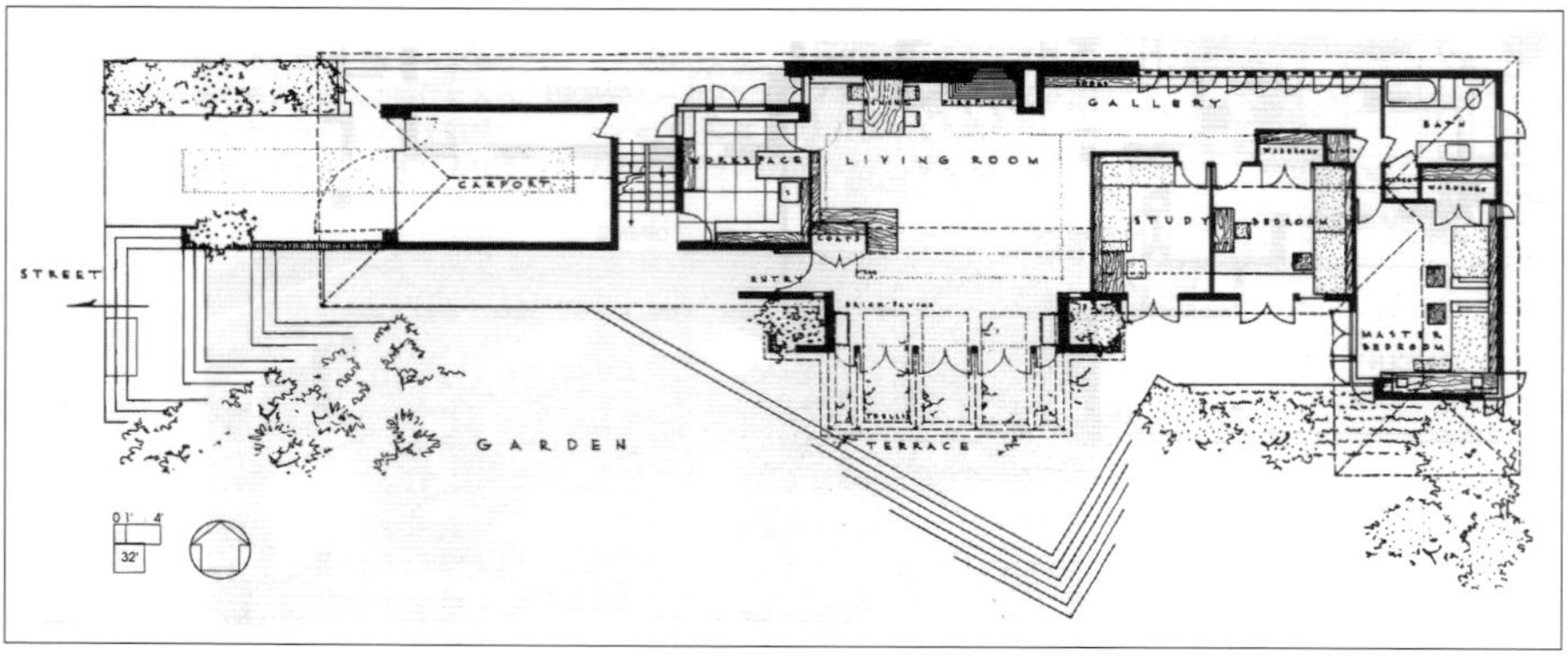

図1　平面／マルコルム・ウィリー邸。ミネソタ州ミネアポリス。1934年当時の建設費10,000ドル。

写2　正面外観

写3　ダイニング

新しい工法の開発
ジェイコブズ邸Ⅰ（1937年）

ライトは、ごく普通の中流階級の人の住宅をどうやって建てるかを、生涯かけて考えた。世界大恐慌からしばらくして、普通の人が家を建てるようになったことで、当然ローコスト住宅が求められるようになった。こういった中で、新しいタイプの住宅、ライトのいう「ユーソニアン・ハウス」がつくられた。これがそのユーソニアン・ハウスの第1号である（写2）。

地面に目地を刻んだコンクリートスラブを打ち、その目地に沿ってパネル状に組み立てた壁を起こし、水平の屋根を架ける。柱のない気密性の高いパネル工法である（図1）。このように、住まいの要素を単純化し、手間の掛からない工法を開発して時代の社会的な要望に応えた。

この家に囲われたガレージはない。代わりに大きな庇の下にオープンなカーポートが設けられた。ガレージは元々馬小屋スペースだったため、馬小屋同様に壁やドアがあったわけだが、ライトはそれらを取り払い節約したのだ。当時としては画期的であっただろう。

道路側は開口部を少なくし、庭側は大きく開いて庭を囲む。プライバシーと開放性を考慮した配置計画である（図2）。

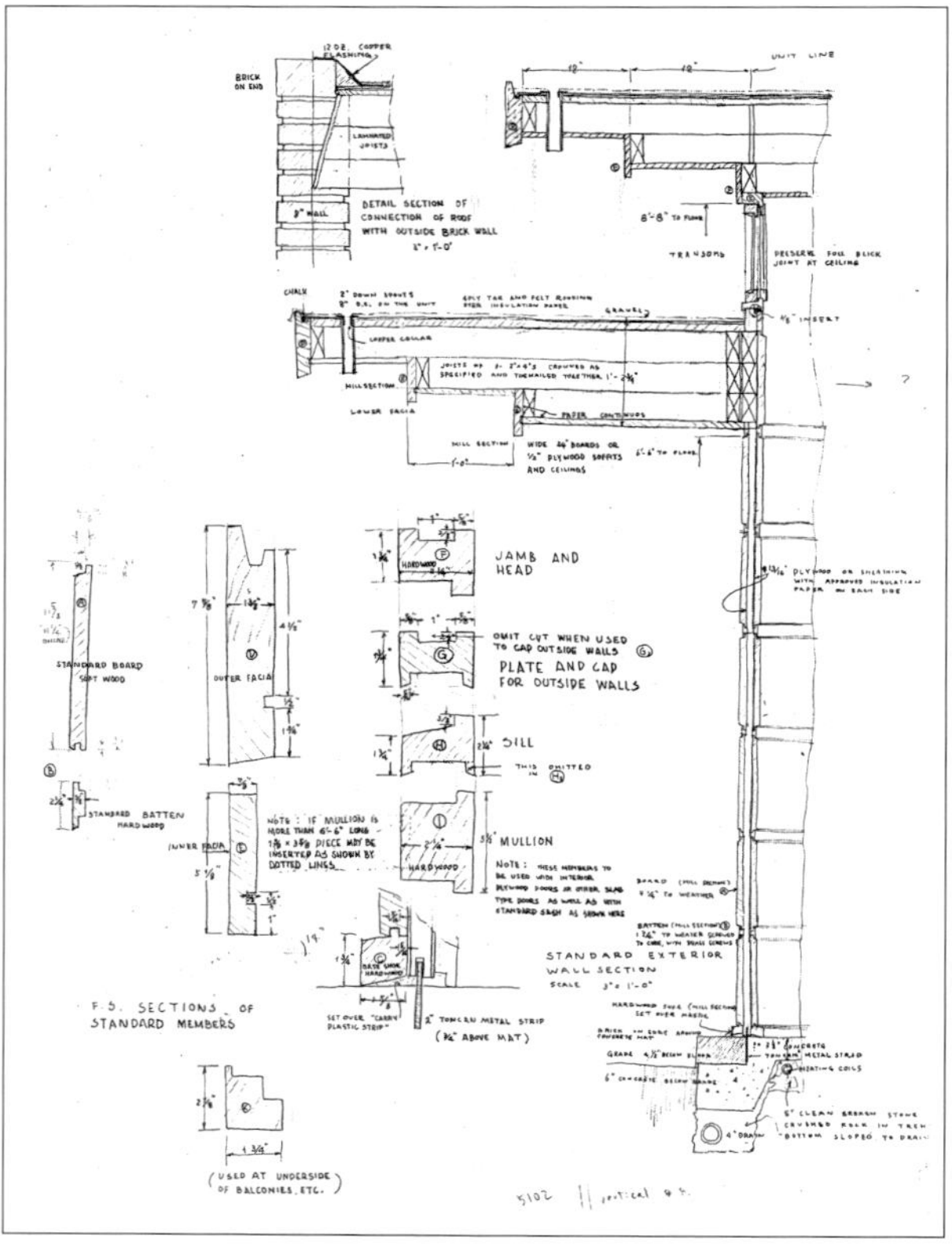

図1　詳細図／ユーソニアン・ハウス　スタンダードディテール
標準ディテールを繰り返し使うことによって、設計と施工の精度を上げコスト削減をはかった。

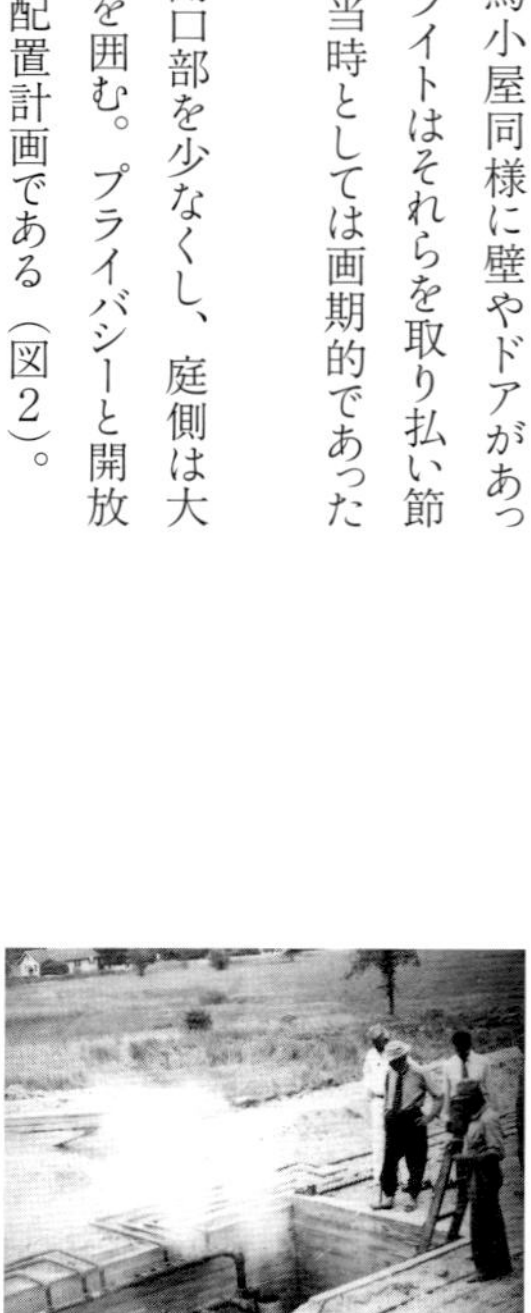

写1　床暖房の実験のようす

写2　正面外観。開口部はほとんどない。左側にガレージがない、屋根つきカーポート

写4
リビング

写3　庭側から見た外観。庭側に開かれた開口部を設けている

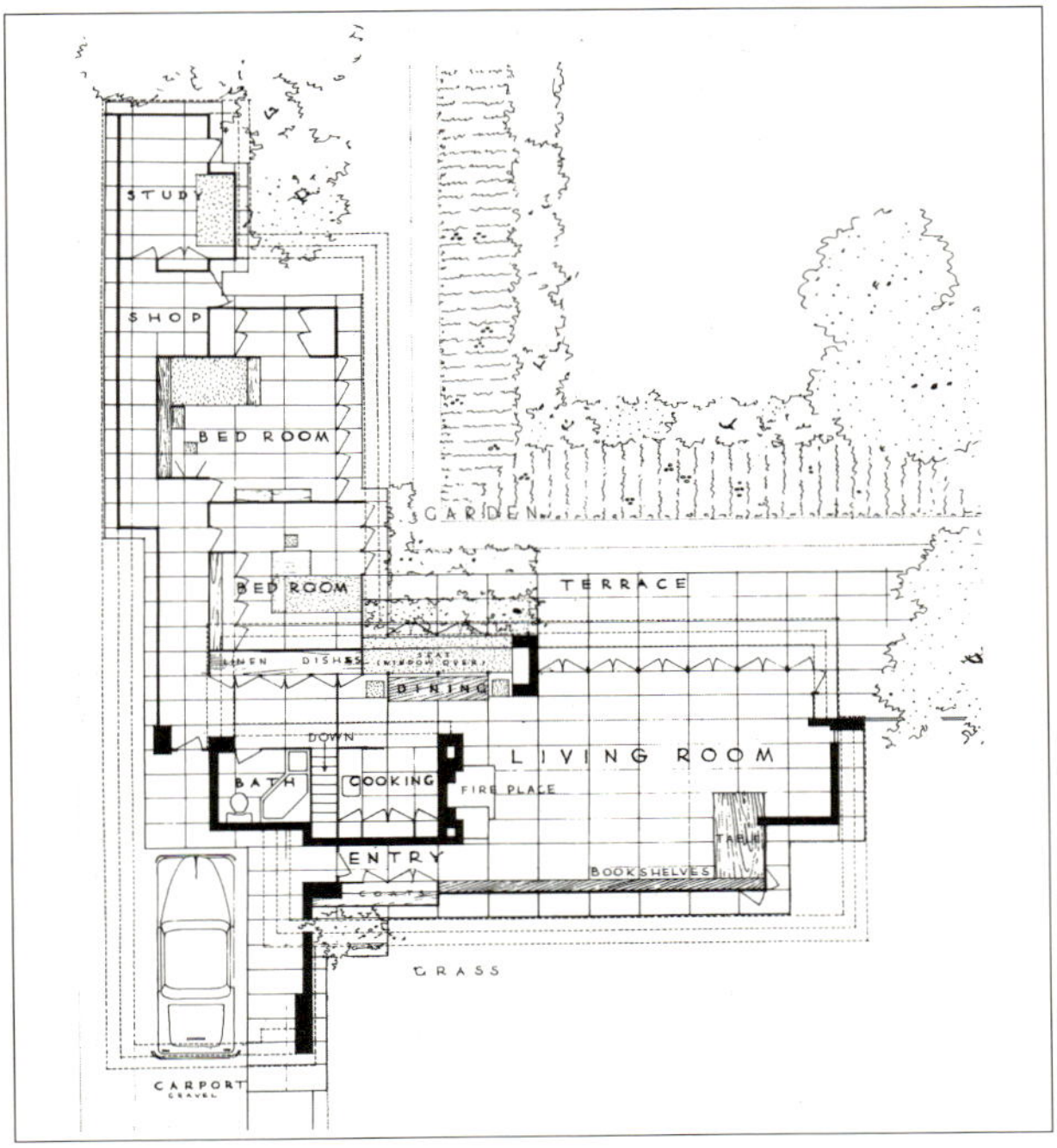

写5　寝室。目地に沿って立て起こされた壁、ドアと同じ厚さ。

図2　平面／ウィスコンシン州マジソン近くのウェストモアランド。1937年当時の建築費は、設計料を含み5,500ドル。

使いやすい動線計画と自然素材 ピュウ邸（1940年）

この住宅は、湖に面した斜面に建っている。敷地が狭かったため寝室ゾーンは2階に設けられた。素材は内外とも地元でとれる石灰石とヒノキ材、そして窓ガラスという、とてもシンプルな構成である（写3）。

プランは、暖炉を中心に玄関・居間・ダイニング・キッチン・玄関とぐるっと一周できる、使いやすい動線計画。2階には3寝室あって、風呂場が共用になっている。

木材などの自然素材は、経年変化を楽しめる。写真は築44年を経過したころだが、手入れが行き届き築年数を感じさせない。低い天井まで開いた開口部と壁のバランスがとても気持ちがいい。壁も天井も同じヒノキ材だ。床は板の上に絨毯敷となっている。大きな暖炉は、地元でとれた石灰石。まさに家の中心だ。こうした自然素材でつくっておくと時間が経つほど味わいが増してくる。

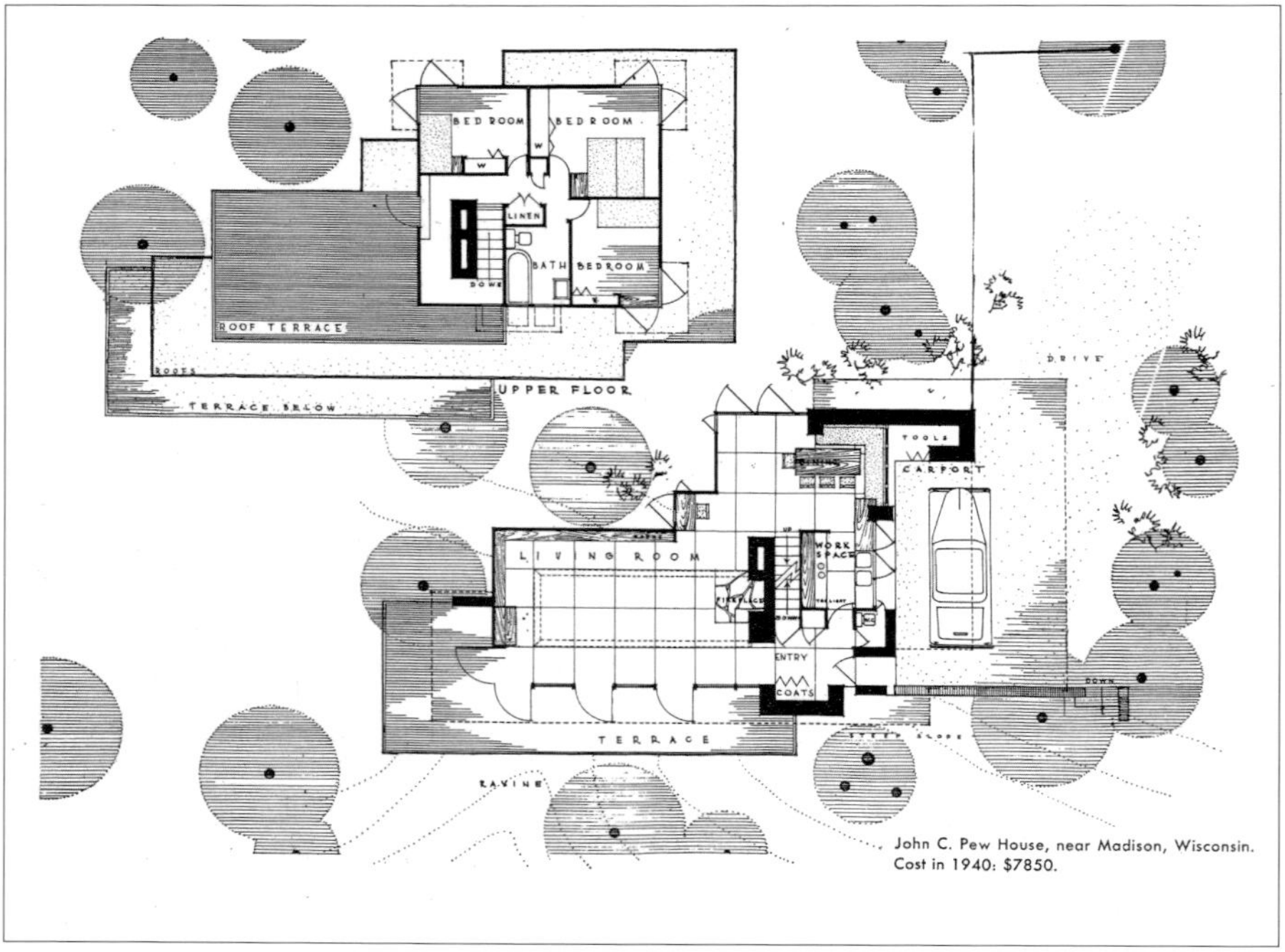

図1　平面図／ウィスコンシン州マジソン近郊。1940年当時の建築費7,850ドル。

写1　外観。海が見渡せる斜面に立つ

写2　ライムストーンの暖炉

写3　リビングの仕上げ素材は、石と木とガラス

写4　ダイニングから見る書斎コーナーと居間
建設当時（1940年）まだテレビはなかった。テレビの素材感が気に入らずピュウ氏自身で木の箱をつくったそうだ。

環境共生と家族構成の変化に応える
ジェイコブズ邸II（1946年）

先ほど紹介した「ジェイコブズ邸I」の施主ジェイコブズ氏は、その家に数年間しか住まなかった。とても気に入っていたが、子どもが増えたことと、珍しい家だという ことで見学者が絶えなかったからだ。あんまり見学者が来るものだから入場料を取ったという。ひとり50セント（写1）。入場料だけで設計料がまかなえ、ライトに再度設計を依頼してつくった家なのである。

この家は、札幌と同じ緯度にある。外壁は石積みでバナナのように湾曲した形をしている（図2）。アプローチはトンネルをくぐり、抜けると中庭に出る。景色が一気に変わる見事な演出だ。

断面図を見てみよう。中庭を1メートルほど円形に掘り、その土を外側に盛っている。寒い北風から建物を守り、土による断熱蓄熱効果を得る。大きな暖炉によって暖められた土は大きな熱量をキープし室温を安定させる。さらに外壁の土盛りは仕上げを節約することにも役立っている。

湾曲した建物の内側は、吹抜けで2層分のガラス窓。日中の日差しをできるだけ長い時間正対して取り入れるための計画である。冬は奥まで日差しが入る。庇はとても長く、夏の日差しを遮る。もちろん床暖房も入っている。2階の床は、屋根から吊られ1階の室内に柱は無い。2階の個室ゾーンは家族構成の変化に応じて間仕切りを容易に取外しができるようにつくられている。ライトはこの家を「太陽の半円住宅」と名づけた。まさに、今でいう環境共生住宅である。

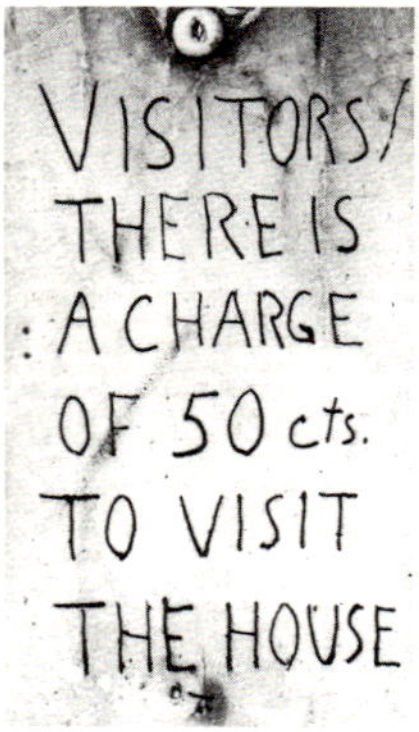

写1　入場料50セントの張り紙

写2　土で埋め込まれた壁

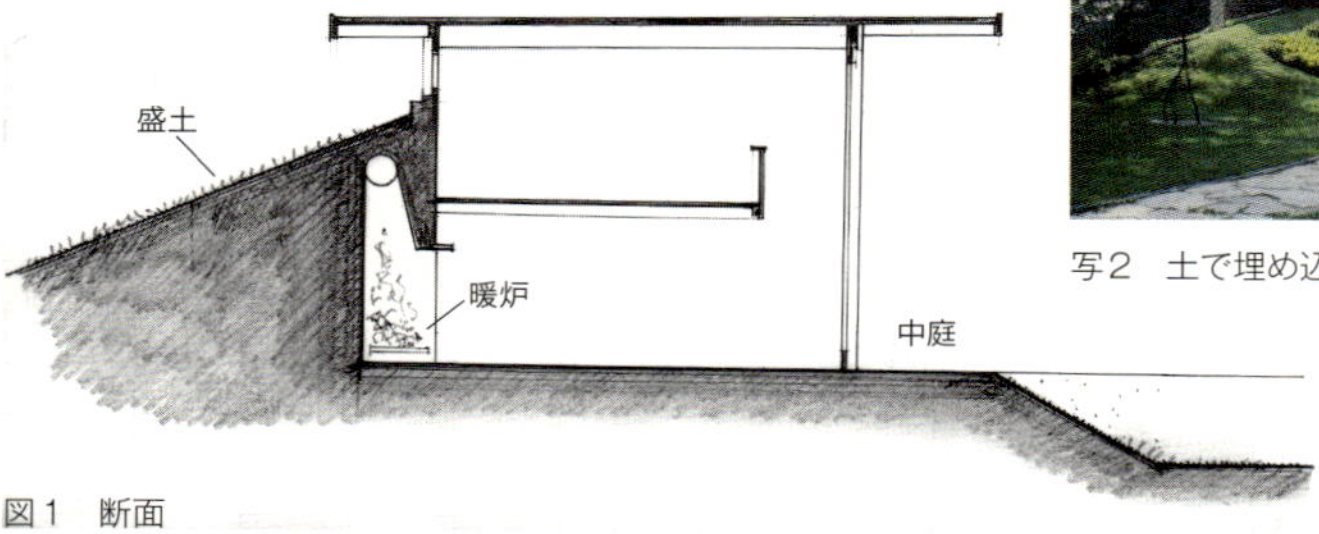

図1　断面

写3　庭側外観

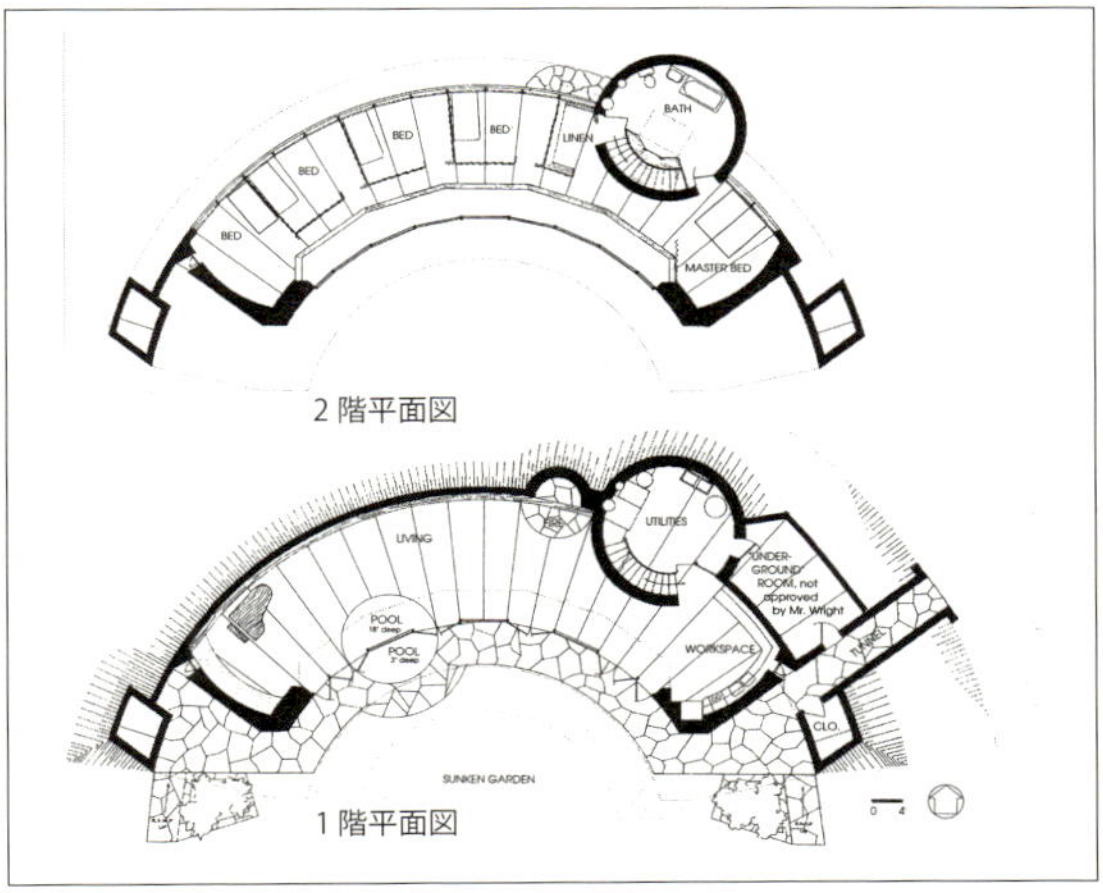

図2　平面

写4　屋根から吊られた2階床

写6　自然素材で仕上げられた内部。左側に暖炉
ふつう建築写真はモノを片付けて撮ることが多いが、ライトの住宅は普段の住んでいる状態であってもサマになっているのはさすが。

写5　2階部分

新しい素材の魅力を引き出す プライス邸（1954年）

これは、アリゾナの砂漠に建つ住宅である。夏の日中の気温は40度を越える。巨大なサボテンが林立し、ガラガラヘビが生息している厳しい気候条件である。ところが、冬は、実に快適。戸外が気持ちいい土地柄だ。富裕な建築主であったため、予算は十分あったはずだが、ライトが選んだ素材は、コンクリートブロックと木毛版。粗野で安価な素材であるが、荒々しい気候と融和し安っぽさをまったく感じさせない。まさに自然界の一部のようだ。

屋根の付いたオープンエアの居間（アトリウム）は、周囲のドアを開け放つとまさに大自然と一体になり、木陰の快適さが味わえる。室内のリビングと寝室ゾーンが、アトリウムの両サイドに長く伸び、厳しい気候から安全に守られながら周囲の自然が満喫できる。まさに自然環境の特徴を最大限に活かした住まいである。

写1　外観
ライトは、建築を学ぶ学生達を意図的に施工に参加させた。素材の特性を体で知るためである。

写2　オープンエアの居間

写3　リビング

建売住宅でもビンテージになるアイクラー・ホームズ(1950年代)

アイクラー・ホームズは、カリフォルニアで1950年代から70年代に販売された建て売り住宅であるが(写1)、半世紀経った現在でも人気が高い。創立者のJ・アイクラーは、フランク・ロイド・ライトのユーソニアン住宅に住んだことがあり、ライトのビジョンに即発されてこんな住宅を売りたいと40代になってから有能な建築家を雇いロスアンジェルスで不動産業を始めた。彼の住宅にははっきりとした特徴があり、スタイリッシュで実用的な住宅は11000棟以上も売れた。

若きS・ジョブズとS・ウォズニアックがアップルコンピュータを始めたのは、こんなアイクラー・ホームズのガレージからだった。ジョブズは、次のように語っている。「子供のころ、アイクラー・ホームズはすごいと思ったからこそ、のちに、くっきりとしたデザインを持つ量販品の提供に情熱を燃やすようになった。」(注1)

建売り住宅でもきちんとした主張をもってつくっておくことで、ビンテージの建物になりうるのである。

これから建築に携わるときには、毅然とした見識を持って、世の中のために「こういう家だぞ」というものをつくっておけば、100年以上たっても人気の建物になる可能性がある。そのためにはどういうことをしなければならないか、常日ごろ考え続けることが重要だ。

注1 W・アイザックソン、井口耕二訳『スティーブ・ジョブズ1』講談社、2011

写1 外観。ガレージと一体化

2 日本の住まいの歴史から考える

竪穴住居からたどる住まい

日本古来の住居形式としては、竪穴住居と高床式住居がよく知られている。写1は、弥生時代登呂遺跡の復元建物である。高床式は主に穀物倉庫として使われていた。竪穴住居は縄文時代までたどれる住居形式である。数十センチ地面を掘り下げ屋根をかける。床にはわらを敷き詰め中央で火を焚く。窓はない、採光は入り口のみ。寒さをしのぐことが優先されたのだろう。竪穴住居は東北地方では江戸時代まで残っていたらしい。

「北村家住宅」（重要文化財）は、神奈川県川崎の日本民家園に移築されている江戸時代の名主の家である（写2）。室内は、大きな土間があり、広間の床には竹のスノコにムシロが敷いてある（写3）。畳の部屋は寝室一部屋のみ。畳の歴史は古く、平安時代の貴族の館では、部分的ではあるがすでに使われていた。一般の住宅の床に畳を敷き詰めるのが当たり前になったのは、ずっと後で江戸時代中期の町屋から。農家においてはさらに遅く明治時代になってからだ。

写4は世界遺産にもなっている五箇山地区の合掌造りの民家である。合掌造りは急勾配の大型茅葺き建築である。深い雪と養蚕をするためにこの形が生まれた。兄弟の家族も一緒に住む大家族の住まい方であった。五箇山には、壁のない屋根だけの家が残っている。まるで竪穴式住居のようだ。近年まで人が住んでいたという。

写5も日本民家園に移築されている長野県の住宅である。屋根は板葺き。板が風で飛ばされないよう石がのせてある。石が転げ落ちない程度の比較的緩い勾配である。近年まで日本の住まいは、地域や気候によって形態はかなり違っていた。

写1　登呂遺跡　弥生時代

写3　床は竹スノコにムシロ

写2　北村家住宅　築300年

写5　石置屋根の民家

写4　五箇山の壁のない家

農家と町屋

平面計画から見てみよう。日本の民家は、大きく分けると農家と町屋の形式がある。

農家の基本的な間取りは、漢字の田の字に似ていることから「田の字プラン」という。部屋の真ん中に大黒柱があって、十文字に梁を掛け渡す（図1）。大きな土間スペースがあり、農作業にも使われる。土間には必ずかまどが設けられている。上足のスペースには囲炉裏がある。火を炊くので天井はない。床は板敷きが多い。

これに対して町屋は、街道沿いに連続して家が建つので間口が狭く奥行きが長い（図2）。家の間口に応じて税金が掛かることもあったそうだ。通り土間といって、片側が道路から裏庭まで土足のまま通れるようになっている。部屋は道路側から縦に連続する。隣り同士壁がくっついており採光や通風を考えて中庭を設けたり、高さを変えて高窓を設けるなどの工夫をした（写6、7）。

農家と町屋は、独立して建つのか連続しているのかの違いはあるが、それぞれ地域によって構造形式がだいたい決まっている。用途に合わせてつくるというより、人が建物に合わせて使う。個室も玄関もない。近代以前の日本は、これらの形式が長く使われてきた。言わば「型のある」住宅である。

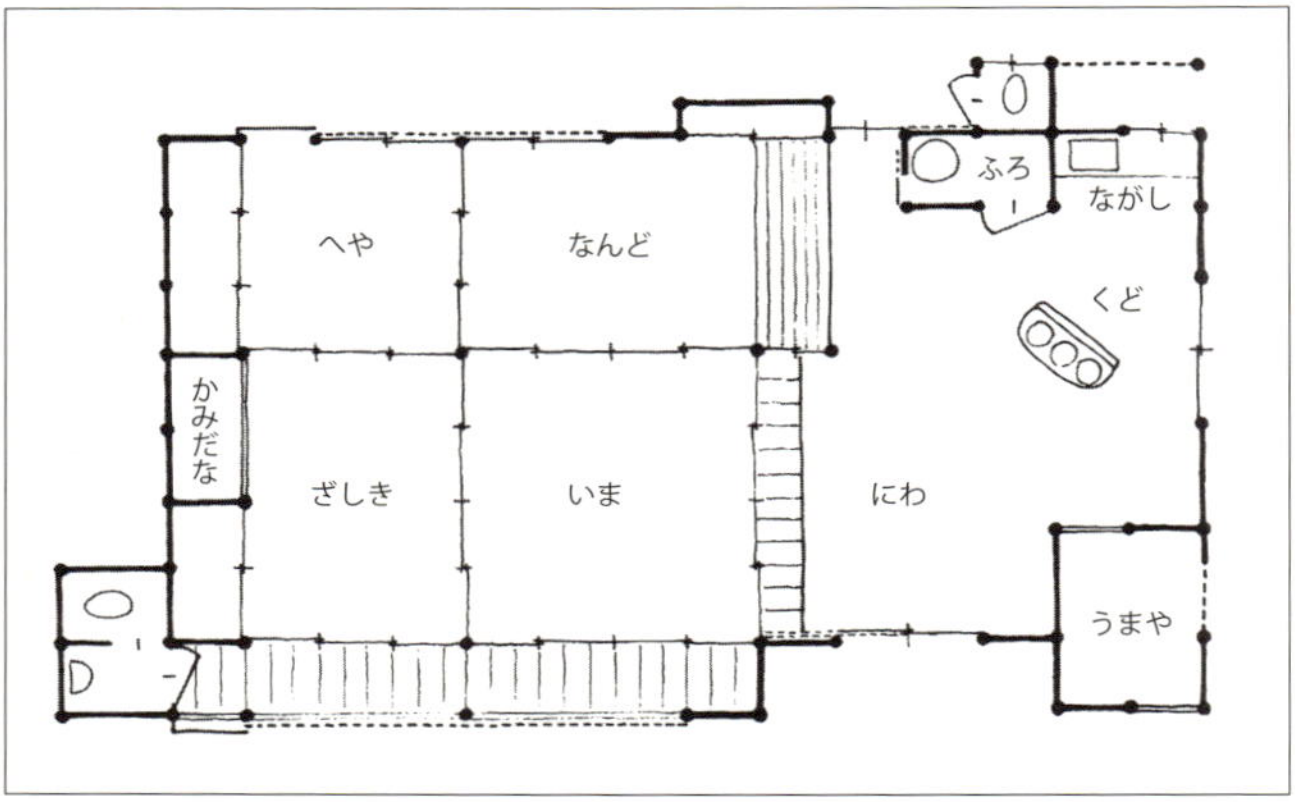

図1　農家の間取り

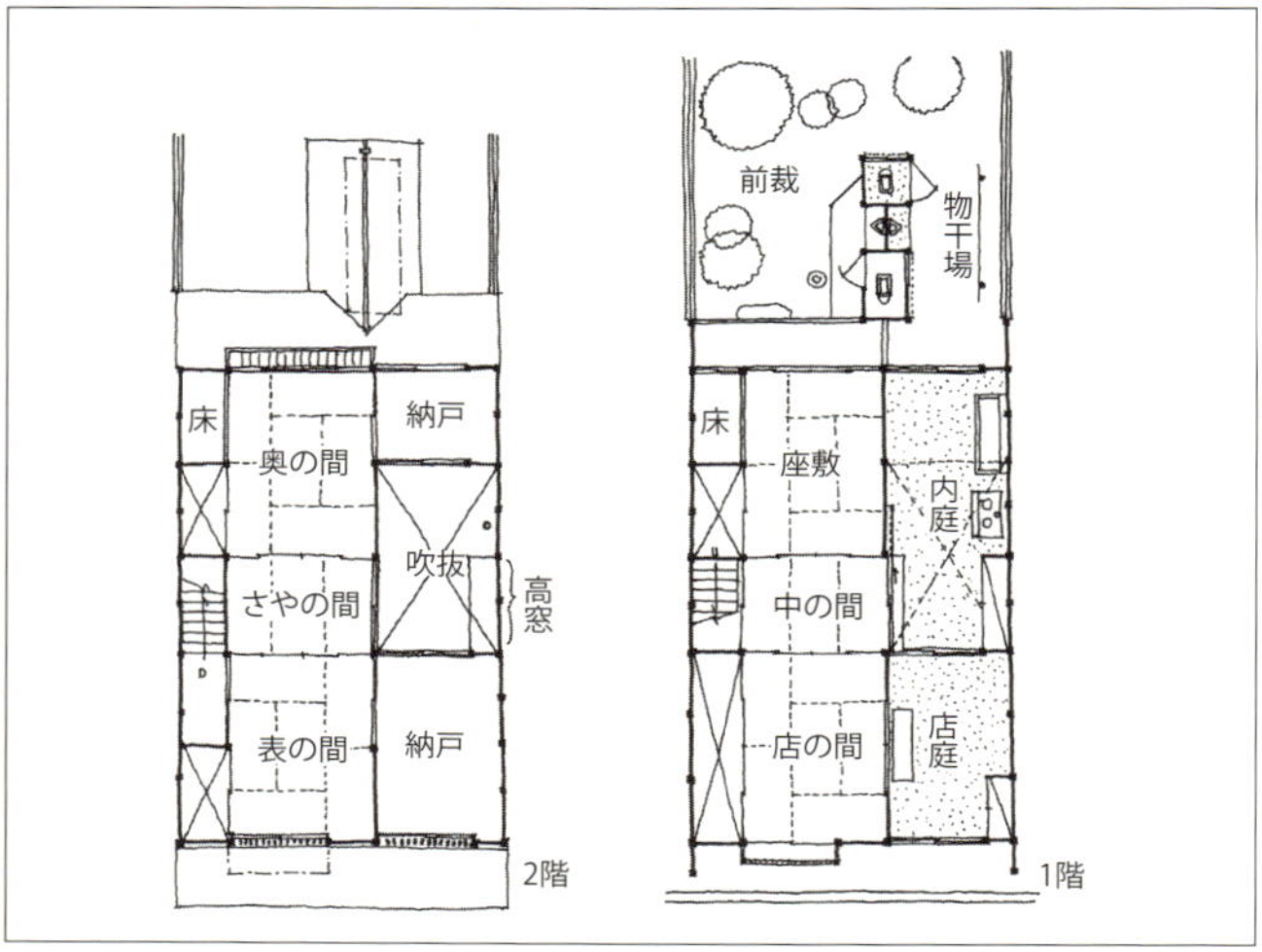

図2　町屋の間取り

写7　連続した町屋　高山　吉島家

写6　吉島家内部　高窓からの採光

明治大正の家

図3は、森鴎外と夏目漱石が借りて住んだ明治時代の家である。明治以降、西洋の文化が入ってきたことで、住み方も大きく変わった。間取りを見ると、南と北に縁側が有り部屋が並んでいる。障子には小さなガラスがはまっていた。当時、日本では板ガラスが製造されていなかった。窓ガラスはすべてヨーロッパからの輸入品である。

日本でも板ガラスが製造できるようになったのは、大正時代である。それまで庶民の家に窓ガラスはない。開口部は、障子と雨戸で構成されていた。障子は濡れてしまえば破れやすくなってしまうので、軒を深く出して雨戸を付けることが必須だった。窓ガラスのあるこの家は当時としてはかなり上等だったはずだ。

大正時代になると明治の家と似てはいるが、だんだん使い勝手に合わせた家づくりになってくる。図4は東京の中野に建っていた。住んでいたのは、夫婦、子ども3人と女中の6人である。4部屋の間取りでどうやって暮らしていたか。東南の角の客間は、日常は使わない。6畳の茶の間にちゃぶ台を出し、みんなで食事をする。夜はかたづけて母親と長女が寝る。隣の8畳間に父親と長男、3畳の部屋に女中と次女が寝ていたそうだ。性別就寝が普通だったのである。

比較してみてほしいのが台所と玄関の大きさだ。裕福な家族だったはずだが、台所は勝手口を含めてわずか2.5畳。玄関は台所よりも大きい。現在の家では考えられないバランスである。上水は外部の井戸でトイレはくみ取り。水道工事は不要だった。

明治・大正の家に共通なのは縁側だ。縁側は出入り口でもあり、家族のくつろぐ居間の機能も果たしていた。近隣の人たちとのコミュニケーションスペースでもあった。

実は、戦前までは都市部では借家がふつうで、東京では8割、大阪では9割が賃貸住宅だった。家は大家さんが建て、借りて住むのが当たり前だったのである。個人

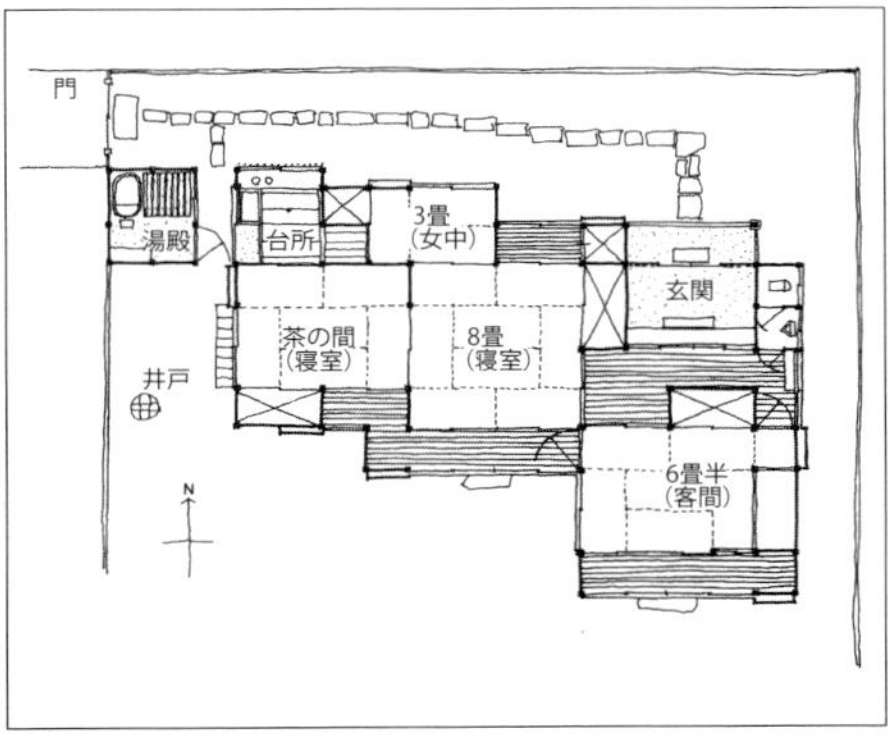

図4　大正時代の家

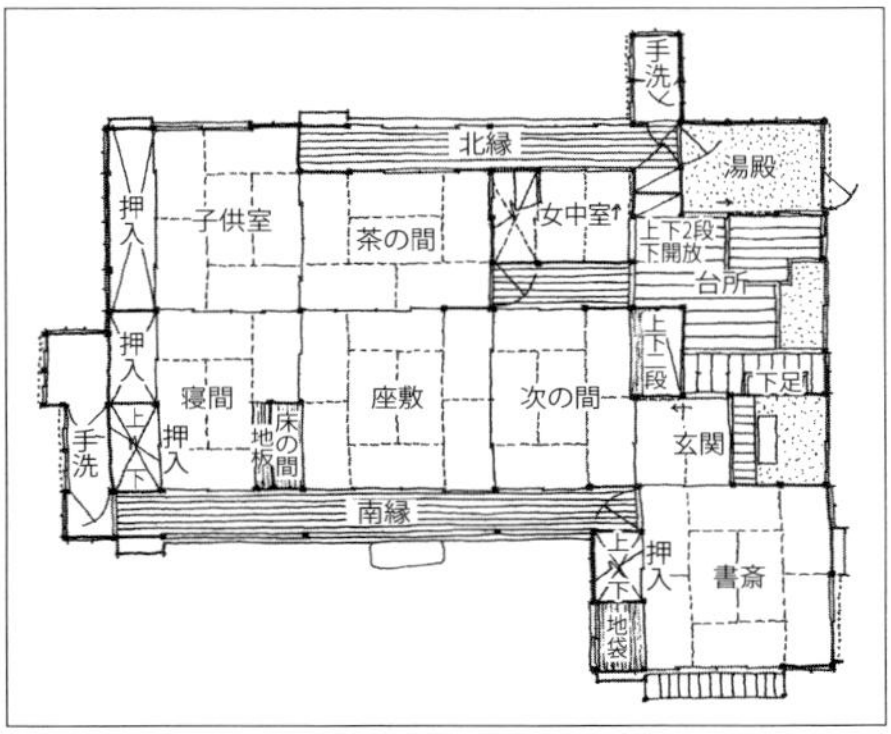

図3　明治時代の家

が家を建てることは希だった。太平洋戦争の末期、空襲により大都市が焼かれ、敗戦によって外地から大勢の日本人が引き上げてきたため、極端な住宅不足が起こった。打開策として、ふつうの人が土地を買い、家を建てることを政府が奨励した。経済効果が大きいためである。相続法や、借地借家法が変わったのも大きく影響している。土地や家を貸すことが不利になった。その結果、住宅の所有形態が大きく変わって、普通の人が家を持つようになったのである。わずか70年前の出来事である。

大地震と不燃化

1932年9月1日関東大震災が起き、東京・神奈川は壊滅的な被害を受けた（写8）。10万人を超える人が亡くなったが、死因の多くは火災によるものだった。地震が起きた時刻が昼どきで調理中の火が倒壊した建物に燃えうつり、運悪く強風が吹いていたため燃え広がって人的被害を大きくしたのである。

これを機に住宅の不燃化が叫ばれて、住宅をコンクリートでつくる動きが始まった。同潤会という組織がつくられ、鉄筋コンクリートの共同住宅を提供した（図5）。いわゆる集合住宅の走りである。住戸面積は小さいが、設備は、電気・ガス・水道・水洗トイレが備わり充実している。都市部は、銭湯が一般的であったため浴室はない。都会的な新しい生活スタイルの到来である。

写8　関東大震災

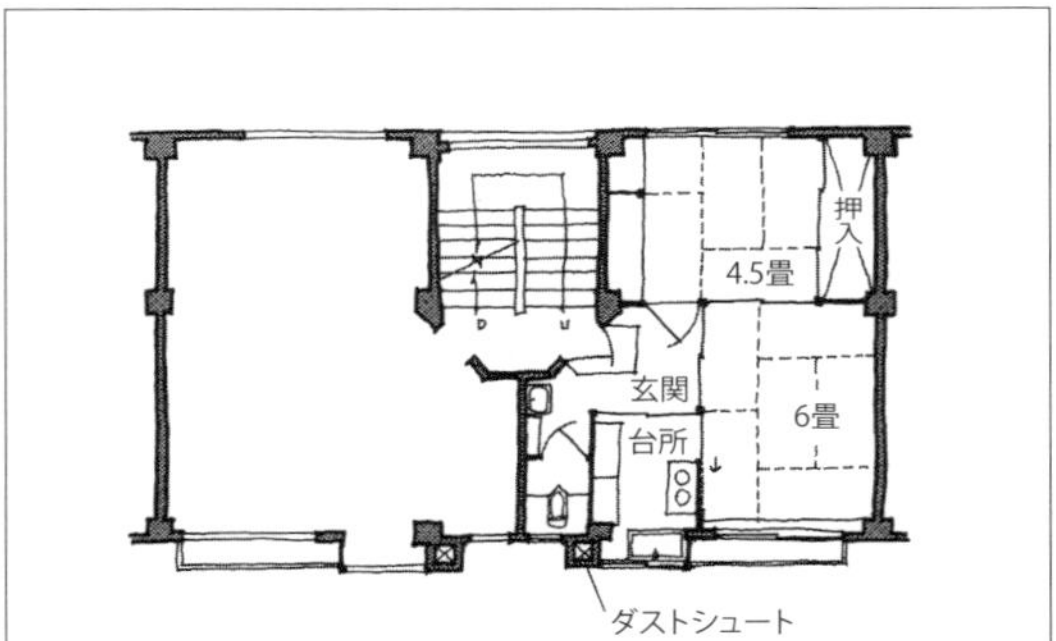

図5　同潤会アパートの間取り

戦災復興の住宅

米軍の焼夷弾による空襲は都市部に壊滅的な被害をもたらした（写９）。焼け跡にわずかに焼け残った材料でバラックを建て、雨露をしのいだ人も多かった（図６）。資材の極端な不足から家を建てるにも坪数制限が行われた。混乱が一段落してくると、政府の後押しもあり個人が家を建てるようになった。持ち家政策の開始である。日本住宅公団が設立され、個人に土地と家を入手する融資を始めた。こうした中で新進気鋭の建築家たちが小さな個人住宅に携わるようになり、次々と魅力的な住まいをつくりだした。増沢洵の「最小

写９　焼け跡

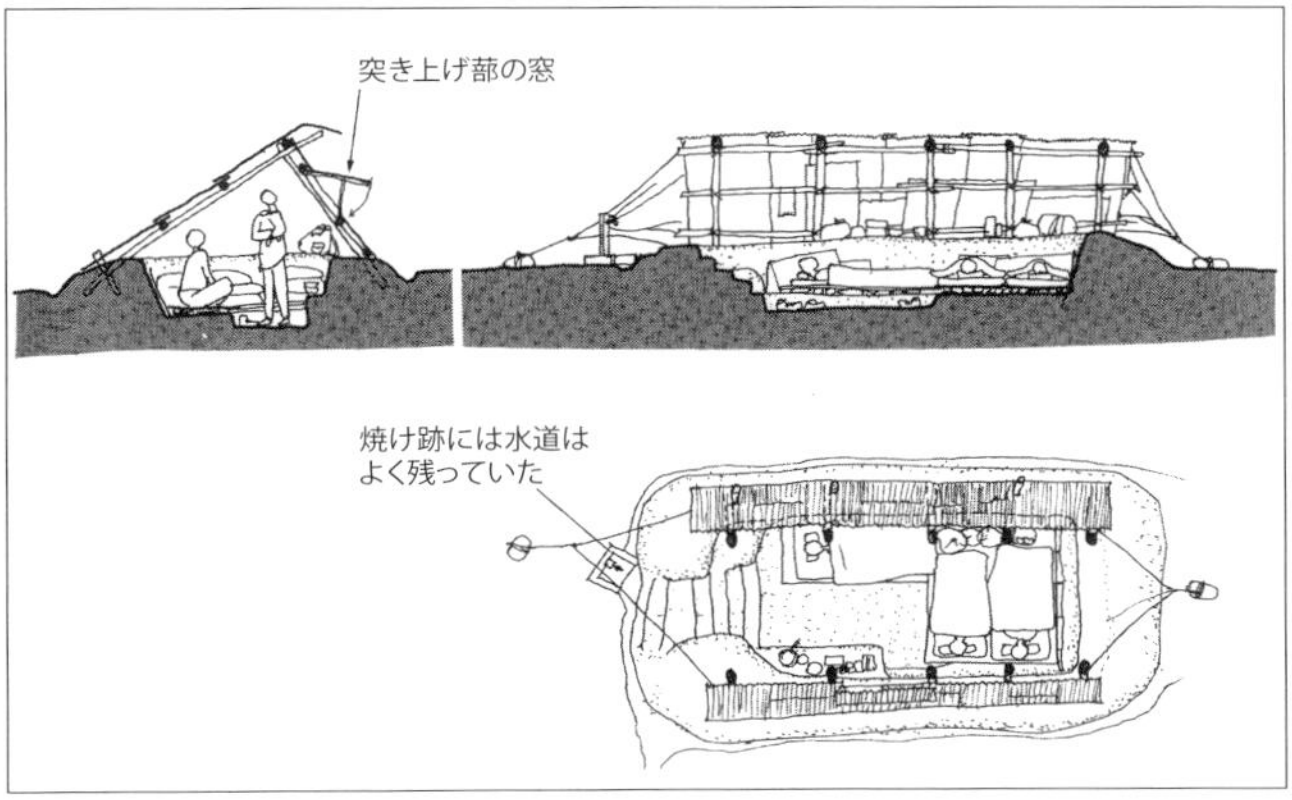

図６　戦後の焼け跡住宅

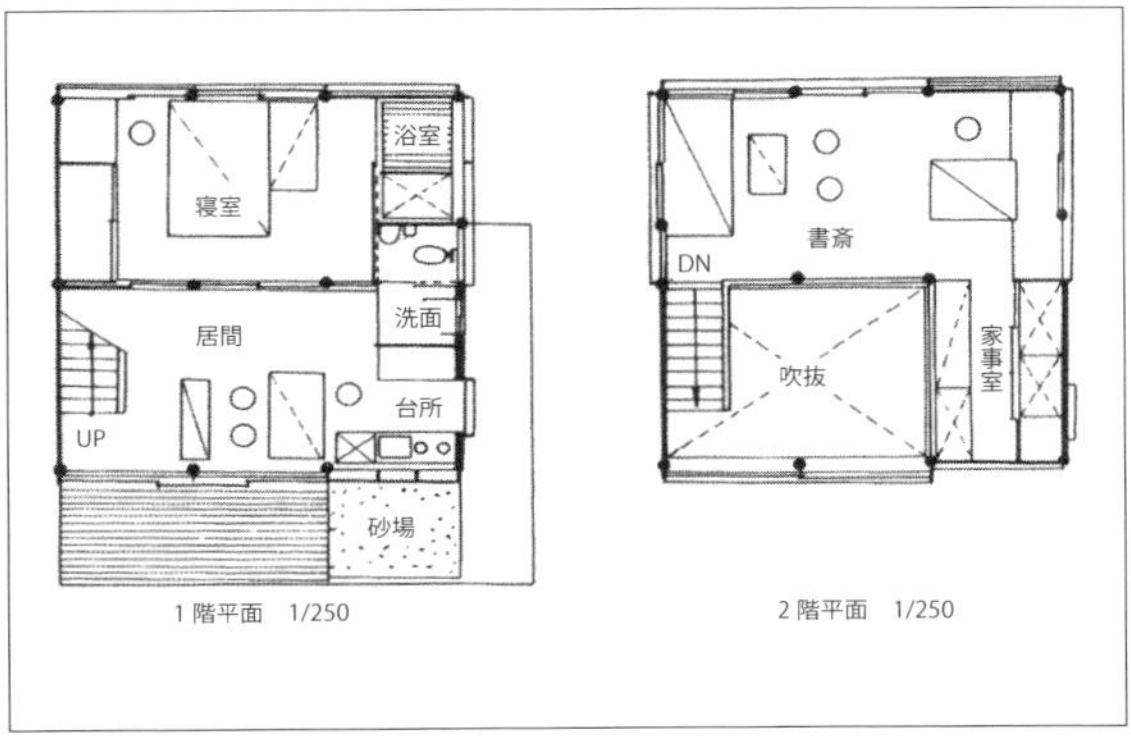

図７　最小限住宅

写１０　増沢洵　最小限住宅

限住宅」は、1952年にできた自邸である（図7）。3間角総2階の小さな住宅で、増沢さんの設計事務所も兼ねていた。このプランは、半世紀後に「9坪ハウス」としてリメイクされている。

図8は広瀬鎌二の自邸「SH-1」である。SHとはスチールハウスのこと（Steel house）。その第1号で木造ではなく軽量鉄骨造の試みである。このとき広瀬が掲げた5つの設計条件がある。①「耐震耐火」。関東大震災や東京大空襲で大変な人命が失われたことを踏まえてのこと。②「給湯」。戦前はお湯どころか井戸のくみ置きが当たり前で、室内で水が出ない家が少なくなかった。③「水洗式洋式トイレ」。洋式トイレが一般的になったのは、つい最近のこと、30年前くらいからである。当時は、ほとんど和式のくみ取り式で便所は寒くて臭いものだったのである。居室からできるだけ離して設けられていた。④「洋間」。伝統的な家は、可動式のふすまなどで仕切ってあるだけで、プライバシーのある独立した明るい部屋はなかった。座式ではなく、椅子式の生活の提案だ。⑤「暖房設備」。昔の家には暖房設備はほとんどなかった。囲炉裏は1か所しかなく上部には煙出しの穴が空いている。居室は火鉢だけ。気密性はまったくなく、寒さをしのぐのはもっぱら着衣によっていた。広瀬はそんな木造ではなく、住宅を鉄とガラスなどの素材で工業生産的につくろうと提案した。これらの提案は、現代住宅の先駆けであった。

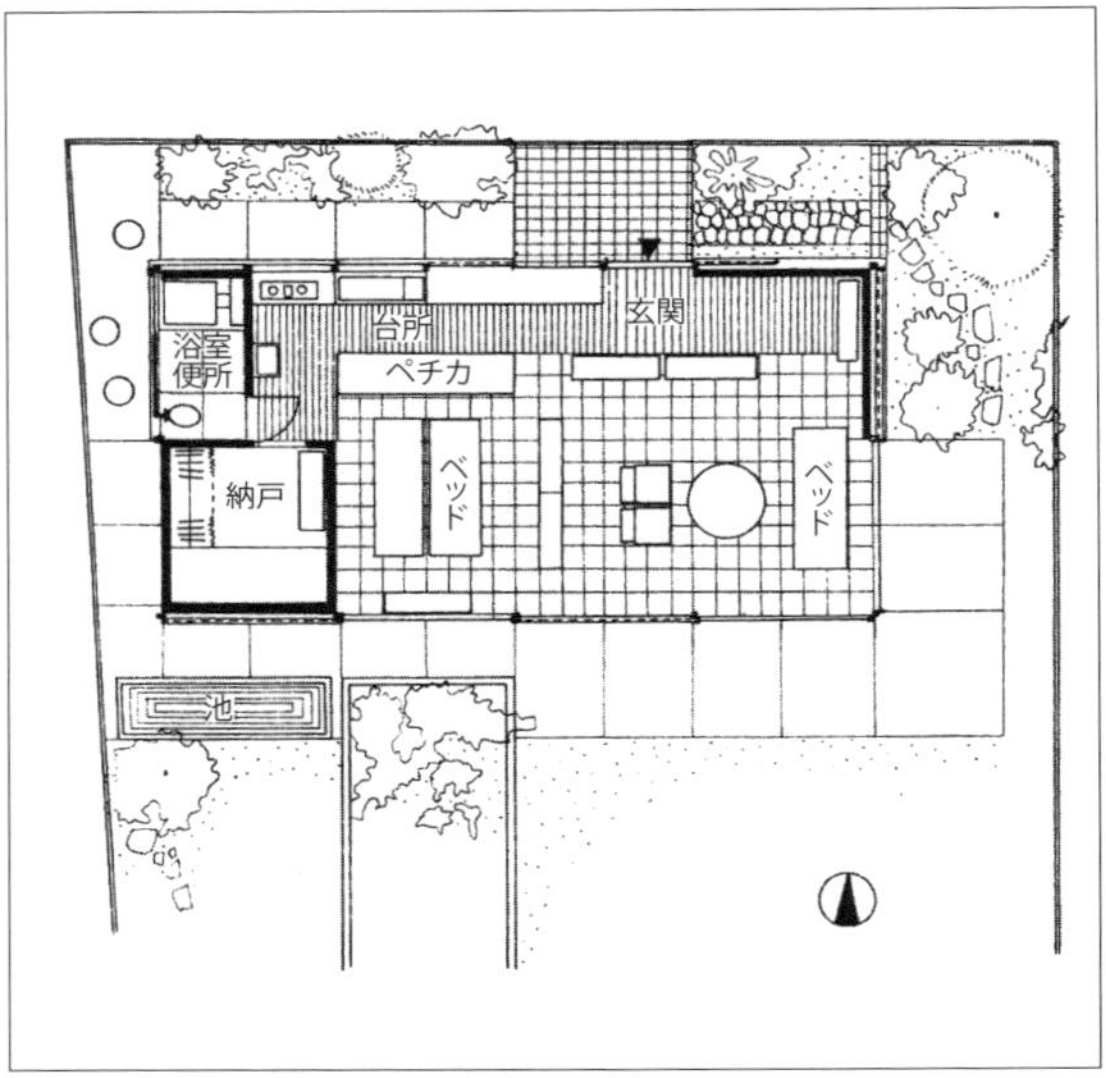

図8　SH-1

写11　SH-1外観

集合住宅とハウスメーカー

戦後、集合住宅も大きな発展を遂げる。住宅改善に応えるため不燃の鉄筋コンクリートでアパートをつくる動きも始まる。全国に公営住宅を広めるために建設省によって標準設計がつくられた。その後の家づくりに大きな影響を与えたのが「５１Ｃ型」と呼ばれるプランである（図９）。面積は12坪（39.6㎡）。６畳間を区切り、寝食分離を提案した。台所は食事室を兼ねる。ダイニングキッチンの始まりである。ステンレス流し台が設置され、椅子とテーブルで食事をする。この生活スタイルは、その後戸建て住宅にも広く普及した。ｎＬＤＫの間取りが急速に広まってゆく。

１９６０年前後になると、ハウスメーカーが台頭してくる。中でもセキスイハイムの「Ｍ１」は、工場で組み立てられた鉄の箱をトレーラーで運び現場で組み立てる。プレハブ住宅の登場である。１９７１年のことだ。１９７４年には2×4工法も認可され様々な工法が広まっていった。

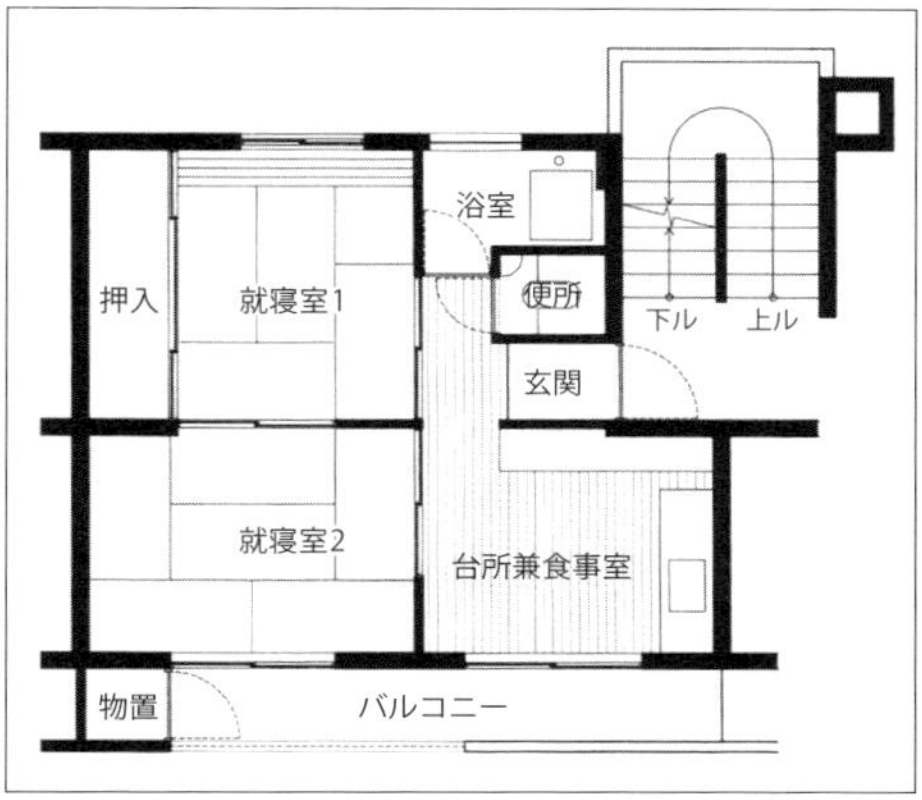

図9　51C型住宅の平面

写12　トラックからクレーンで吊り上げられたM1ユニット

住まいの寿命をどう考えるか

ここまで、日本の住まいの歩みを古代から現代まで早足で見てきたが、次に家の寿命についてふれる。これは１９９０年前後のデータにもとづく、世界各国の家の寿命の平均値である（図10）。

イギリスは１４１年、アメリカは１０３年、ドイツやフランスは、80年前後。ところが日本だけが30年と極端に短い。アメリカは消費大国で、なんでも使い捨てるというイメージがあるが、住宅寿命は日本より3倍も長い。

図11は建築を建て替える際に、除却（解体）された住宅

の築年数のグラフである。これを見ると、20~25年ぐらいで壊されるピークがあり、木造より非木造のほうが多く壊されている。木造の場合、50年程度で壊されているものがいちばん多い。つまり除却される大きな理由は、必ずしも構造的な老朽化によるものではないということだ。

　こうした背景には、日本における生活習慣の大幅な変化が大きく影響している。たとえば、私が子どものころ田舎の農家では、カマドと七輪でご飯をつくっていた（写13）。冷蔵庫はなく貯蔵できる食料品には限りがあった。そのため一汁一菜、おかず一品、味噌汁とご飯だけという食卓が当たり前で、食事は家族全員で食べることが原

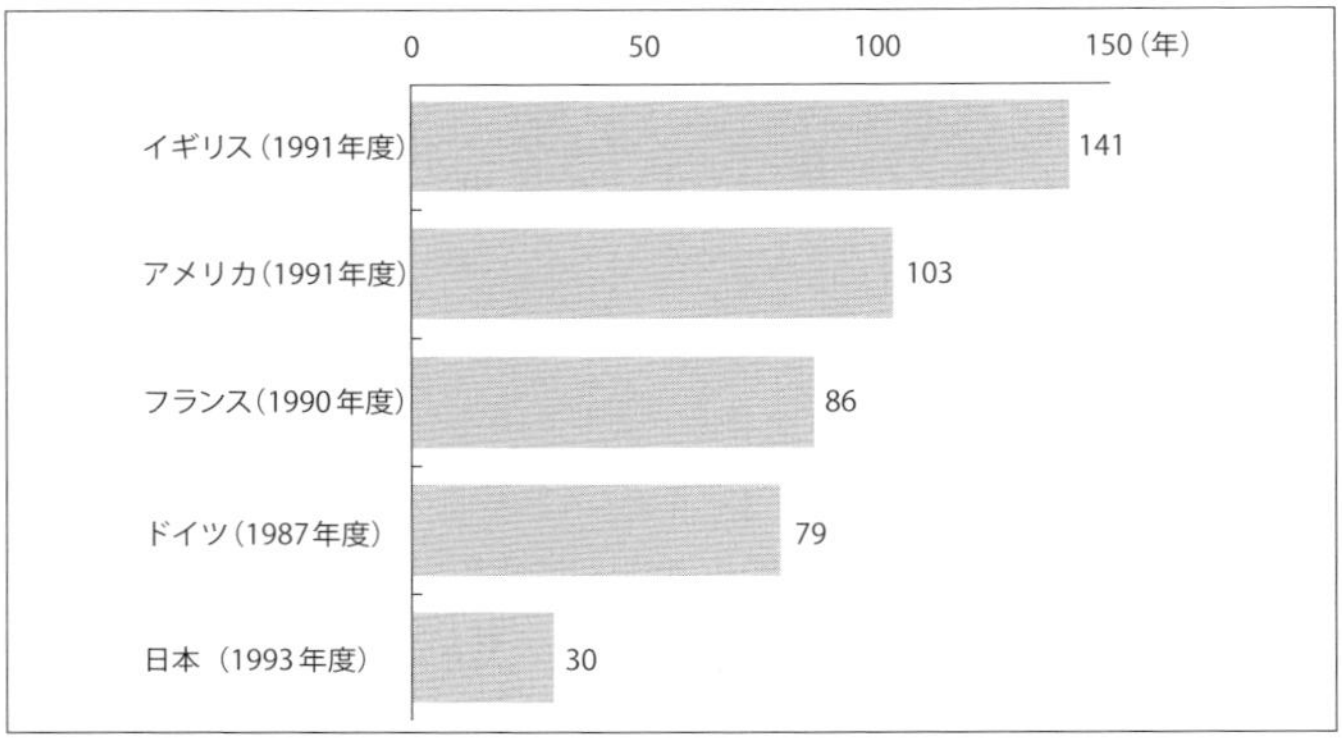

図10　世界の住宅寿命

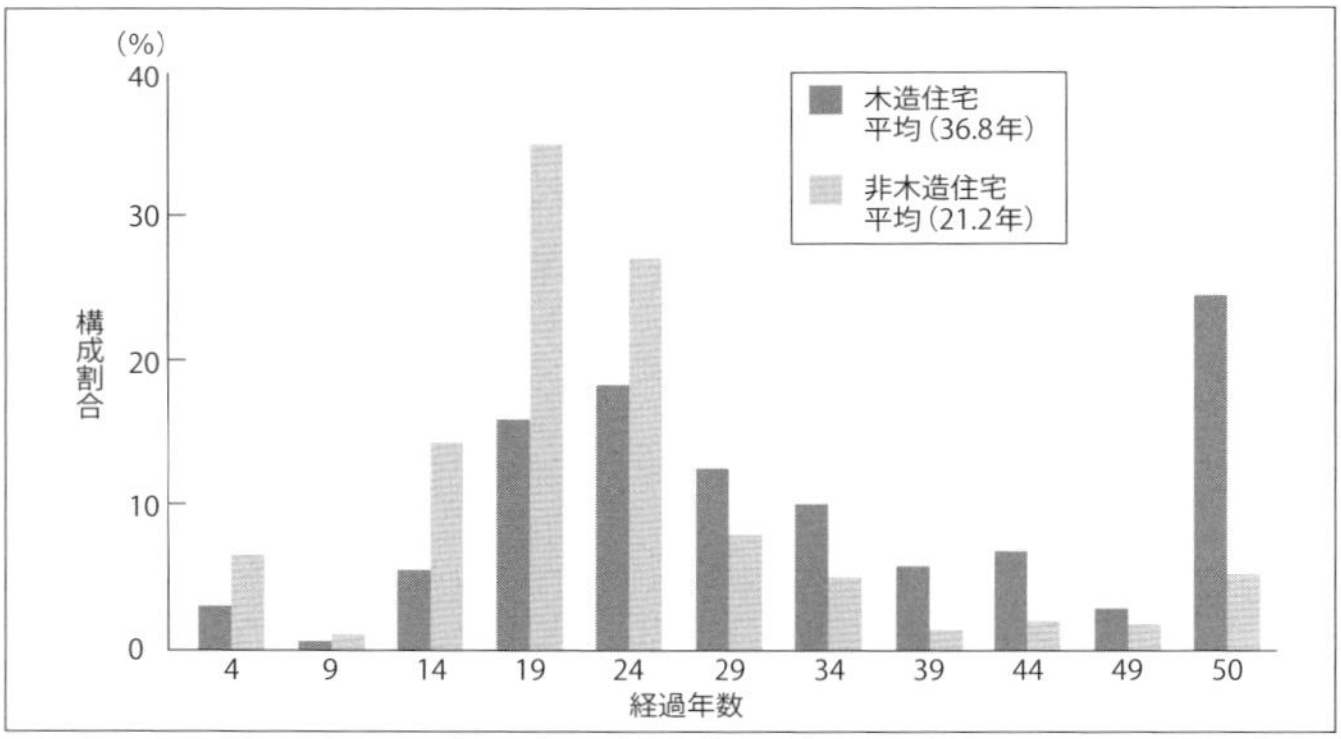

図11　除却住宅の経過年数の分布（住宅金融公庫、1987）

写13　農家のカマド

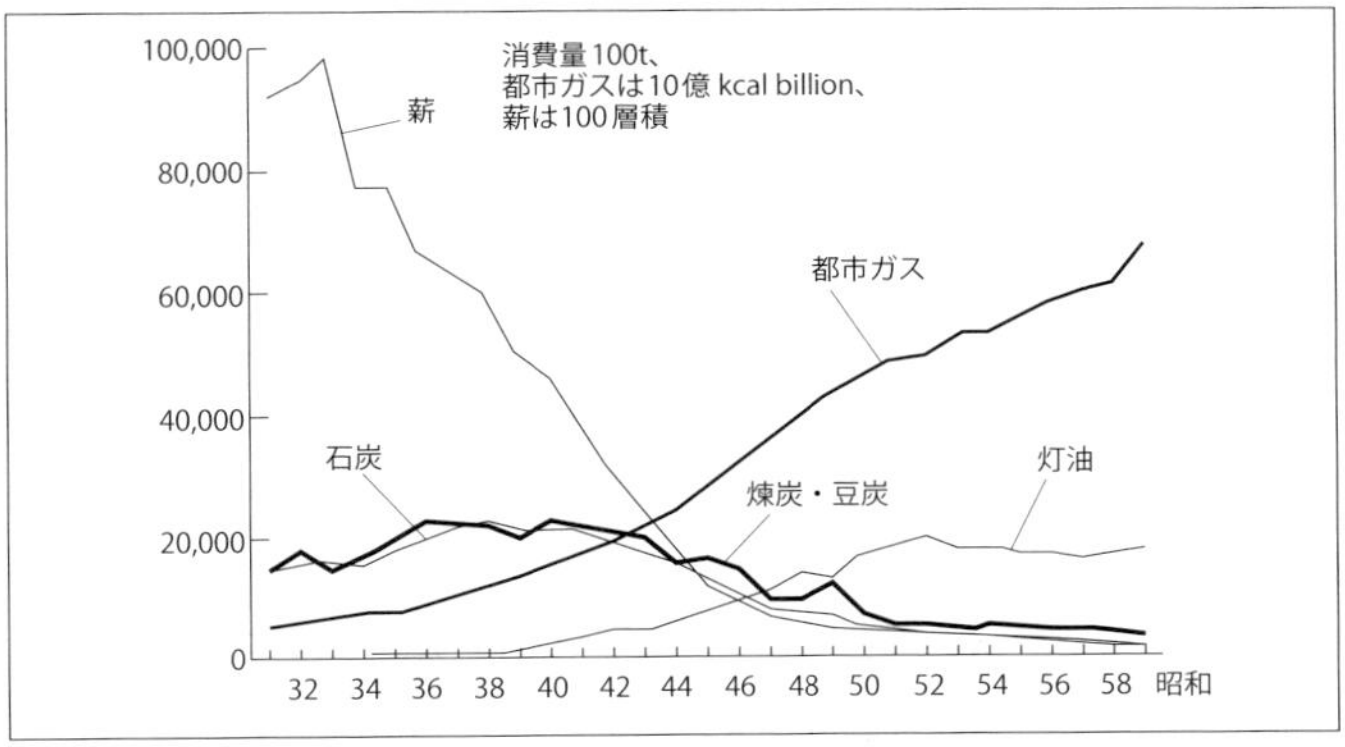

図12　家庭消費燃料の変化

則だった。

今ではコンビニで一人前だけ買い、電子レンジですぐに温められる。生活時間帯も各自異なり一緒に食卓を囲む機会も少なくなっている。台所のあり方も変わってくるのは当たり前である。昔の家には風呂がなかったように、将来の家はキッチンがなくなっても不思議ではない。歴史を振り返ってみると、そんなこともあながちデタラメとは言えないかもしれない。

図12は家庭で使われる燃料の変化のグラフである。昭和31年～59年までのデータだが、わずか10年ほどの間に薪が急速に衰退し、代わりに都市ガスが広く普及したことがわかる。エネルギーが変われば設備が変わり、住まいも変わる。

日本の住まいの寿命が、諸外国に比べて極端に短いことの背景には、戦後の価値観の大幅な変化と急速な経済成長があった。確かに、世の中の進歩に合わせてそのつど家を建て替えることができれば、便利な生活を享受できる。一方、30年で建て替えることは、生涯2回家を建てることになる。今後、ふつうの人にそんなことができるだろうか。

別な見方をしてみよう。木造住宅の建設に必要な木材は、樹齢何年ぐらいだろうか。細い柱で40～50年、梁材は70～100年が必要だ。つまり、木造住宅を使用木材の樹齢に見合う年数持たせないと木材は再生されない。森林の再生は大きな環境問題である。住宅を30年程度で使い捨てにするのではなく、変化に追従できる建て方が求められている。

日本の人口が減少し家が余ってゆく状況の中で、家のつくり方、維持の仕方について考え直さなければならないところに立たされているのが現在なのだ。

「衣食住」。住まいは、人間にとって必須の重要項目であることは、いつの時代も変わらない。こうしたことを念頭に、次章以降の実践編では住宅づくりのプロセスを見てゆくことにしたい。

クレーンで柱が立てられた

実践編

住まいの設計依頼から建物完成までのプロセス

0 はじめに

1軒の住宅が建つまでの、はじまりからおわりまでのプロセスを学ぶ

建築の仕事は楽しい。努力の結果がかたちになり、人に使っていただき、喜んでもらえる。生涯続けられる職業だ。これから日本の人口は減ってゆく、既存の住宅が余る時代になるだろう。時代の変化は、意外に早い。デジタルカメラの普及によりフィルムカメラは駆逐され、どの街にもあった写真屋は、姿を消した。それでは、住宅・建築は、どうなってゆくのだろうか。

私は、住宅・建築の将来についてまったく心配していない。住宅は、「衣・食・住」といわれる人が生きてゆくために必須の事項のひとつである。かつて大型スーパーが出現したとき、一般の小売店が、打撃を受けたことがあった。しかし、八百屋や魚屋が、街からなくなった訳ではない。戦後にベビーブーム、高度経済成長があり、建築業界は活況を呈した。歴史を俯瞰してみれば、建築にとってこれは歪んだ一時的現象だったと言えるだろう。これからは、本当に必要とされる本物が生き残る時代になるのかもしれない。かつて建設行為は、自然破壊を伴っておこなわれてきた。これからはそうはいかない。環境を修復し共生できる建築が求められている。

医者に外科や内科、産婦人科などがあるように建築にもさまざまな分野がある。1人ですべての分野をカバーすることはできない。設計・施工・営業・メンテナンスそれぞれの分野が協力し合って、役に立つ建築が成立する。どの分野に関わることになろうと、ひとりひとりが全体の流れをつかんでおくことが重要だ。

実際に建設された小さな住宅を事例として、設計の実務の最初からおわりまでのプロセスを紹介する。設計の実務の流れを知ることによって建築に関わることに興味を持ってもらえれば幸いである。

今後、新しい素材や道具が次々と生まれ、生活スタイルも変わってゆくだろう。これからの社会に必要なことは何かを常に考え、広い視野と見識を身につけよう。

⑤　工事契約、建築確認申請

建築主と施工者間で工事契約を締結する。同時に、建築確認申請の手続きを進める。
求められる知識：重要事項説明、建築法規

⑥　工事監理

施工は、おおよそ仮設工事、躯体工事（骨組み）、外装工事、給排水衛生設備工事、電気工事、仕上げ工事（内装）、設備工事（機器の取付け）、外構工事の順番で進行する。
求められる知識：建築施工、建築構造、建築設備

⑦　竣工検査、引き渡し

工事が完了したら、設計者による完了検査を行う。さらに役所の完了検査等の手続きを経て、晴れて竣工した住宅を建築主に引き渡す。
求められる知識：建築施工、取扱い説明

①　設計の相談・依頼→敷地調査

住宅の設計は、建築主の相談・依頼からスタートする。話合いの中で、建築家は専門家としての信頼を得ることが重要である。そのうえで、敷地調査等に取り掛かる。
求められる知識：建築計画、建築法規

②　提案→設計契約

建築主の要望を理解したうえで、提案を行う。基本的な設計の方向性を合意確定し、設計契約を結ぶ。
求められる知識：建築計画、建築法規、建築製図

③　基本設計

敷地の与条件を把握し、さまざまな法規制を確認する。できることとできないことを理解し、建築主と共有したうえで、設計の基本的な方向性を確定する。
求められる知識：建築計画、環境工学、建築法規、建築製図

④　実施設計→見積り

実際の施工に必要なすべての設計図書を作成する。工事の総コストを見積もるための正確な寸法、材料、構造、設備をすべて盛り込んだ図面が求められる。
求められる知識：建築計画、建築法規、建築構造、建築設備、環境工学、建築製図

プロセス 1

仕事の相談・依頼から敷地調査まで

❶相談・依頼・ヒアリング

設計事務所が仕事をするためには、建築主から設計を頼まれなければ始まらない。まず受注のための事前活動が必要となる。いきなり仕事を頼まれることはまれだろう。相談を受けたら、ヒアリングや調査をしたうえで、企画書をつくり提案をする。それが受け入れられて、初めて設計という仕事がはじまる。

住まいの要求は多岐にわたり、1、2回聞いただけですべてを把握するのは難しい。時間をかけ最善の注意を注いでヒアリングをする。要望は一人ひとり違い、十人十色。依頼者の住まいへのこだわりをしっかりとつかむことが肝要だ。

実際、依頼者に要望書を書いてもらっても本当の要望はつかめない。家を建てるには高額な費用が必要になり、個人が一生に何度も家を建てることはない。ふつうの人は、住居に関して限られた経験しかないため、まだ見ぬ家に対する要望を、言葉で的確に伝えることはかなり難しいのが現実だ。

建築主の夢の実現に立ちはだかる障害は様々ある。あれもこれもと要望が出て、予算と要望がかけ離れてしまうことは、よくあることだ。建築主の本当の価値観はどこにあるのか、どの辺が落としどころなのかを十分に把握することが大切だ。ヒアリングには相手の本音の要望を引き出す姿勢と経験がものをいう。

❷法規チェック

建築主の要望と予算が合えば家は建つかといえば、そうではない。都市計画法や建築基準法という公共の福祉のために建築を制限する法律がある。こうした法律や各自治体で定める条例によって、様々な制約がある。

都市計画法により国土は、「都市計画区域」、「準都市計画区域」、「それ以外」に分けられている。都市計画区域はさらに「市街化区域」、「市街化調整区域」などに分けられる。市街化区域では、建築基準法により、用途地域が指定されている（表1）。用途地域は、日照など主に住居の環境を守る住居系、利便性が優先される商業系、住居や学校などの建設が制限される工業系といった、合計12の地域がある。

建築基準法は、大別して集団規定と単体規定に分かれている。集団規定は、用途制限、容積率、建ぺい率、高さ制限など、街並み形成にかかわる規定である。単体規定は、敷地、構造、設備など安全・衛生などに重点がおかれている。そのうち調査段階で重要となるのが前者の集団規定だ。

防火に関する規制もある。防火地域と準防火地域に指定されている地域では、階数や面積に応じて耐火建築物や準耐火建築物にしなければならない。指定以外の地域でも、特定行政庁が指定した区域（22条区域）では、屋根と木造建築物の外壁が制限を受ける。そのほか、景観地区や風致地区など自治体によって様々な規制がある。

まずは都市計画図を調べよう。都市計画図は、市役所などの行政庁で手に入る。一部の都市部ではネットでもダウンロードできる（図1）。都市計画図には、地域区分や防火地域の指定、建ぺい率・容積率・日影規制などが表記されている。区域の境界など微妙な場所や不明点は、管轄の行政庁に出向いて確認しよう。道路幅の確認も大切だ。行政によっては、関連法令の一覧チェックリストが用意されている。

❸敷地調査

都市計画図のほかに、洪水ハザードマップや地震の揺れやすさマップ、近隣ボーリングデータなど防災に関する情報も行政庁かインターネットで手に入る（図2）。都市部であれば航空写真によって敷地周辺の状況をつかむことができる。地域の気象データは、気象庁のホームページでわかる。その地域の気象を知っておくことは、断熱グレードや風通しのよい家をつくる際の基礎データになる。

では、現地に行かないとわからないことは何だろう。まずは近隣環境とインフラだ（図3）。道路と隣地境界の境界杭を見つけること。近年取引された土地であれば、たいてい境界杭は入っているが、ない場合もある。隣地境界をはっきりさせないとトラブルの元になる。判別できない場合は、隣家と協議のうえ確定しなければならない。上下水道の引込み位置や道路幅などは、行政庁で調べたデータと一致しているか。インフラが入っていない場合は、新たな引込みにかなりの費用がかかる場合がある。敷地内あるいは隣地との高低差はどのくらいあるか、ガスや電気、ケーブルテレビの引込み状況、隣家の位置や高さ、窓の位置などをチェックする。プライバシー、日当たり、風通し、眺望などは、計画案をつくる際に重要なキーワードになる。必ず記録し敷地調査書をつくろう。

表1　12種類の用途地域

	用途地域
住居系（7種）	①第1種低層住居専用地域
	②第2種低層住居専用地域
	③第1種中高層住居専用地域
	④第2種中高層住居専用地域
	⑤第1種住居地域
	⑥第2種住居地域
	⑦準住居地域
商業系（2種）	⑧近隣商業地域
	⑨商業地域
工業系（3種）	⑩準工業地域
	⑪工業地域
	⑫工業専用地域

※地域ごとに土地や建物に制限が加えられている

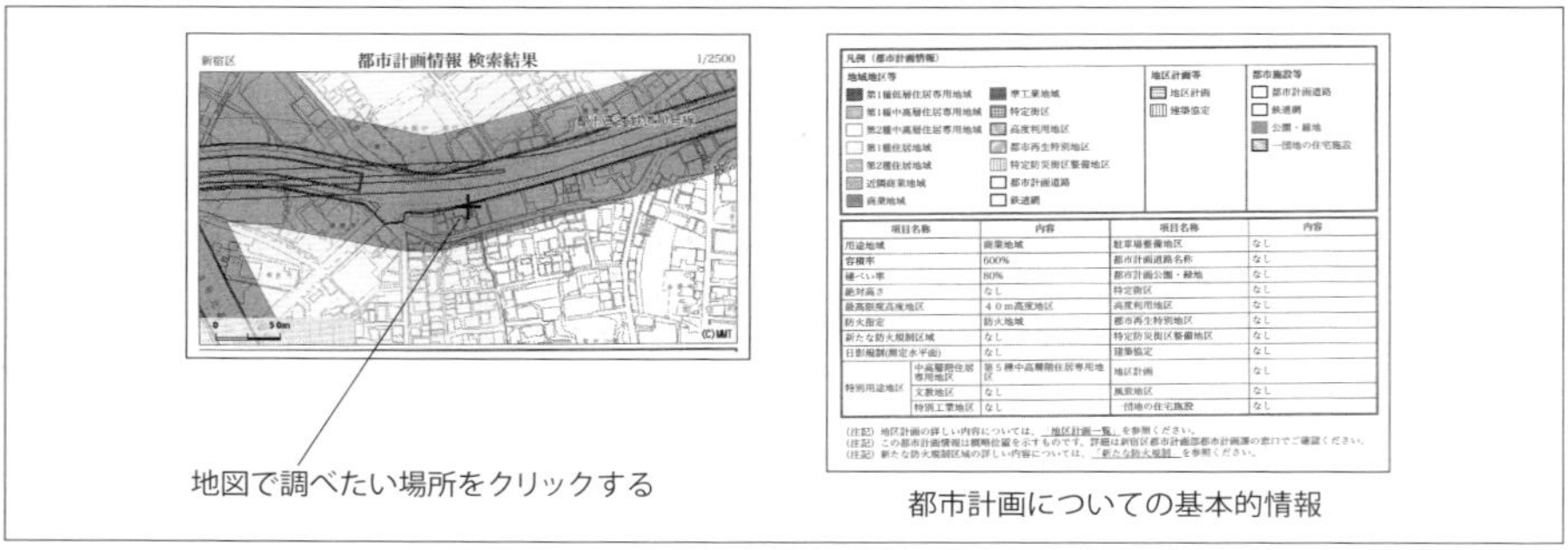

図1　都市計画情報／たとえば、東京・新宿区の場合、都市計画情報を検索すると、調べたいエリアの情報を得ることができる。

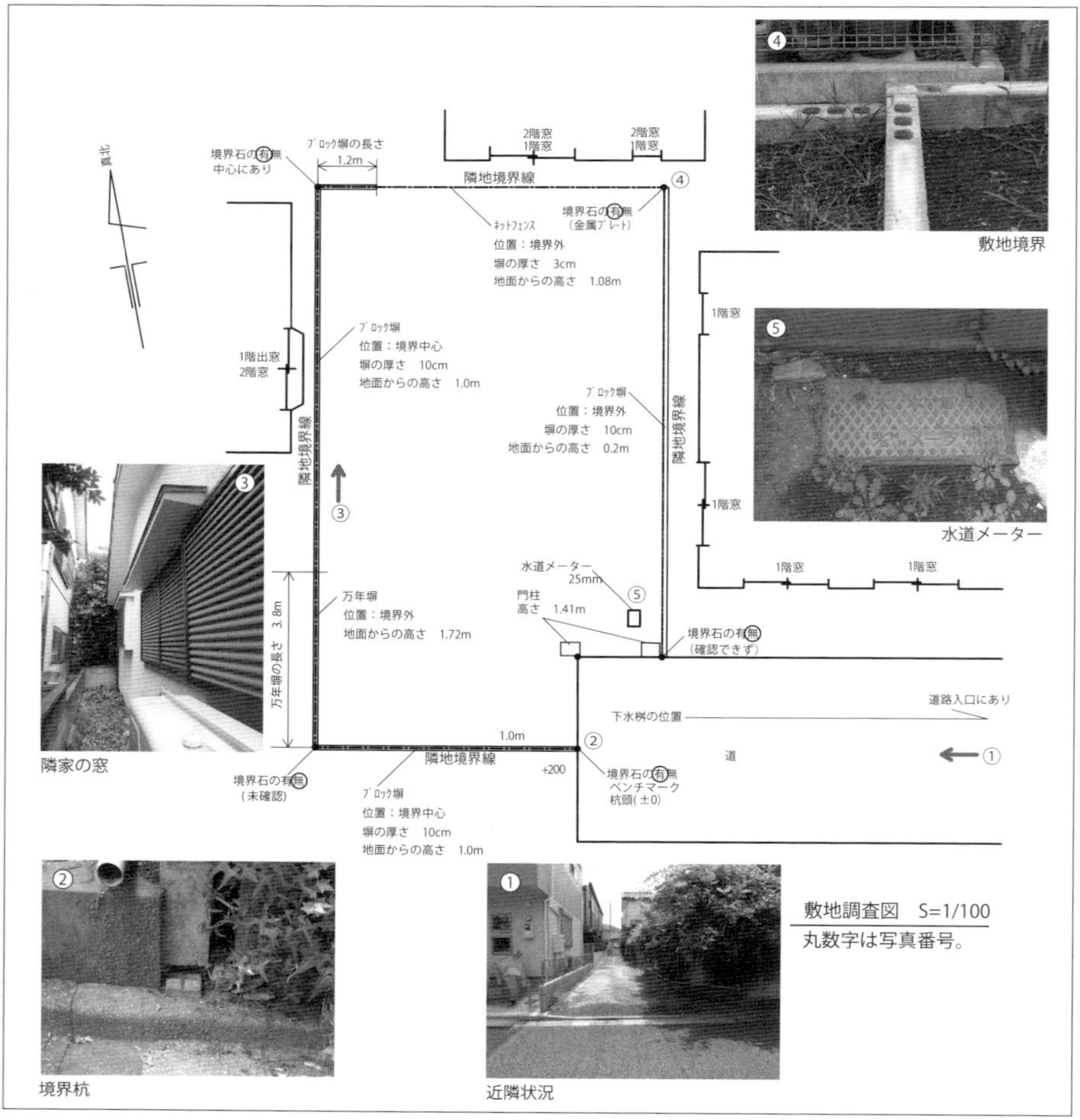

図3　現地調査

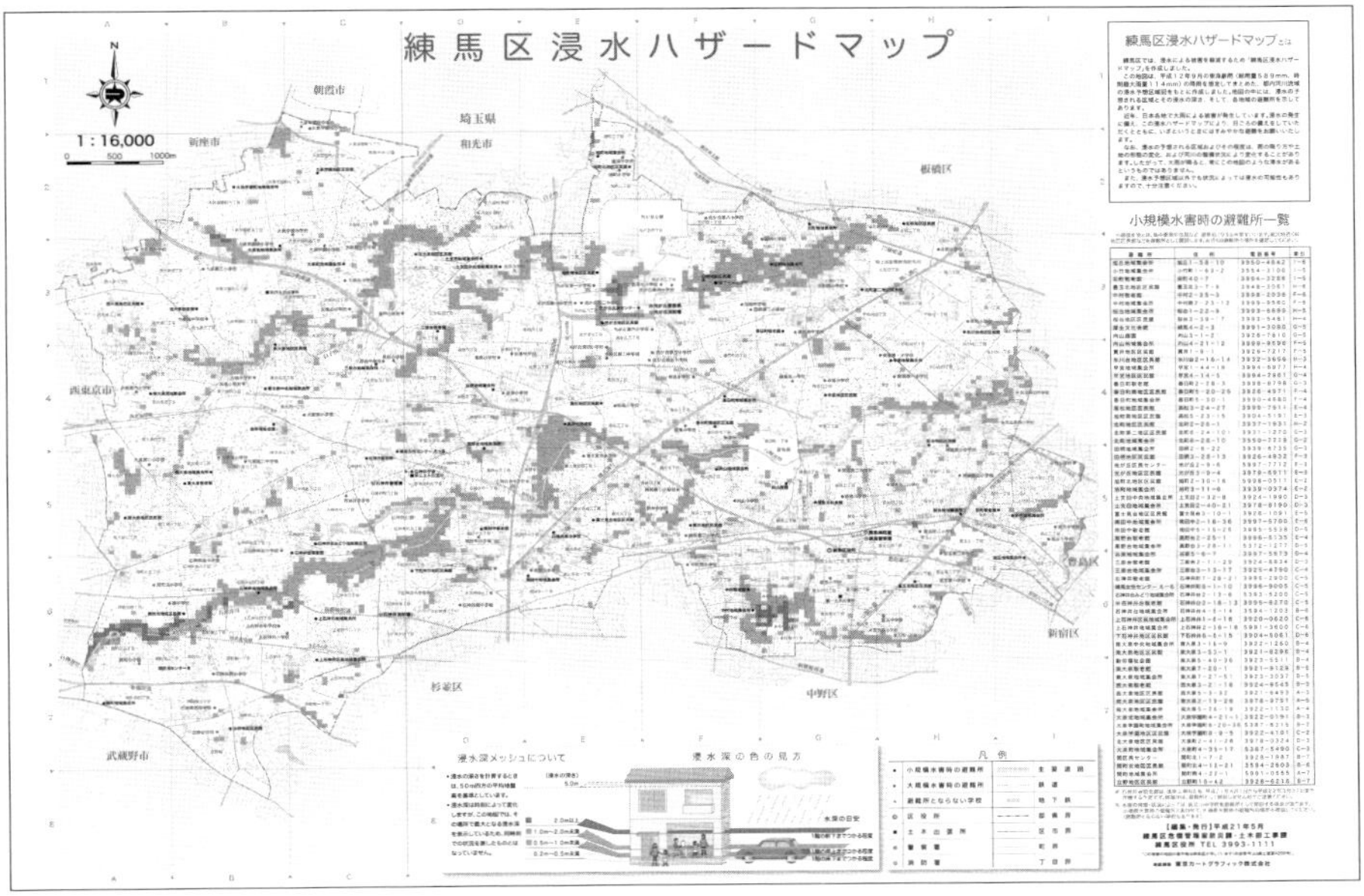

練馬区

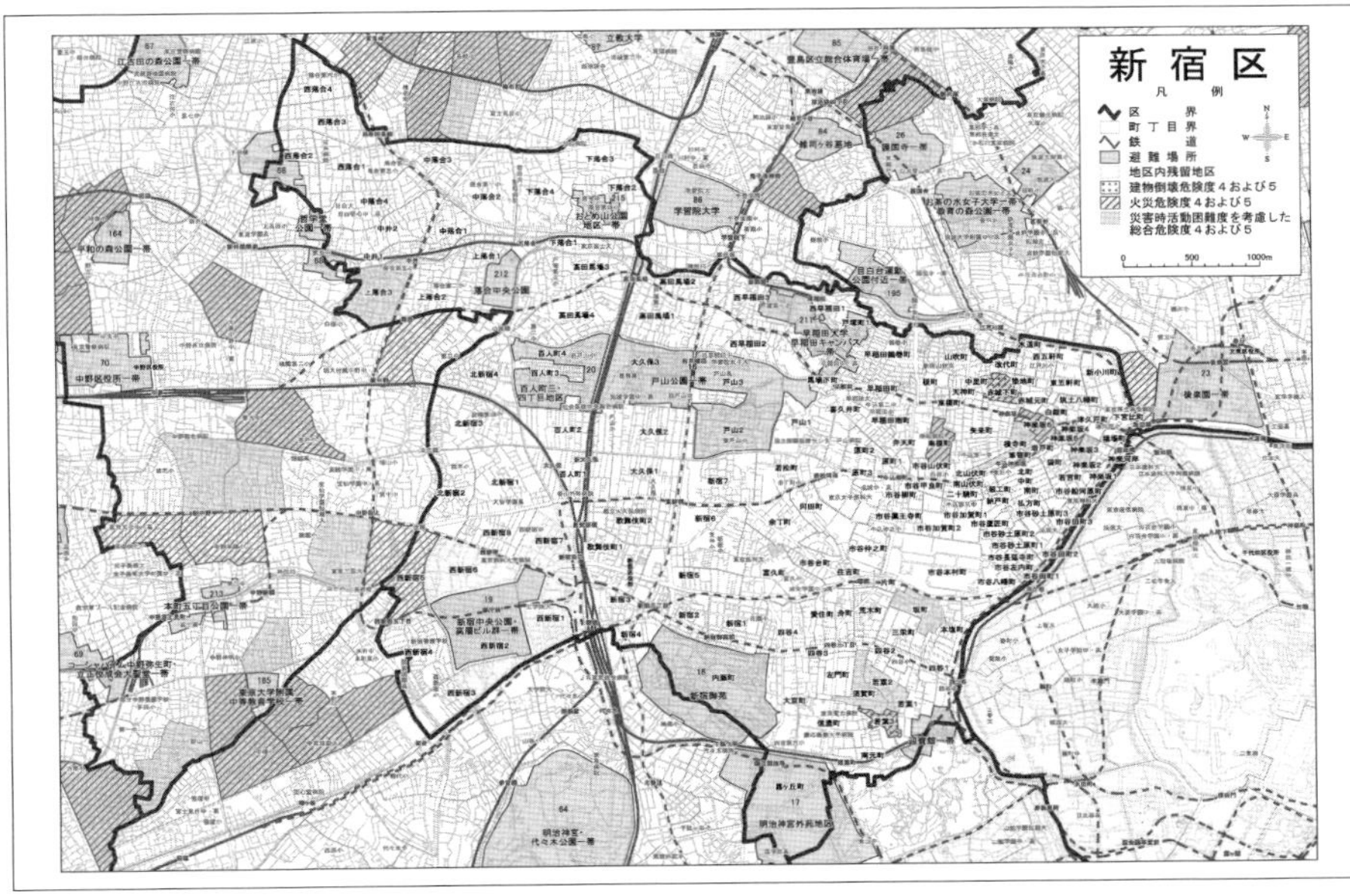

新宿区

図２　ハザードマップ
各自治体では、ハザードマップをネット上で公開し、災害にそなえ市民と情報共有をはかっている。

「姉歯事件」とはどんな事件ですか？

Q 「講義で何度か『姉歯事件』という言葉が出ましたが、どのような事件だったのでしょうか。また、どういった影響があったのでしょうか」

A 2005年に表面化した重大な耐震偽装事件です。マンションの構造設計を多く承っていた姉歯さんという構造事務所があり、この事務所には「上質なものを安く」という謳い文句の、名前の通ったデベロッパーが構造設計を頼んでいました。構造設計というのは建築確認申請の提出をしなければいけないのですが、姉歯さんは度を越した経済設計をして、鉄筋量を少なくごまかし、コンピューター上の計算もごまかして最終的に「ＯＫ」が出るよう改ざんし、鉄筋量が少なく強度が不十分に設計されたマンションやホテルがたくさん建てられてしまいました。この事件は、建築基準法にたいへん大きな影響を与えました。それまでの建築基準法は性善説をもとに成り立っていましたが、この事件以降は性悪説をもとにすることとなり、チェックしなければいけない項目が非常に増え、審査機関の審査体制も大幅に変わりました。確認申請にかかる時間も非常にのびて、申請がなかなか下りないせいで、倒産する会社も出ました。大きな社会問題となり、その後、建築基準法も一部改正されました。

道路になった敷地の取扱いはどうなるの？

Q 「前面道路の道路幅が４ｍ未満の場合は、敷地の一部を道路にするということですが、道路にした分の敷地は、建ぺい率や容積率に関わらず、敷地面積には含まれなくなってしまうのでしょうか。また、道路にする敷地の工費は依頼主が払うのでしょうか」

A 基本的には道路として提供した敷地は敷地ではありませんので、建ぺい率容積率には当然含まれません。道路幅分下がったところからが敷地面積になります。提供する部分に関しては、市町村によって対応が異なります。たとえば、「狭あい道路」といって狭い道路が非常に多い地域では、行政が買い取ってくれる場合もあります。その場合は、舗装を行政がやってくれます。しかし、財政が厳しい市町村では、お金は出ず、ただです。出した部分をどうするかは、いろいろな対応があって、最悪は、道路と敷地を区切る縁石まで自分で費用を負担しなければいけない地域もあります。エリアによって対応は異なりますが、提供した部分は敷地面積に換算されないということは共通しています。

浸水の可能性のある土地に地下室を設けることはできる？

Q「川の増水などで浸水が発生する可能性がある土地に、地下室を設けることはできますか。可能な場合は、どのような工夫が必要なのでしょうか」

A 設けない方が安全であるのは間違いありません。しかし、たとえば地下鉄のように、どうしても必要な場合もあります。地下鉄は、かなり深いところを通っています。場所によっては、海抜０ｍよりも深い場合もある。そういったところに川の増水があると、地下鉄が水没してしまう可能性もなくはない。その対策として、地下鉄の出入口には「防水板」という、雨が降ると１ｍくらい嵩上げする装置が設置されています。

対策の方法はさまざまですが、何らかの対策をすれば、絶対に建てられないということはありません。ただし、その分、コストアップは覚悟しなければなりません。

プロセス2

計画案から設計契約まで

❶計画書の作成と計画案

設計契約を結ぶ前にどこまで依頼者にプレゼンテーションするかは、設計事務所、工務店、ハウスメーカーの違いはもちろん、個々の設計事務所によっても千差万別だ。著名な建築家になれば、営業活動をしなくても、向こうから依頼者がお願いに来るかもしれないが、駆け出し時代はそうはいかない。安心して頼んでもらうためには、依頼者にどの程度のことができるのか、設計から竣工までにどのくらいの時間と費用が掛かるのかのメニューを示す必要があるだろう。

私の設計事務所では、ヒアリングと敷地調査のあと、「計画書」と呼んでいる提案書を有料で提示している。

計画書を作成するための作業について、順を追って述べよう。

①敷地条件を整理する。法的な制限と現地調査の結果をまとめて敷地調査報告書を作成する。

②ヒアリングをまとめる。依頼者の要望を箇条書きにまとめる。単に要望を書き込むだけではなく、将来性も考え専門家としての見識を加えるとよい。

③計画のテーマを決める。要望と条件を十分吟味し、計画の提案事項を言葉で表してみる。例えば、次節で紹介する事例（54頁）の家のテーマは、「都心で気持ちよく暮らす」とした。

④計画案を示す。敷地の近隣条件も考慮して具体的な計画案を作成する。平面図のほか、スタディ模型など、依頼者に計画案の魅力を理解してもらえるプレゼンテーションをしよう。

⑤総工費を想定する。提示した計画案がいくらで建つのかは、依頼者にとって最重要課題だ。実現できるリアリティがあることの金銭的裏づけを示す。いくら魅力的な案であっても支払い不可能な計画案では絵に描いた餅になってしまう。スケッチ程度の段階では、正確な見積りは不可能だが、規模とグレードを想定し概算予算を立てる。この作業は、実積と経験がものをいう。

⑥竣工までの工期を示す。竣工までのスケジュールを示す。いつまでにあがるのかは、依頼者にとって重要項目だ。建替えであれば、仮住まいの長さによって、総合的な予算にも直結する。

◉敷地条件

○ 建築主
○ 建設地　住居表示
地名地番
○ 敷地面積　125 ㎡　37,8 坪
○ 道路　東側　幅 9m　西側 4,2m
○ 用途地域　第 1 種中高層住居専用地域　建坪率７０%、容積率２００%
防火指定　無
画整理事業　D2 地区
壁面後退　無
垣または柵の構造
1）生け垣、竹垣　h0.6m 以下で植栽を目的とした花壇等
2）h:1.2m 以下の透視可能な柵等で宅地内に植栽
3）h:1.5m 以下で 0.6m 以上後退。後退部分に植栽

○ 用途　専用住宅

◉ヒアリング結果

○ 新しい家のイメージ
□居心地のよいシンプルな木の家。愛着がわく家。
□緑を楽しめる家。戸外と室内が繋がる住まい。
□季節の変化や光の移ろいが感じられる家。自然を感じられる住まい
□住まい方の変化に対応できる構造形式。合理化された構法。末永く使える住まい。
□様々な居場所がある居心地の良い家
□家族のプライバシーを確保しつつ、一緒に過ごす豊かな場所がある。
□収納計画が十分配慮されており、掃除、片づけのしやすい家。
□耐震性、防犯性に優れた安全な家。
□室内汚染を起こさない自然素材の使用。健康な住まい。
□断熱性気密性に優れ、風通しの良い家。快適な住まい。
□風雪に耐え長持ちする素材の使用。
□駐車スペースの確保　１台＋自転車

◉規模と予算

○ 構造　木造２階建
○ 規模　延床面積　29 坪程度（95.7 ㎡）
○ 工期　基本及び実施設計　4～5ヶ月
見積及び調整、建築確認申請　2ヶ月
工事　4～5ヶ月

○ 予算計画
木造２階建　延べ床面積 100 ㎡未満
1.建築工事費　22,000,000 ～ 24,000,000
（ 造作家具、電気、ガス、給排水衛生、照明、冷暖房含む）
2.外構工事　1,500,000 ～ 2,000,000
3. インテリア工事（カーテン、ブラインド）　400,000 ～ 800,000
4. 設計監理料　工事費総額× 12%　2,800,000 ～ 3,100,00

小計　26,70,000 ～ 29,900,000
4.消費税　8 %　2,136,000 ～ 2,392,000

合計　¥28,836,000 ～¥32,292,000

○ 別途費用
登記費用
可動家具、家電製品（食卓、ベッド、冷蔵庫、等）
地鎮祭、上棟式費用等　200,000 ～ 3000,000

図１　○○邸新築工事計画書

計画書は、基本設計の前段階であり、設計者がどこまでやってくれるのか、依頼者が仕事を頼むのかどうかを見極める資料となる。

❷設計契約の締結

提案が通り、依頼者から信頼が得られた段階で、設計契約となる。300㎡以下の小規模な建築物は、書面での契約締結は義務化されていないが、トラブルを未然に防ぐためには口約束ではなく、契約書を取り交わす。住宅規模の設計契約では、「四会連合協定　建築設計・監理業務委託契約書類（小規模向け）」がよく使われる（図2）。設計契約では、設計監理業務の内容、費用、業務に要する時間、不測な事態が発生した場合の対応などを決めておく。大きな会社などでは、独自の契約書を作成している場合もあるが、自分に都合のよい契約書は御法度だ。

ここで、設計料についての考え方を紹介しよう。

①工事費に一定の料率をかけて算出する場合。料率は、工事費の額、設計の難易度、設計者の知名度などでかなり違う。一般的な木造住宅では、10～15％程度が多いようだ。

②工事面積に料率をかける場合。工事金額ではなく工事規模を基準とする。

③総額であらかじめ決めておく場合。総予算の上限をどうしても守らなければならない場合、とくにコストを抑えた建物を設計する場合などは、料率方式では、工事費を抑える工夫をすればするほど報酬が下がってしまう。それでは、割に合わないので設計料を金額で決めておく。

④出来高払いは、コンサルタント業務など規模や総額が事前に読めない場合に使われる。時給や日給などを決めておき、後日精算する。

このほかにも決め方はあり、どう決めるかは、計画書の段階で明示しておく。

ただし、設計施工を一括で請け負う工務店やハウスメーカーでは、設計料は、工事費に含まれ、設計契約を独立して契約しない場合もある。設計事務所の場合は、設計と施工を分離している。建築主は、設計監理を設計事務所と、工事は施工会社（工務店など）と工事請負契約を結ぶ。設計施工一括請負の場合、依頼主の要望をまとめ設計をするのは、工事請負会社に所属する設計者だ。独立した設計事務所の設計者との違いは、立場である。独立した設計事務所の設計者は、建築主の代理人として、専門家の立場で施工会社の見積りをチェックしたり施工を管理する役割を担う。

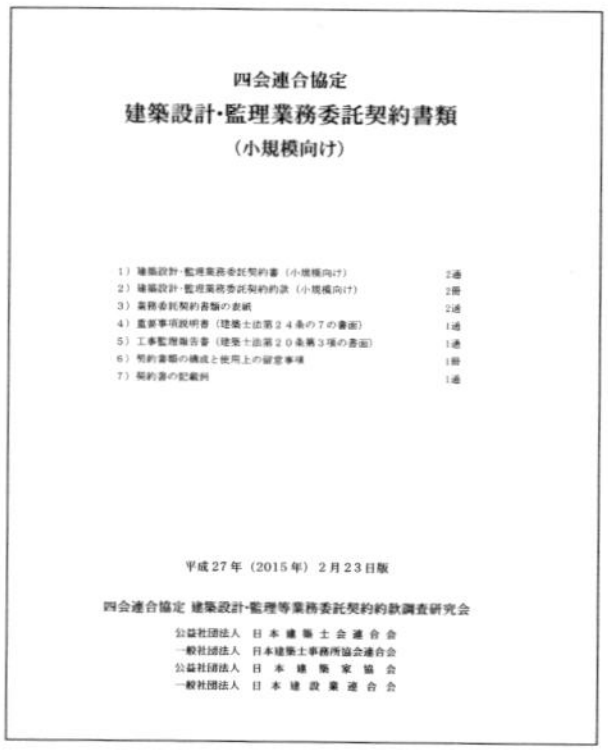

四会連合協定
建築設計・監理業務委託契約書類
（小規模向け）

1）建築設計・監理業務委託契約書（小規模向け）　2通
2）建築設計・監理業務委託契約約款（小規模向け）　2冊
3）業務委託契約書類の表紙　2通
4）重要事項説明書（建築士法第２４条の７の書面）　1通
5）工事監理報告書（建築士法第２０条第３項の書面）　1通
6）契約書類の構成と使用上の留意事項　1冊
7）契約書の記載例　1通

平成27年（2015年）2月23日版

四会連合協定 建築設計・監理等業務委託契約約款調査研究会
公益社団法人　日本建築士会連合会
一般社団法人　日本建築士事務所協会連合会
公益社団法人　日本建築家協会
一般社団法人　日本建設業連合会

図2　「四会連合協定」の契約書類の表紙

工期の遅れは謝罪ですみますか？

Q「何らかのトラブルによって、設計計画書の工期より長引いてしまった場合、設計者側はどのような対応をするのでしょうか。依頼者に説明し謝罪して終わりなのか、それとも賠償金を支払うのでしょうか」

A 工期の遅れでトラブルになることはあります。これが裁判にまで発展して、負けてしまえば賠償金を払うこともあるとは思いますが、裁判になること自体は、よっぽどのことがない限りないと思います。工期が遅れることは、設計でも工事でも、よくあることですが、遅れたことに対して、お客さんが納得してくれるかどうかが重要です。それまでのコミュニケーションがしっかりしていて、遅れたことに妥当性があればお客さんも納得してくれるでしょうし、妥当性がなければトラブルや裁判になる可能性があります。

ただし、工事請負契約約款では、施工者の事由により工期が伸びてしまった場合、発注者は遅滞日数に応じて違約金を請求できることになっています。

独立してすぐの見積りは無謀？

Q「基本設計の段階での見積りは、長年の経験があってできるものだと思うのですが、独立してすぐにできましたか。建築学生からもっとも遠い建築業務は積算なので、さっぱり見当がつきません」

A 独立をするということはそれなりの実績があるということで、そういったことがちゃんとできるようになってはじめて独立できるわけです。何も実績がないのに独立するのは無謀だよね。ただ、なかには、実績がないのにたまたま、親戚や友達から頼まれた仕事で独立した、なんて人もいます。そういった人は、独立当時は相当苦労します。（そういった人の場合は）事前に経験のある人に相談したり、いろんな資料をたくさん調べるなどをして、見積りをするのだと思います」

有名建築家の設計料はどのくらい?

Q 「設計監理料の設計料は、設計者によって変わるとのことですが、有名建築家だとどれくらいでしょうか」

A 設計料については、僕が親しくしている人の例でいうと、15%程度もらっている人は結構います。有名な人では20%という人も聞いたことがありますが、それは例外中の例外です。君たちも知っているくらい有名で、僕の知り合いでは、現在は15%もらっているけれど、独立当時は3%でやっていたという人もいます(笑)。3%なんてまともな設計ではできないわけで、持ち出しで仕事をしていたということです。そんな時代があったからこそ、今は15%の設計料をもらっているともいえます。

建築主と意見が対立した場合の対応は?

Q 「建築主側と意見が対立した場合、今までどのようにして合意し、着工してきましたか」

A 建築主と設計者側がまったく同じ意見ということは、むしろありえません。建築主は建築主なりに自分の希望を叶えてほしいわけだし、設計者としても、ただご用聞きで全部その通りにするのではなく、自分の作品をつくりたいという気持ちもあるわけなので。重要なのは、そこで共通項をいかに見つけるかということです。作家志望の設計者に頼む人は、その作家としての作品が好きだから頼むということなので、大きな齟齬は起きません。難しいのは、自分の希望を叶えたいがために、技術的なバックアップとして補佐をお願いしたい、という人から頼まれてしまうケース。自分のやりたいことができない、ということが当然起こります。実際はその中間のケースが一番多いわけですが、大事なことは、われわれはプロとして、きちんとした情報提供をすることです。要望に対して、そのいい点と問題点、あるいはそれに対する代案などを客観的に、実積や裏付けをきちんと示したうえで、判断してもらうことがいちばん大切です。

契約成立する割合はどのくらい？

Q「設計を依頼されてから契約成立する割合はどのくらいですか。また、大手事務所と個人事務所はどう違うのでしょうか」

A 私の場合は、7〜8割は契約成立になると思います。依頼する段階で、社会的な信用が大きなはたらきをしますね。

作家性に重きをおくアトリエ系と大きな事務所では、仕事の進め方や建築へのスタンスもだいぶ異なります。組織事務所といわれる規模になると、スタッフが何人もいて、それぞれが分担してやります。それに対して個人事務所は、ひとりが全体を統括するわけです。そのどちらがいいとか悪いということはありません。大きな建物は当然たくさんの人が関わるので、大きな事務所でないといけないですが、反面、作家性の強い建築をつくりにくい。この点では、小さな個人事務所に分があると思います。

Q「人口が減少していくなかで空き家が増えていくのを、どう利用していけばいいのでしょうか。取り壊すのか、建物をリノベーションして、再利用していく方がいいのか。新しいライフスタイルや人口減少に適した住宅のかたちは、どのようなものになるのでしょうか？」

A 空き家の増大は今、日本にとって深刻な問題です。全国平均でいくと、8軒に1軒は空き家だといわれています。今後これがもっと増えていくことは間違いない。そういった意味では、空き家をどう利用していくかは、大きな社会問題でもあります。ただ、もともとボロボロな家を再利用しても、お金がかかるばかりで、こういった家は再利用するよりも撤去してしまったほうがいい。もちろん、価値のある家、しっかりした家は再利用しなければならない。壊されるものとリノベーションされるものと、両方あって、それはその建物のもつ価値によって判断が変わります。

Q&A

プロセス3

基本設計

❶検討事項と作業内容

設計契約が成立すれば、基本設計、実施設計、見積りへと進む。企画段階（計画書）ですでに、計画案が示されていても、それがそのままゴールとなるわけではない。企画段階の案がそのまま進行することもあるが、さらに検討を加えてよりよい案に仕上げてゆく。

基本設計段階で検討する事項について、順を追って述べよう。

①配置およびプランの検討、形態の検討。建物の配置、プラン、形態は、周囲の環境や依頼者の要望を総合的に検討しながらエスキースを重ね案を絞ってゆく。プライバシーや日照も重要項目だ。

②構造形式の選択。住宅の構造形式には、大きく分けて、木造、鉄骨造、鉄筋コンクリート造（RC造）、の3つがある（表1）。それぞれ長所短所があり、これが一番ということはない。敷地条件や要望、予算などを総合的に検討して決める。

③仕上げ材料の検討。仕上げは、建築内外の雰囲気やコストに大きく反映する。見本や写真などを提示しながら部位ごとに選んでゆく。

④設備の検討。具体的な機種などは実施設計の段階で決定するが、暖房方法や給湯方式、グレードなど基本的な方針を決める。

⑤基本設計段階で検討したことを依頼者に十分説明し納得してもらう。図面だけでなく、模型や透視図なども作成して理解を得る。工事費概算も企画段階よりも精度を上げておく。

❷構造形式の選択

基本設計の段階で最適な構造形式を選択する。それぞれの構造には一長一短があり、一概に、どれがいちばん良いとはいえない（表2）。戸建て住宅の場合は木造が多く、大型建築はRC造や鉄骨造が多い。それぞれの構造形式の特徴をしっかり把握し、いちばん適切な構造を選ぶことが重要である。

たとえば、重さは木造がいちばん軽く2階建てで、1～1.5トン／㎡くらい。同じ大きさでもRC造は木造の3倍くらい。鉄骨造はその中間だ。重い建物を建てるには、強固な地盤が必要になる。

建築主の関心が高いのは費用の違い

◉検討のポイント

都市部では地価が高いため敷地面積は減少傾向にある。土地利用の観点からは3階建ては有利だが、住宅地では3階建ては日影規制をクリアーできないことが多い。この敷地は角地で道路が北側と西側にあり日影規制の緩和規定が使えたので3階建てが可能になった。2階建ても含め7案作成し、長所短所を検討した結果、2階LDK・3階建て案に決定。

【日影規制の緩和：敷地が道路、水面、線路敷等に接する場合】
道路等の幅が10m以下の場合、敷地境界線は道路等の幅の中心にあるものとみなす。

◉1階リビング案（①）

1階の床面積できるだけ大きくするため、最小面積で駐車できるよう計画。1階のLDの陽当たりが悪く廃案。

◉2階建て案（②）

2階LDK、駐車場を東側に。
敷地めいっぱいになる、戸外のゆとりが少ないので廃案。

◉実施案（③）

1階寝室の前に坪庭を設けた。二階LDKは高木に接するテラスがある。駐車場の上は、塀で囲まれプライバシーが確保されたサービスバルコニー。

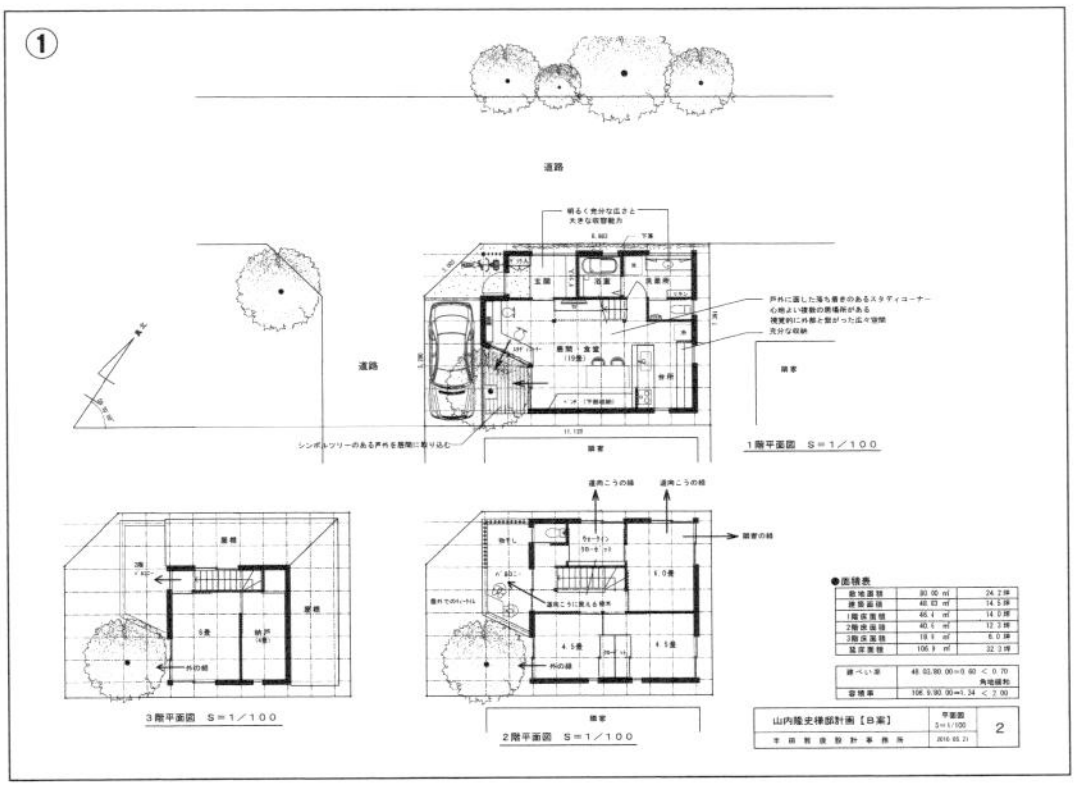

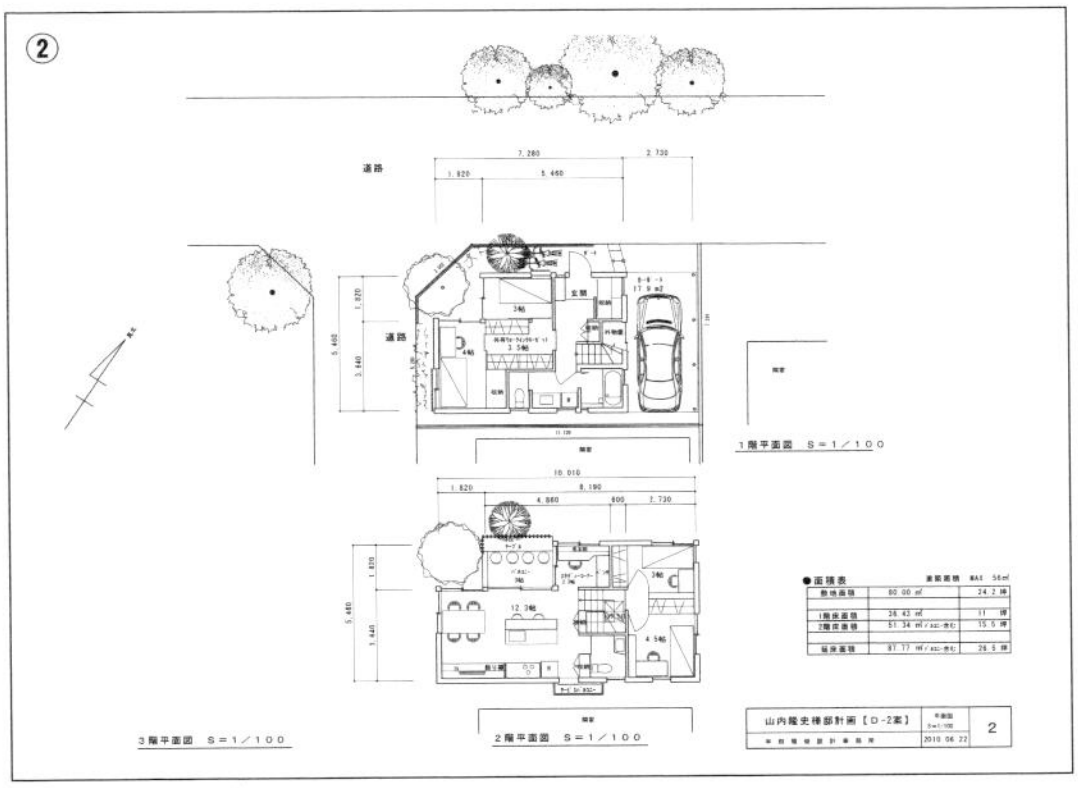

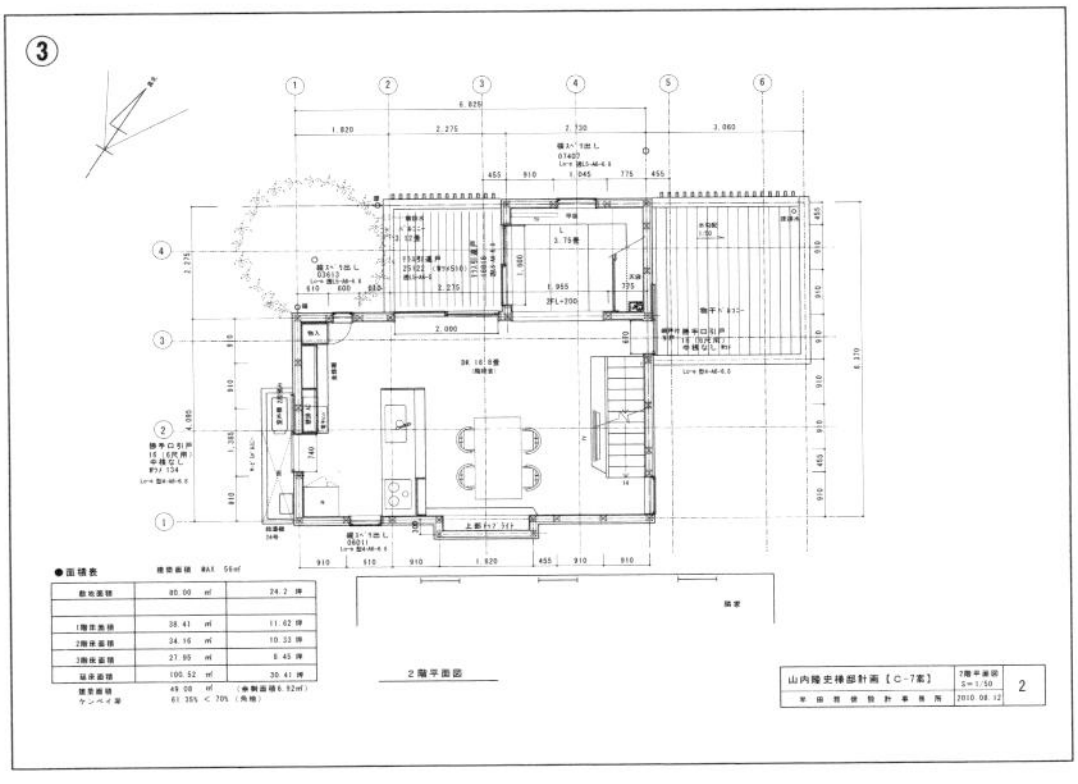

図1　ケーススタディ　木造3階建て住宅

表1　住宅の構造形式

構造形式	工法名	特記
木造	伝統工法（民家型工法）	太い柱・梁・貫で構成し、木組みそのもので建てる工法。長年受け継がれてきたが現在は、まれ。熟練した大工技術が必要。
	在来工法（軸組構法）	柱・梁を組み、筋交・面材・接合部金物で耐震性を確保する工法。住宅でもっとももも多く採用されている。
	2×4工法	柱・梁を用いず、小さな構造材で構成される。パネル状の壁・床・屋根で組み立てる工法。熟練工を必要しない。
鉄骨造	軽量鉄骨造	肉厚が6㎜未満の鉄骨を用いる。部材が小さく施工しやすいため工期が短縮できる。大量生産に向いている。
	重量鉄骨造	肉厚の鉄骨を用いる。接合部を剛接合にでき、大きな空間を確保しやすい。小規模な住宅では、あまり用いられない。
鉄筋コンクリート造	壁式工法	板状の壁と床だけで構成される。柱型・梁型がない室内をすっきりさせることができる。住宅でよく採用される。
	ラーメン工法	柱と梁を一体化して骨組みを構成する。壁式工法よりも大きな開口部をつくりやすい。
	プレキャスト工法	工場で生産されたコンクリートの部材を現場でつなぎ合わせる工法。コンクリート系プレハブ住宅に用いられている。

だ。同じ程度のグレードなら、木造がいちばん安く、RC造は高くつく。鉄骨造はRC造よりやや安い。

防火・耐火性では、RC造が有利である。鉄骨造が「△」なのは、高温にさらされると鉄は強度が落ちるためだ。木造は燃えるが、芯まで燃えるのには時間が掛かるので、その分太くすれば安全性を高められる（燃えしろ設計）。近年は木造の大型物件も増えてきている。

遮音性は、重いほど性能が良くなるので、RC造が有利だ。気密性は、建築をつくる部材のジョイント部分が大きく影響する。RC造は、型枠に流し込んで一体的につくられるので自然に気密性能が上がる。木造は小さい部材を組み合わせてつくるので、ジョイント数が多くなり隙間ができやすい。木造で気密性能を上げるには、気密シートを全面に貼るなどする。

柱なしの大きな空間をつくるには、鉄骨造が有利だ。木材は、自然素材なので材料長さに限度がある。集成材にしたりトラスを組めば大きなスパンも飛ばせるが、梁成が大きくなる。RC造は重いので大きなスパンを飛ばすのには向いていない。

可変性とは、改造のしやすさである。建物を長く使い続けるためには、用途変更などコンバージョンやリフォームも必要になるだろう。木造が「○」になっているのは、間取りの変更など構造変更をともなう増改築が、比較的容易だからである。それに対してRC造は構造の可変性がほとんどない。鉄骨造は、柱や梁の補強はできなくはないが、木造のように自由がきくわけではない。

開放性とは、建物内外の遮蔽度合のこと。RC造は、重量が重いので耐震性を確保するために一定量の壁が必要になり開放性は低くなりがちだ。開放性は、鉄骨造と木造が高い。

断熱性は、RC造と鉄骨造は「×」。鉄は、熱を伝えやすく、RC造も同様だ。木造は木材そのものに断熱性能があるので「○」。ただし、木材の断熱性能だけでは、住宅としては不十分だ。

蓄熱性とは、建物が熱をどのくらい蓄

えられるかだ。蓄熱性が高いと室温を安定させやすい。蓄熱性を生かし快適な室温を保つためには、断熱材とうまく組み合せることが肝心だ。蓄熱性に関してRC造は「○」。コンクリートは、比熱が大きく熱をたくさん貯められる。鉄骨は熱伝導率が高いので蓄熱性は低い。木造は、構造が軽く蓄熱する部材が少ないので蓄熱性は低い。

建築物の償却期間は、設計や施工には関係ないが、構造種別で期間が異なる。社会的観点から法的に定められている。木造の償却期間は他の構造に比べて短い。償却期間が短いと建築費を経費として計上しやすいので、営業を目的とした建物では有利だ。償却期間は、実際の建物の寿命とは違うが、建築主の建築目的によっては、重要な関心事になる。

建築主の要望に応えるには、設計者がこういった様々な構造別特徴を知っておくことが基本設計の段階で役に立つ。

表2　構造の特徴

	木造	RC造	鉄骨造
重量（2階建t/㎡）	軽い 1〜1.5	重い 4〜5	やや軽い 3〜4
価格	安い	高い	やや高い
耐火性	×	○	△
遮音性	×	○	△
気密性	×	○	×
スパン	×	△	○
可変性	○	×	△
開放性	○	×	○
蓄熱性	×	○	×
断熱性	○	×	×
償却期間	22年	46年	19〜34年

写2　木造3階建てを選択。準防火地域。軟弱地盤とコストから。

写1　鉄骨造3階建を選択。防火地域、地盤は強固で、ビルに挟まれている敷地のため。

❸事例に見る基本設計

①配置計画　敷地を生かす

基本設計でもっとも大切な検討事項が配置計画である。住宅系の用途地域では、建ぺい率は最大でも60％である。裏返せば、少なくとも与えられた敷地の4割以上は戸外なのだ。快適な住宅を計画するには、建物だけでなく周囲の環境を生かすことが鍵となる。そのため、配置計画においては、周囲の環境を読み解いてもっとも快適な場所を探し出し、日当たり、景観、利便性などを検討する。

この計画の敷地は、264㎡（図2）。西側は、水路を隔てて隣家の緑が広がっている。それを借景として取り込む計画である。問題は西日対策である。西側の大きな開口部からは、夏には室内に大量の日射による熱が室内に侵入する。その大き

表3　形態の検討

検討項目	概要
1. 平面計画・階数	「敷地面積×建ぺい率÷要求面積に数値を入れてみる。「1」を超えれば平屋で納まる。
2. 用途地域による制限、防火地域	建てる建物の用途と構造形式が制限される。
3. 気候・日照、通風の検討、立体的ゾーニング	敷地の条件を整理して、住まいの環境をシミュレーションする。断面も大いに役立つ。
4. 接道	道路と敷地の接道状態でアプローチ等が定まる。建物を配置するうえでも重要である。

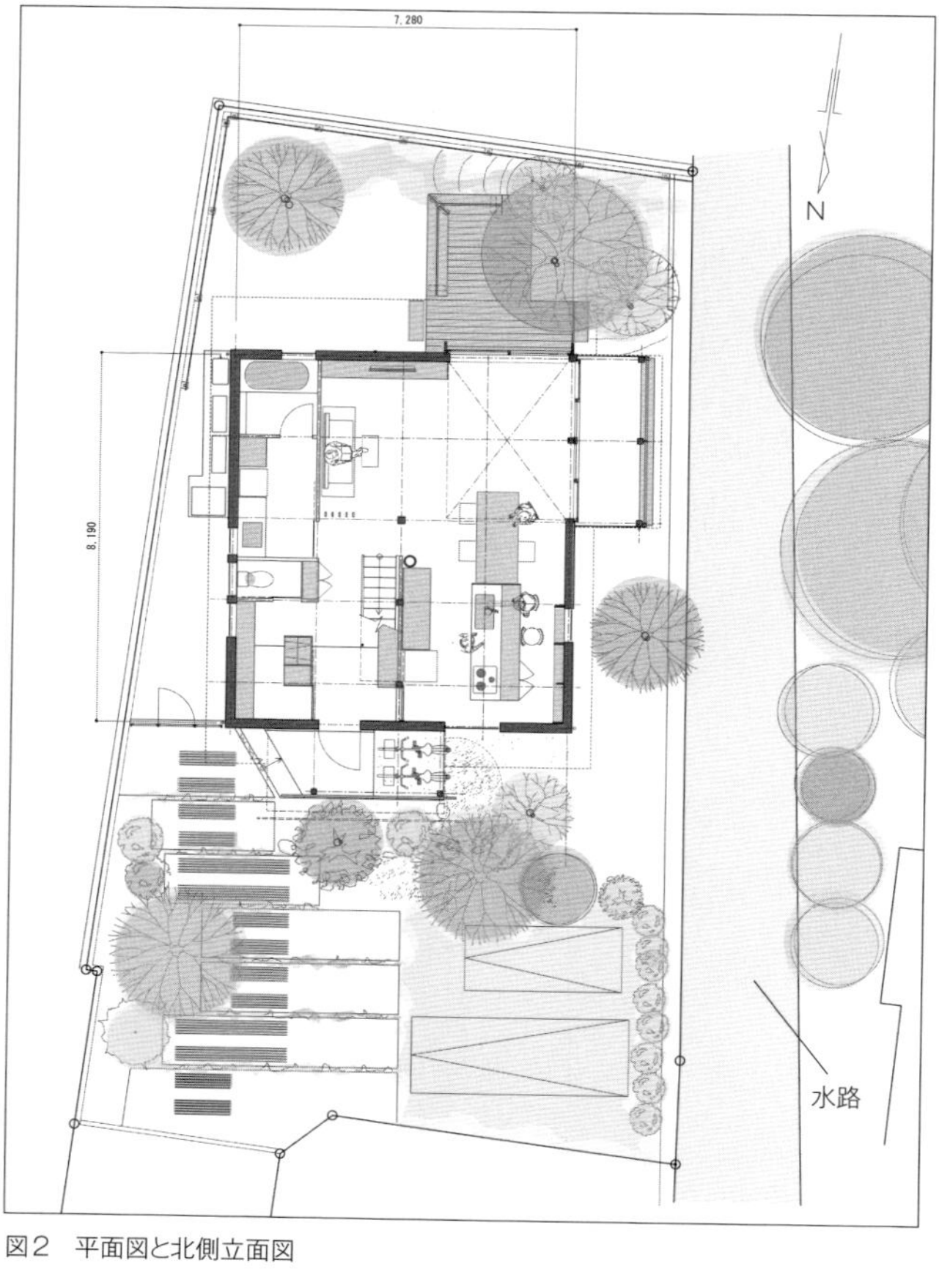

図2　平面図と北側立面図

な熱量をエアコンで冷やすのは得策ではない。西側に半戸外のスペースを設け、木製格子を蔀戸《しとみど》風に取り付けて、景色と風は取り込むが日射は遮る工夫をした。蔀戸とは、日本に昔からある跳上げ式の建具である。角度を変えれば、日差しを遮りながら風も視界も抜ける簡単な装置となる。

1階は、南側に大きな開口部のあるワンルームとした。吹抜けのおかげで冬は食堂の奥まで日が差し込む。食卓から樹木の幹や梢を眺めることができる、伸びやかな空間である。戸外は、奥行きのあるウッドデッキ、木陰でのんびり楽しめるスペースとして提案した。

地方での生活は、駐車場は最低2台、来客のことを考えると3台分ほしくなる。これを舗装してしまうと、夏の照り返しは相当なものになる。帯状に緑化して緑のスペースを増やす計画だ。

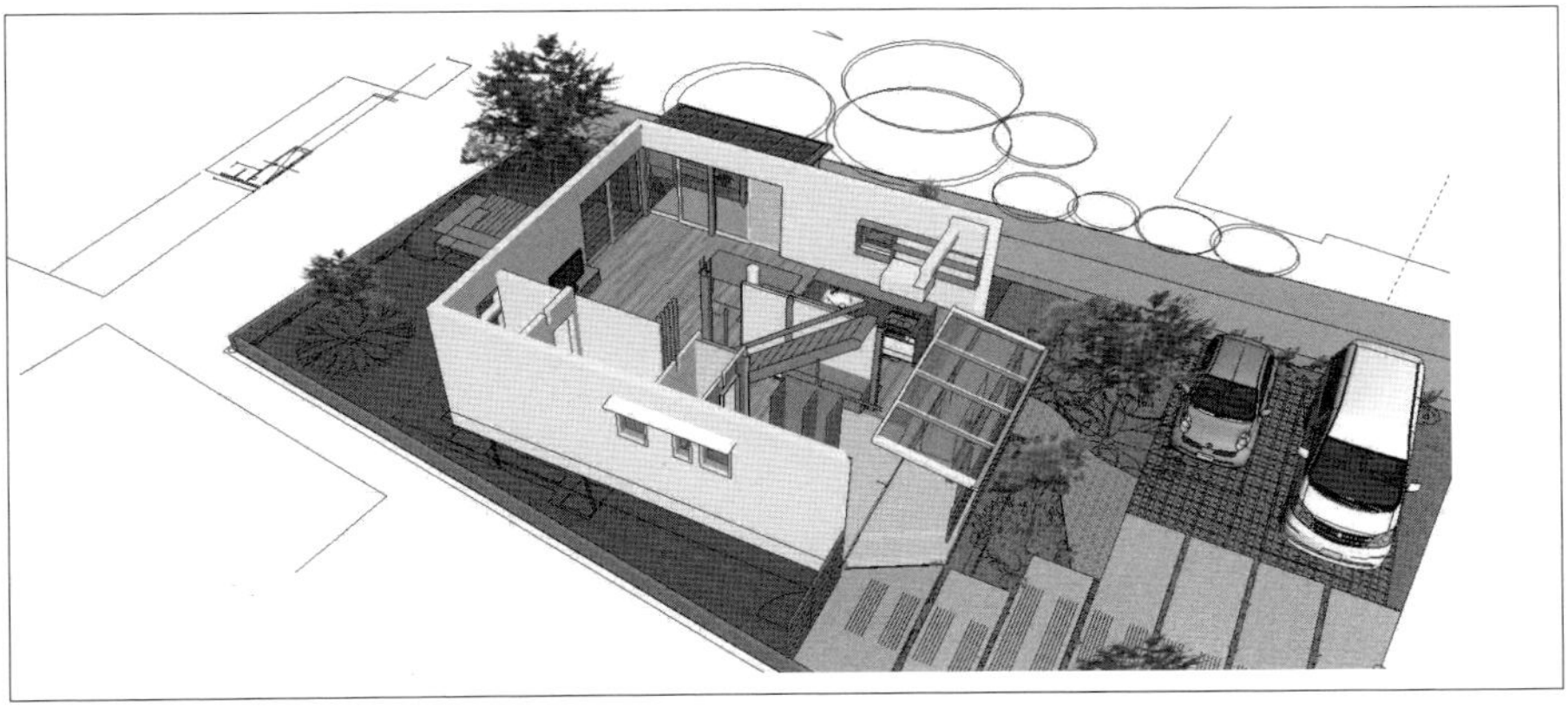

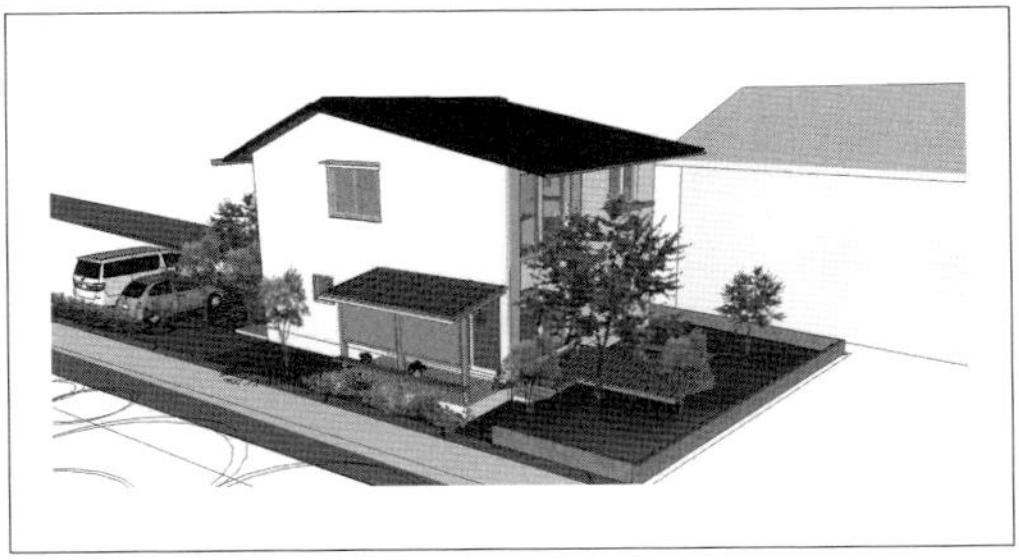

図3、4　西側の水路側に向けて開く案を3Dで検討

写3　室内より蔀戸を見る

●建築概要
木造2階建て
第1種住居専用地域　準防火地域
敷地面積　264.48㎡
建ぺい率　60%　容積率　180%
延べ床面積　119.24㎡

②構造の選択　防火地域に建てる

敷地は、大きな幹線道路に面しており敷地幅はわずか4.5ｍ。もともと大きな敷地に明治時代に建てられた3軒長屋の真ん中の住戸だった。1住戸ごとに敷地分割されたため、幅が狭くて奥行きの長い敷地となってしまった。両側はすでにビルに建て替えられていた。用途地域は「近隣商業地域」、建ぺい率80%、容積率４００%。防火指定がある。元の家は木造だったが、建て替えると防火地域の制限で、木造では１００㎡までしか建てられない。

建築主の家族構成や要望から必要面積を割り出すと、3階建てとする必要があった。防火地域では、3階建て以上は耐火建築物（鉄骨造あるいはＲＣ造）としなければならない。地盤調査の結果、強固な地盤なので構造的にはＲＣ造も可能だったが、選ばなかった。ＲＣ造の場合、重いので構造体寸法が大きくなる。柱梁のいらない壁構造でも、外壁の厚みは、断熱材や仕上げまで含めると35㎝は必要で、両側で70㎝にもなる。4.5ｍしかない敷地幅では、外壁の厚みを少しでも薄くしたかったこととコストを検討した結果、鉄骨造を選んだ。

部屋の配置は、1階に寝室と水回り。小さな庭は設けたが、建築基準法の居室の採光条件を満たさないので、トップライトを開け上から採光することにした。寝室の屋根は大きなルーフバルコニーとする。2階でありながら庭のあるＬＤＫとなるように計画した。吹抜けを介してＬＤＫとつながっている3階は、書斎。道路側の銀杏並木がすぐ近くに見える。南北の領域をできるだけ区切らず、風通しを確保している。要望はなかったが、バルコニーからは、さらに屋根上の物見台に上がれる提案をした。ビルに挟まれた条件でありながら、意外にも眺望も得られるはずだと読んだからである。

写4　正面外観

●建築概要
鉄骨造3階建て
近隣商業地域　防火地域
敷地面積　65.09㎡
建ぺい率　80%　容積率　200%
延べ面積　100.19㎡

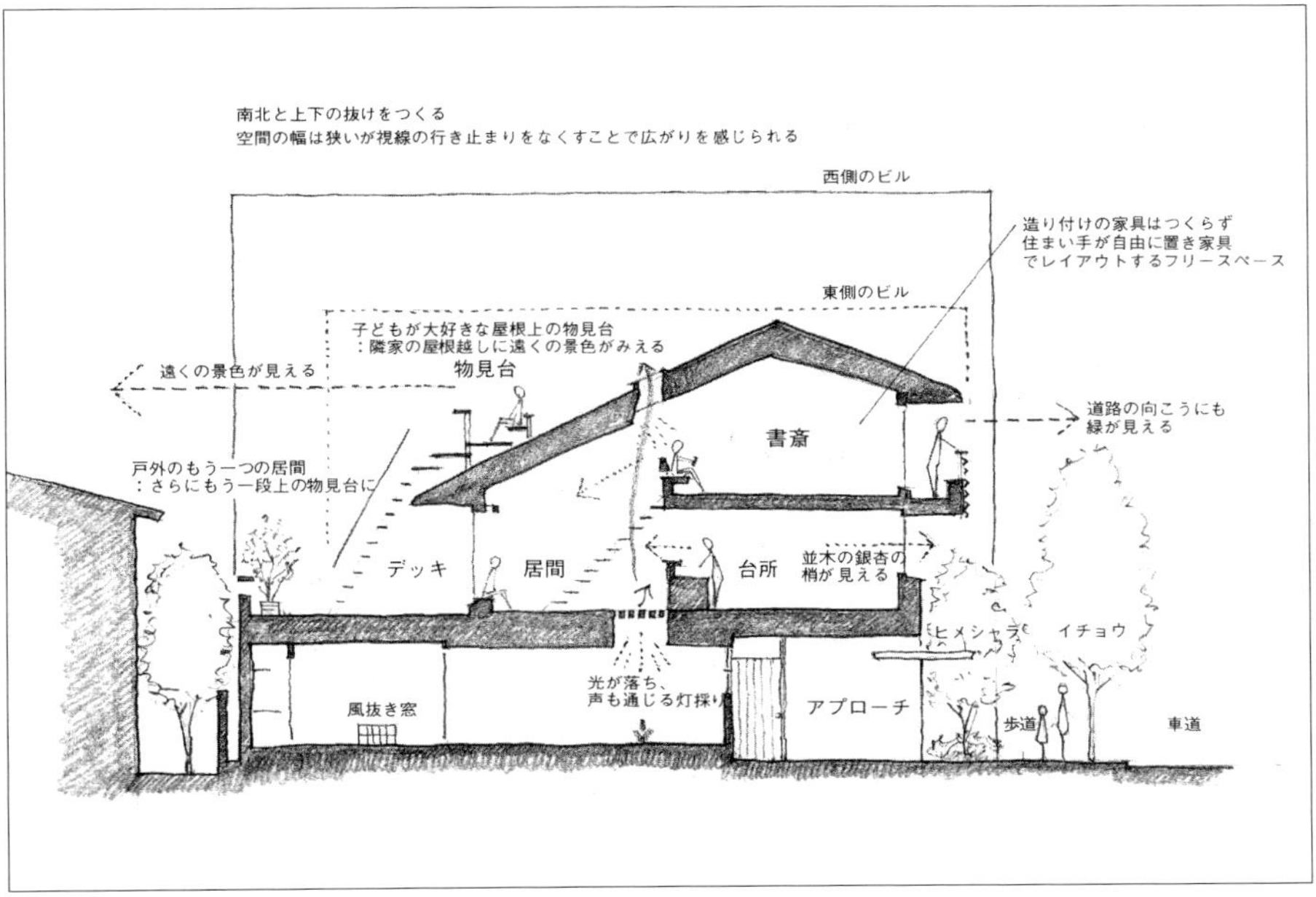

図５　断面図を用いた検討

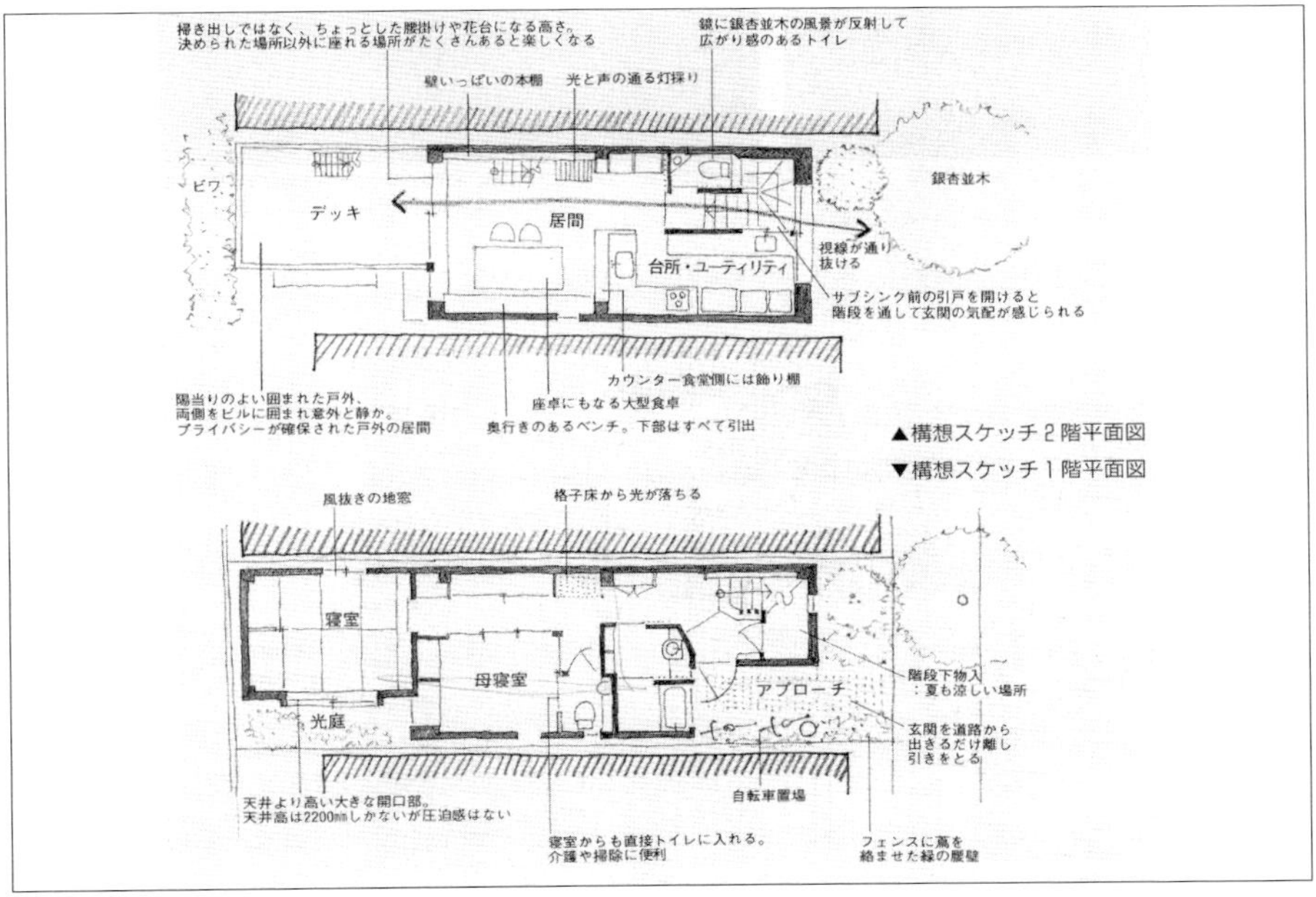

図６　平面図を用いた検討

③気象条件　積雪に対応する

降雨量の多い日本では、屋根の形は耐久性を考えるうえでとくに重要だ。日本列島は南北に長く、寒冷地の北海道から南国の沖縄まで気候がまったく異なる。どの地域に建てるかによって、基本設計の段階で適切な建物の形と構造形式を考える。

まず、その地方の気象条件を把握することが大切だ。とくに積雪地帯では、積雪量、敷地のゆとりなどを検討して屋根の形と建物の位置を決める。

屋根の雪下ろしは、危険をともなう重労働だ。敷地にゆとりがあれば、自然落雪型をすすめたい。ただし、単に屋根を急勾配にするだけでは問題は解決しない。落ちた雪が雪解けするまで溜められる敷地の余裕が必要だ。また、雪に埋もれても大丈夫な1階の対策も必須になる。写5の家では、敷地幅にゆとりがあったので、屋根型を切り妻の急勾配とし、入り口は妻入り。1階はRC造としている。

写6のケースは、地域の年間積雪量が1m以内であり、敷地の大きさに余裕がなかったので、敷地に雪が落ちないよう道路側に向けた片流れ屋根とした。落ちた雪から玄関や自転車置き場などを保護するため、大きな庇を架け、さらに雪よけの格子を設けている。格子があることによって、勝手口が道路から目立たなくなるようにも配慮している。

写7の地域は、積雪量が多い地域なので、積雪荷重を考慮して構造を強化した。屋根に1.8mの積雪があっても耐震等級3（住宅性能表示最高グレード）が確保できる構造としている。

このように同じ雪国でも、予算や敷地条件が異なれば対応の仕方が変わり、屋根形状も違ってくる。基本設計の段階で要望・予算・気象条件などを総合的に判断して屋根形状を決定するとよい。

表4　屋根の形状の種類と特徴

	①落雪式	②融雪式	③耐雪式
特徴	屋根の急勾配、または滑りやすい屋根材を用いて雪を自然に滑り落とす方式	灯油、ガス、電気等のエネルギー、生活排熱を用いて屋根雪を融かす方式	2～3m程度の積雪荷重に耐えられるように住宅の構造を強くする方式
概念図	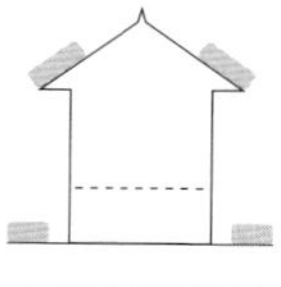		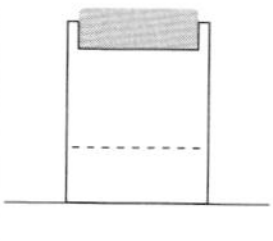
敷地条件	敷地に余裕がある場合に適す（落雪・堆雪スペースが必要）	敷地に余裕のない場合にも適す	敷地に余裕のない場合にも適す
コスト	ランニングコストがかからない	融雪装置の設置費用および電熱費等のランニングコスト、設備交換費用がかかる	鉄筋コンクリート造、木造の骨組強化のため建設費用が増大する

新潟県「雪国におけるバリアフリー対策の推進による安全で快適な都市生活の実現に関するモデル調査報告書」をもとに作成

写5　切り妻落雪タイプ
自然落雪
新潟県

写6　片流れタイプ
道路側に雪を下ろす
富山県

写7　切り妻耐雪タイプ
屋根に雪をもたせる
新潟県

④住環境　日照と通風を検討する

陽当たりは、住み心地の重大要素である。冬は暖かく、夏は涼しい家は基本だが、設備に頼らないで実現するのは意外と難しい。日本家屋の長い庇は、季節による太陽高度の違いを利用して、冬は日差しを取り入れ夏は遮る役割も担っていた。しかし東西面は夏でも太陽高度は低く、庇では遮蔽できない。

冬のひなたぼっこの気持ちよさは格別だが、夏の日射は大敵だ。夏期の熱の侵入は、平均的な家で窓からが70％にもなり、強烈な冷房負荷になる。南面の開口部には、大きな庇を設け、東西と北面は、何らかの方法で低い高度の日射を防ぐことが重要になる。

太陽高度がもっとも高いのは6月下旬夏至のころだが、もっとも暑いのは少し遅れて、7月下旬から8月になってからである。8月になると太陽高度は下がり始め、夏は北側の窓からも日射が侵入する。敷地の向きや近隣の状況は、それぞれ異なるのでコンピュータソフトによるシミュレー

8月15日正午 晴れ。

12月25日正午 晴れ。

南面の2層分の大開口から、室内の奥まで日差しが入っている。隣家の影で1階に陽が当たらなくても、吹抜けの開口部から日射を取り込むのは有効な手段だ。

庇、ターフ、緑のカーテンなどのおかげで、室内もテラスも直射日光は当たっていないことを確認できる。植物の葉は、蒸散作用があるので、日射遮蔽以上の清涼感が得られる。

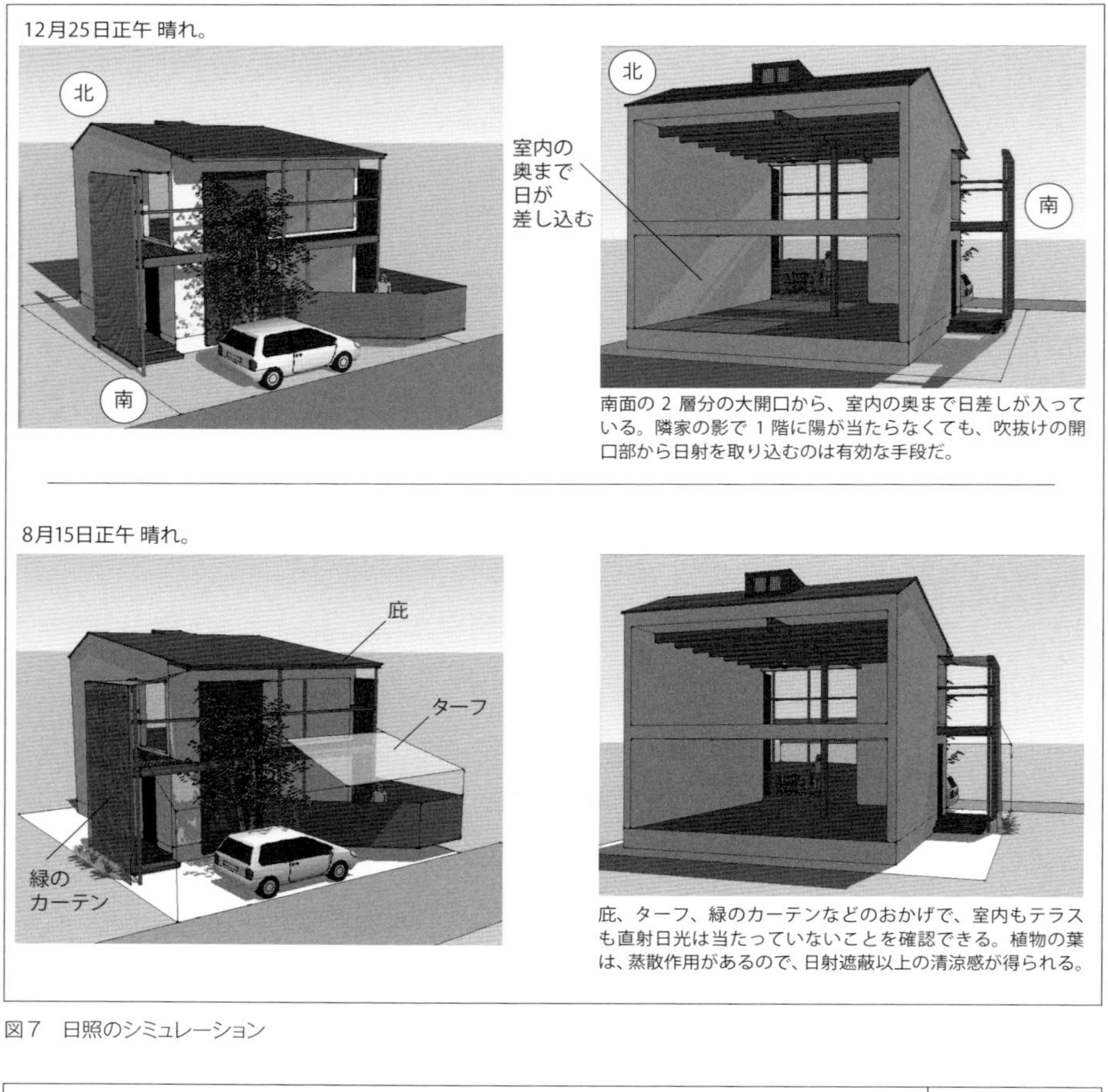

図7　日照のシミュレーション

ションがとても役に立つ。

基本設計の段階で、庇の長さを変えたり、可動の夏用の日よけアイテムを考えてシミュレーションを繰り返し、通年の日射をチェックして建物の形態を決めるとよい。簡易なシミュレーションソフト（スケッチアップ）を用いたモデリングを紹介する（図7）。

また、「風通しがよい」ことも、快適な家の重要要素だ。風を取り込むには、風上と風下に開口部が必要だ、一カ所だけでは風は通らない。地域や季節によって風向きは異なる。風配図は、風向きと風速の頻度を表した表でその地域の風の特徴を知ることができる（図8）。各地の風配図は、気象庁のホームページなどで入手できる。ただし近隣が建て込んでいれば条件は変わってくる。通風シミュレーションを使えば、窓の位置や間仕切などの条件を入力して風通しを確かめることができる（図9）。

快適な風を取り入れるためには、外構計画が重量だ。舗装道路などで熱せられた風ではなく、植栽や水面を計画することで爽やかな風を取り入れられるようにしたい。

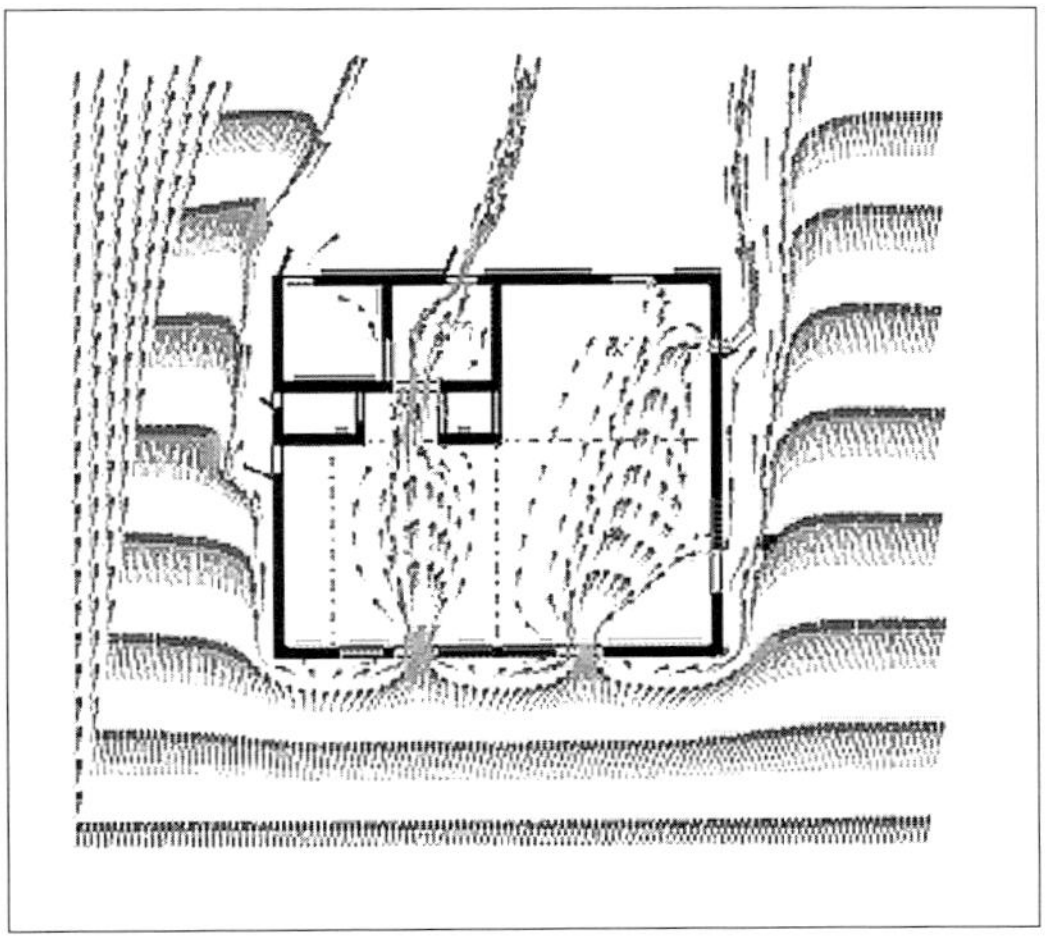

図9　風通しのシミュレーション
南風、風速2m。開口部の位置、開き方、内部仕切りなどを変えてシミュレーションを繰り返す。
風配図を参考に季節ごとの風を入力して、最適解を探る。

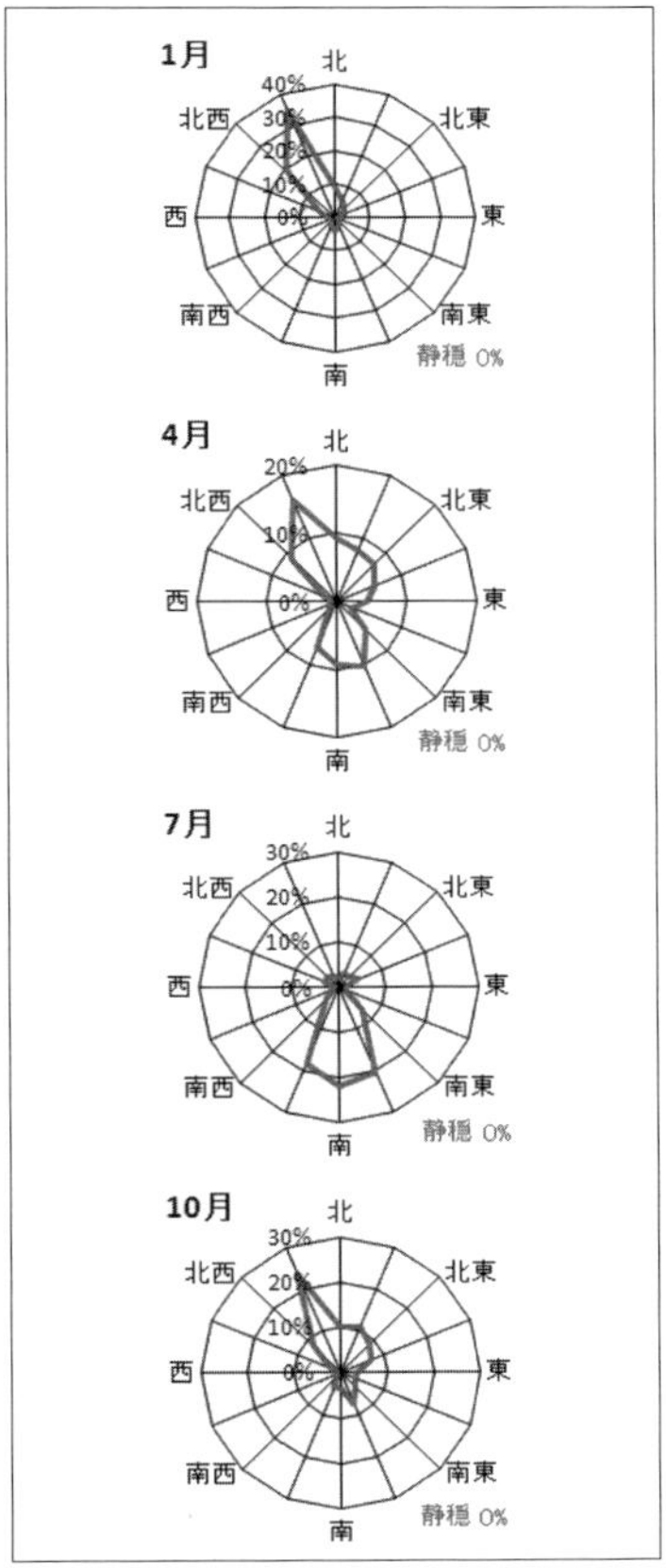

図8　風配図（東京：東京管区気象台）

木造住宅の遮音性を高めるには？

Q 「木造の住宅を建てたい場合、遮音性はどう考えたらいいのでしょうか」

A いい質問だと思います。基本的に、それぞれの構造で有利な点、不利な点があります。木造は遮音性という点では、構造的に軽いため音を遮断しにくく、コンクリートに比べるとかなり不利です。仕上げ材や内装材などで重さを加えることもできますが、コンクリートと同じ重さにしたのでは、わざわざ木造をつくる意味がなくなってしまいます。では、どうするか。音というのは振動のつながりです。ですから、振動を吸収するような素材…たとえば、ふにゃふにゃした柔らかい素材やねちゃねちゃした素材を間にはさむと、振動が伝わりにくくなり、軽さのわりに高い遮音性をもたせることができます。このように、いろいろな素材を使う工夫によって木造の欠点をカバーできます。これはＲＣでも同様で、ＲＣにもいいところもあれば悪いところもありますが、仕上げ材や内装材、外装材などで問題点をカバーできます。

学校の授業は実務に役立つの？

Q 「いま設計の授業では、今回のような基本的な設計の手法で設計課題を提出しても、よい点数はもちろん、その内容にはいっさい触れてくれません。いまの設計課題の評価価値観について、どう思われますか」

Q 「学校の設計の授業でやっていることは仕事で役立ちますか。仕事でやる設計とはまったく別のような気がします」

A これも非常にいい質問だと思います。その通りで、学校でやっていることは直接には実務に役に立ちません。役に立たないとなれば、どうして君たちは講義を受けているのか。

建築は、１＋１＝２のようにいくわけではありません。人のためにつくりますが、人というのはいろいろな価値観をもっているわけです。ですから、どちらが正しくてどちらが間違い、ということはなく、いろいろな価値観があるということをわかっていないといけません。こっちが正しくてお前が間違っている、ということではない。僕がこの授業で教えていることは、これから君たちが卒業したときに、実務でどういうことをやるのかの概略をお話しているわけですが、そういう意味では設計の授業でやっているようなデザインの基礎とは違います。でも、どっちが間違っているということではありません。卒業して、建築に関わる仕事に就いたときに、デザインの価値観や建築の最先端ではどういうことをやっているのかをわかったうえで実務をやる。実務で要求されることは建築の最先端ではありません。なぜかというと、最先端を要求する人の家を建てるわけではないから。だから、そういう意味で価値観の違うことを教えているのは事実です。どちらが正しくてどちらが間違っているということではなく、両方知っている必要があります。ですから、大学の授業なんて全部そうですが（笑）、すぐに直接実務には役に立たないかもしれないけれど、このプロセス論という講義では、現実に即したことを紹介しています。この講義で実務を覚える必要はありませんが、実務というのはどういうものかという概略をわかってもらえればと思っています。

償却期間とは何ですか？

Q 「償却期間とは何ですか。構造形式ごとのメリット、デメリットはありますか」

A 建物には、建物としての使用価値や経済的価値など、いろいろな価値をはかるものさしがあります。

たとえば1億円かけた建物があったとして、かかった費用を法的に経費に落として毎年計上していく。これを「（原価）償却する」といいます。構造種別に、木造だと22年、ＲＣだと47年などと、期間が決まっています。

なかでも、木造の償却期間は短い。マンションや賃貸住宅を建てたとき、コンクリートでつくったものも木造も同じ1億円掛かったとすると、償却期間が短いほうが毎年経費として落とせる金額が多くなります。早く採算を合わせやすくなるということもできる。いろいろな条件があるので、一概にどちらが有利だとは言えないが、経費カットの一環としてその建物をつくる場合などは、そういった建築価値以外のことも考えなくてはいけないということです。

プロセス 4

実施設計

❶実施設計と図面の種類

基本設計で計画案の内容が決まれば、つぎは実施設計だ。

基本設計は、どんな住宅（建築）にするのかを検討し決定する段階だった。それに対し実施設計は、計画案をどうやって実現するか、素材や詳細な寸法、建設手段を決める作業である（表1）。

建築は、多数の職種が協力してつくり上げるもの。実施設計図は、計画案を実現するためのコストを算出するとともに、つくる側の人たちに施工方法を伝えるための図書である。

実施設計では、意匠、構造、設備の三部門の図面を作成する（表2）。

まず、意匠図にはどんなものが含まれるだろうか。

基本設計の段階で、概要書、仕上げ表、配置図、平面図といった一般図は作成済みだが、実施設計の段階では、図面の縮尺を上げて情報量を多くし精度を上げる。

平面詳細図（S＝$\frac{1}{50}$、$\frac{1}{30}$、$\frac{1}{20}$）は、全体の納まりを示す重要な図面だ。開口部の詳細、設備機器、造作家具などを描き込み、各部位の仕上げも記入する。

矩計図（S＝$\frac{1}{30}$、$\frac{1}{20}$）は、階高、天井高など建築の高さ方向の基準を決める重要な図面だ。階高（1階床から2階床までの高さ）は、部屋の広さに応じた適度な天井高さを確保し、2階床の横架材が収まるか、階段の段数と蹴上げ寸法の関係、斜線制限に抵触しないかを確認しながら作成する。木造住宅の構造を表すのが伏図である。構造材の寸法、接合金物の種類などを明記する。伏図は平面情報のみなので、軸組図を描くと骨組みの高さ関係がわかりやすい。

表1　基本設計と実施設計の違い

	基本設計 ◀	▶ 実施設計
目的	計画を練る、建築概要を決定するために行う。これにもとづき、かかる費用を概算する。	工事に着工するための最終図面。これをもとに、どのくらいの時間と費用がかかるかを具体的に算定する。
必要な図書	配置図、平面図、立面図、断面図 縮尺 1/100 ～ 1/50 程度	意匠関係図、構造関係図、設備関係図（詳細は表2を参照） 縮尺 1/100 ～ 1/1

木造住宅の場合は、RC造などとは違

い、本格的な構造計算をしなくても簡易な計算方法で済ますことができる（壁量計算）。壁の強さの仕様基準が決められており、一定の壁量を確保することによって耐震性能を満たしていることを示す。ただし、現在では、構造計算ソフトのおかげで小規模な設計事務所でも、木造住宅の構造計算ができるようになっている。

展開図は、室内の壁面の情報を描く。どの図面も寸法はすべて㎜単位で記入する。

表2　実施図の種類

	建築図
意匠図	一般図：概要書、仕様書、仕上表、配置図、平面図、立面図、断面図 詳細図：矩計図、展開図、建具表、部分詳細図、外構図
構造図	伏図　：基礎伏図、各階床伏図、小屋伏図、軸組図 構造計算書：壁量計算書、金物リスト
設備図	電気　：照明計画、コンセントレイアウト図 給排水衛生：配管図、機器リスト

主な設備図は電気図と給排水衛生設備図だ。

電気図では、照明計画、分電盤やコンセントの位置などを示す。照明計画は、単に室内を明るくするだけではなく、住居としての雰囲気づくりに大きく影響する。光源の種類や照明方法を工夫して、美しい住まいの演出方法を検討する。給排水衛生設備図は、給水箇所、配管経路、配管の種類と太さ、汚水や雨水の排水経路を表記する。冷暖房設備を床暖房にするのかエアコンで済ますのか、パッシブな手段で快適な住まいとするのか、空調システムと具体的な機種選定も実施設計段階で決定する。

規模の大きな建築では、構造と設備は、専門の構造事務所、設備事務所に協力を依頼する。小規模な住宅程度の建築では、意匠事務所が構造と設備設計も行うことが多い。

また、建築本体だけでは、良質な住宅にはならない。家の外の計画も重要だ。アプローチやテラス、庭、植栽計画など外構計画しだいで住まいの快適さは大きく変わる。建築にお金をかけ過ぎ、外回りの環境整備に予算が足りなくならないよう、実施設計段階で外構計画をしっかり詰めておくとバランスのよい家づくりができる。

こうした実施設計図が一通りそろって、正確な見積りができるようになる。

Advice

◉図面作成について

図面は2次元だが、建築は3次元である。図面は依頼者や施工者にどんな建物・空間かを伝える手段だ。手描きであれCADを使うにしても原則は同じ。断面線は濃く太く、見えがかり線は離れるほど細く薄く描くと2次元の図面が立体的に見えてくる。

CADを使う場合、意識しないと不要な書込みも残ったままとなる。不要な書込みがあると、肝心な書込みと区別がつかず、重要な記述を見つけにくい。読みやすい図面は、現場の作業の効率を上げ、ミスを減らすことにつながる。

❷実例に見る実施設計

この節で実例として取り上げるのは、３間角の小さな住宅である。１階は玄関＋水回りと吹抜けのＬＤＫ。２階は、１寝室だけの小さな家である。狭小敷地なので冬期は、隣家の影で日当たりが悪くなる。居間は吹抜けで大きな開口部を設け、２階の窓から日差しを取り込む。ウッドデッキと居間がつながり戸外と一体となって、狭さを感じさせない。大きめなバルコニーの隣家側は、目線までの高さの壁で囲いプライバシーを確保すると共に、夏期の西日が室内に侵入するのを防ぐ。

耐震性能は、住宅性能表示最上級の３等級、断熱性能も最上級の４等級を確保している。

与えられた条件は、きびしくとも工夫しだいで住み心地のよい家はできる。実施設計図を見ながら設計のポイントを紹介する。

実例

実例:「狛江の小さな家」

都市近郊の狭あいな敷地に立つ小家族の家。小さな敷地にさらに分割した旗竿敷地に立つ。隣家に囲まれた悪条件の中での快適さを追求し、パッシブ的な考えを取り入れている。

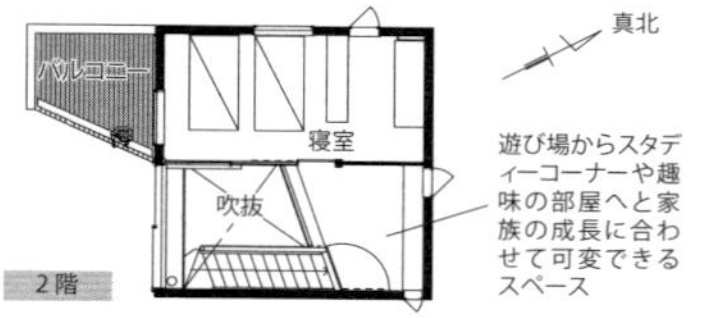

2階

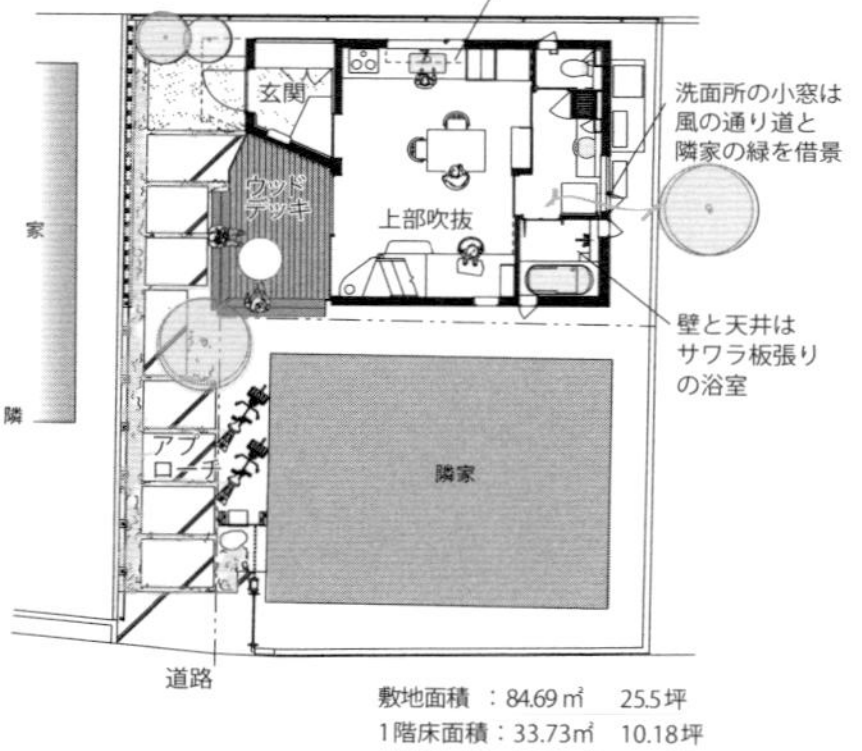

1階

敷地面積　：84.69㎡　25.5坪
1階床面積：33.73㎡　10.18坪
2階床面積：25.12㎡　7.58坪
延面積　　：58.85㎡　17.76坪

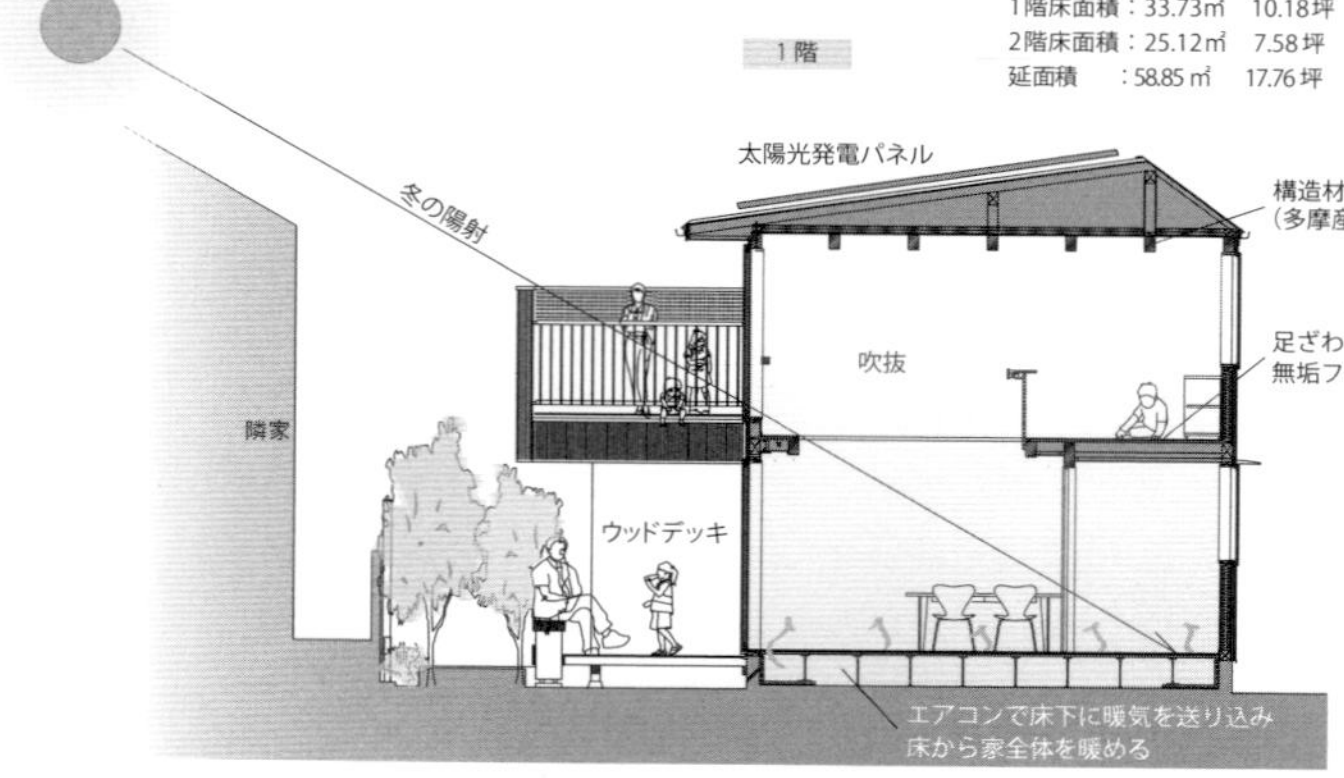

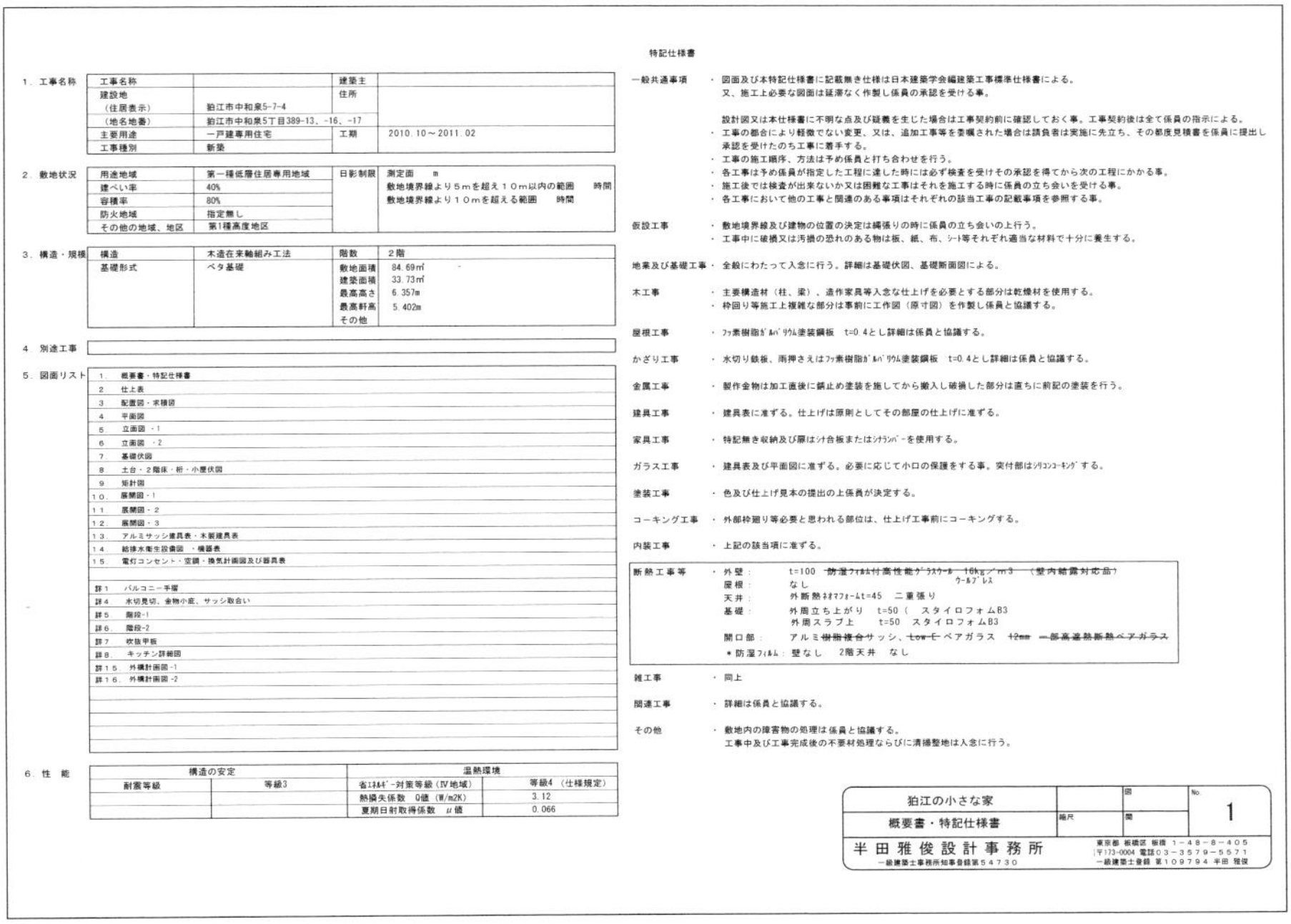

1．工事名称

工事名称		建築主	
建設地（住居表示）	狛江市中和泉5-7-4	住所	
（地名地番）	狛江市中和泉5丁目389-13、-16、-17		
主要用途	一戸建専用住宅	工期	2010.10～2011.02
工事種別	新築		

2．敷地状況

用途地域	第一種低層住居専用地域	日影制限	測定面　m 敷地境界線より５ｍを超え１０ｍ以内の範囲　時間 敷地境界線より１０ｍを超える範囲　時間
建ぺい率	40%		
容積率	80%		
防火地域	指定無し		
その他の地域、地区	第1種高度地区		

3．構造・規模

構造	木造在来軸組み工法	階数	２階
基礎形式	ベタ基礎	敷地面積	84.69㎡
		建築面積	33.73㎡
		最高高さ	6.357m
		最高軒高	5.402m
		その他	

4．別途工事

5．図面リスト

1．概要書・特記仕様書
2　仕上表
3　配置図・求積図
4　平面図
5．立面図 -1
6　立面図 -2
7．基礎伏図
8．土台・２階床・桁・小屋伏図
9　矩計図
10．展開図 -1
11．展開図 -2
12．展開図 -3
13．アルミサッシ建具表・木製建具表
14．給排水衛生設備図・機器表
15．電灯コンセント・空調・換気計画図及び器具表
詳1　バルコニー手摺
詳4　水切見切、金物小庇、サッシ取合い
詳5　階段-1
詳6　階段-2
詳7　吹抜甲板
詳8．キッチン詳細図
詳15．外構計画図 -1
詳16．外構計画図 -2

6．性能

構造の安定		温熱環境	
耐震等級	等級3	省ｴﾈﾙｷﾞｰ対策等級（Ⅳ地域）	等級4（仕様規定）
		熱損失係数　Q値（W/m2K）	3.12
		夏期日射取得係数　μ値	0.066

特記仕様書

一般共通事項
・図面及び本特記仕様書に記載無き仕様は日本建築学会編建築工事標準仕様書による。
又、施工上必要な図面は延滞なく作製し係員の承認を受ける事。
設計図又は本仕様書に不明な点及び疑義を生じた場合は工事契約前に確認しておく事。工事契約後は全て係員の指示による。
・工事の都合により軽微でない変更、又は、追加工事等を委嘱された場合は請負者は実施に先立ち、その都度見積書を係員に提出し承認を受けたのち工事に着手する。
・工事の施工順序、方法は予め係員と打ち合わせを行う。
・各工事は予め係員が指定した工程に達した時には必ず検査を受けその承認を得てから次の工程にかかる事。
・施工後では検査が出来ないか又は困難な工事はそれを施工する時に係員の立ち会いを受ける事。
・各工事において他の工事と関連のある事項はそれぞれの該当工事の記載事項を参照する事。

仮設工事
・敷地境界線及び建物の位置の決定は縄張りの時に係員の立ち会いの上行う。
・工事中に破損又は汚損の恐れのある物は板、紙、布、ｼｰﾄ等それぞれ適当な材料で十分に養生する。

地業及び基礎工事・全般にわたって入念に行う。詳細は基礎伏図、基礎断面図による。

木工事
・主要構造材（柱、梁）、造作家具等入念な仕上げを必要とする部分は乾燥材を使用する。
・枠回り等施工上複雑な部分は事前に工作図（原寸図）を作製し係員と協議する。

屋根工事　・ﾌｯ素樹脂ｶﾞﾙﾊﾞﾘｳﾑ塗装鋼板　t=0.4とし詳細は係員と協議する。

かざり工事　・水切り鉄板、雨押さえはﾌｯ素樹脂ｶﾞﾙﾊﾞﾘｳﾑ塗装鋼板　t=0.4とし詳細は係員と協議する。

金属工事　・製作金物は加工直後に錆止め塗装を施してから搬入し破損した部分は直ちに前記の塗装を行う。

建具工事　・建具表に准ずる。仕上げは原則としてその部屋の仕上げに准ずる。

家具工事　・特記無き収納及び扉はｼﾅ合板またはｼﾅﾗﾝﾊﾞｰを使用する。

ガラス工事　・建具表及び平面図に准ずる。必要に応じて小口の保護をする事。突付部はｼﾘｺﾝｺｰｷﾝｸﾞする。

塗装工事　・色及び仕上げ見本の提出の上係員が決定する。

コーキング工事　・外部枠廻り等必要と思われる部位は、仕上げ工事前にコーキングする。

内装工事　・上記の該当項に准ずる。

断熱工事等
・外壁：　t=100　~~防湿ﾌｨﾙﾑ付高性能ｸﾞﾗｽｳｰﾙ　16kg／m3　（壁内結露対応品）~~　ｳｰﾙﾌﾞﾚｽ
屋根：　なし
天井：　外断熱ﾈｵﾏﾌｫｰﾑt=45　二重張り
基礎：　外周立ち上がり　t=50（　スタイロフォームB3
外周スラブ上　t=50　スタイロフォームB3
開口部：　アルミ~~樹脂複合~~サッシ、~~Low-E~~ペアガラス　~~12mm　一部高遮熱断熱ペアガラス~~
＊防湿ﾌｨﾙﾑ：壁なし　2階天井　なし

雑工事　・同上

関連工事　・詳細は係員と協議する。

その他
・敷地内の障害物の処理は係員と協議する。
工事中及び工事完成後の不要材処理ならびに清掃整地は入念に行う。

狛江の小さな家		図	No. 1
概要書・特記仕様書	縮尺	閲	
半田雅俊設計事務所 一級建築士事務所知事登録第５４７３０	東京都 板橋区 板橋 １－４８－８－４０５ 〒173-0004 電話０３－３５７９－５５７１ 一級建築士登録 第１０９７９４ 半田 雅俊		

図１　概要書・特記仕様書

◉概要書の説明

●概要書に記す項目

工事名称、建築主、工事場所、主要用途、工事種別、工期。

工事場所を表す表記には、住居表示と地名地番がある。住居表示は、建物に付けられる番号なので、更地には建物ができるまで番号がない。土地の番号は地名地番だ。間違えないように両方表記できるようにしておく。

工事種別とは、新築か増築かの違いだ。

●敷地状況

用途地域、建ぺい率、防火地域、その他の地域地区、日影制限など敷地の制限と内容を記す。

●工事規模

別途工事

請負工事金額に含まれない工事を明記する。

●図面リスト：実施図面は、すべての図面に番号と図面名称を付けリストを作成し、設計図書の最初のページに掲載する。

◉特記仕様書の説明

仕様書は、設計図に表せない事項を補足するものである。特記仕様書の主な目的は、グレードの伝達である。一般的な内容を書くだけでなく、設計意図、特に注意を要することなどを明記する。表記は、一般共通事項からはじまり、各工事項目ごとに箇条書きで注意事項を記入する。

実施設計の段階では、具体的な仕上げ材料を指定する。建築は形だけでなく、素材や色によって大きく印象が変わるので、素材を決定することは、実施段階の大切な要素である。当然コストにも反映する。住宅でよく使われる外装材料は、湿式ではモルタル下地に吹付けや左官仕上げ、乾式では窯業系や金属系のサイディングなどである。板張りは、延焼の恐れのある場所では、防火制限上使えない。屋根材は、瓦か金属板かまたはそれ以外か、素材によって必要な勾配も異なり、外観の印象もまったく変わるので、基本設計の段階で決めておく必要がある。

内装材は、外壁よりも制約が少ないので選択肢は豊富だ。素肌に触れる近距離で見るので素材のテクスチャーを大切にする。ただ単に既製品のフローリングやビニールクロスをカタログから選ぶだけでは、魅力に欠ける。コンクリート、木材、布などの味わい、比熱や熱伝導率などの性質も生かして内装材を決めるとよい。平滑さなど仕上げ方しだいでも違いは大きい。

外部仕上

屋根	t=0.4 ｶﾞﾙﾊﾞﾘｳﾑ鋼板 （1.5寸勾配）　瓦棒葺 垂木　杉　105x45@455 野地板Ｆ☆☆☆☆t=12　針葉樹合板 ﾙｰﾌﾗｲﾅｰ　下地 （7.5寸勾配）　平葺き 垂木　杉　60×60@455 野地板Ｆ☆☆☆☆t=12　針葉樹合板 ﾙｰﾌﾗｲﾅｰ　下地
小屋裏換気	ﾍﾞﾝﾄｷｬｯﾌﾟ100φ×3
外壁 [外壁 通気工法]	【2階部分】 9ｔ構造用合板、透湿防水ｼｰﾄ、 20ｔ横胴縁@455、（通気層） t=0.35ｶﾞﾙﾊﾞﾘｳﾑ鋼板　断熱サイデング ｱｲｼﾞｰ工業　ｶﾞﾙｽﾊﾞﾝ 【1階部分】 9ｔ構造用合板、透湿防水ｼｰﾄ、 20ｔ縦胴縁@455（通気層） 木摺り、 防水紙付ﾗｽ網 軽量ﾓﾙﾀﾙ下地　（ﾗｽﾓﾙ/通気工法用） ﾌｧｲﾊﾞｰﾈｯﾄ伏込み ｼﾞｮﾘﾊﾟｯﾄ左官仕上　SP-100　（白）ゆず肌
軒裏	t=10　ｹｲ酸ｶﾙｼｳﾑ板　防ｶﾋﾞ塗装 有孔ﾎﾞｰﾄﾞ　（防火構造対応） ﾆｯﾍﾟｹﾝｴｰｽ　2回塗
基礎巾木	打放
玄関ﾎﾟｰﾁ	白州土ﾀﾀｷ仕上　　（高千穂）
樋、雪止	樋：ｶﾞﾙﾊﾞﾘｳﾑ鋼板製 ﾚｸｶﾞﾙﾊﾞR6号（ﾀﾆﾀ）竪樋60φ 横樋上吊 雪止め：西、南、北面
小庇	ｽﾃﾝﾚｽ製（相羽建設）
鼻隠し 破風板	防火破風板　180H ﾆｯﾍﾟｹﾝｴｰｽ　2回塗

内部仕上

室名	床	巾木	壁	天井	造作材	造作家具	機器・他	備考
居間	下地 ﾌﾘｰﾌﾛｱｰ t=25ﾊﾟｰﾃｨｸﾙﾎﾞｰﾄﾞ t=12　構造用合板 （万協ﾌﾛｱ/ 基礎断熱ﾀｲﾌﾟ） 仕上 t=15　桧 ｵｲﾙ塗装済品	造作材に同じ h=45	木製間柱 40×40 下地 t=12.5　PB 仕上 土佐和紙貼 （麻入り白） KM-501	木製野縁 36×39 下地 t=9.5　PB 仕上 土佐和紙貼 （麻入り白） KM-501	ｽﾌﾟﾙｽ または 雲杉	机・書棚　飾り棚 ｴｱｺﾝﾎﾞｯｸｽ	給気口、 床吹出口 点検口	
台所						食器棚 1・2	ｷｯﾁﾝ、ﾚﾝｼﾞﾌｰﾄﾞ 給気口、 住宅月火災警報器 床吹出口　巾木吹出口 点検口	ｺﾝﾛ廻 ﾒﾗﾐﾝ化粧板張
洗面所						収納 ｶｶﾞﾐ、ﾒﾃﾞｼﾝｷｬﾋﾞﾈｯﾄ	洗面器、水栓 RHS-TP　(ABC商会) 1200W 洗濯機用排水金具＆水栓 ﾀｵﾙ掛け　点検口　床吹出口	
便所						トイレ収納	ﾀｵﾙ掛、ぞうきん掛 便器、ｳｵｼｭﾚｯﾄ、紙巻器 ﾀｵﾙ掛 換気扇 床吹出口	
ホール						収納棚 子供用防護手摺	給気口	
寝室							給気口、住宅用火災警報器	
玄関	土間ｺﾝｸﾘｰﾄ 下地 白州土ﾀﾀｷ仕上 （高千穂）	ﾓﾙﾀﾙ 刷毛引仕上				下足入 ニッチ		
吹抜						手摺	ﾘﾀｰﾝﾀﾞｸﾄ	
階段	段板：t=36桧 Jﾊﾟﾈﾙ ｻｻﾗ板、手摺：杉						住宅用火災警報器 ﾘﾀｰﾝﾀﾞｸﾄ	
浴室	ﾊｰﾌﾕﾆｯﾄﾊﾞｽ 1616		防湿ｼｰﾄ 横胴縁下地 桧板張りt=15	同左			ﾊｰﾌﾕﾆｯﾄﾊﾞｽ1616 換気扇	

浴室木部塗装
ｵｽﾓｶﾗｰ　ｳｯﾄﾞﾌﾟﾛﾃｸﾀｰ下塗り、
#3101　ﾉｰﾏﾙｸﾘｱｰ仕上

太陽光発電パネル　3.075KW
~~210W~~×15枚＝~~3.15KW~~
205W　~~NKH-210~~　(SANYO)
HIT-B205J01

狛江の小さな家		図	No. 2
仕上表	縮尺	闇	
半田雅俊設計事務所 一級建築士事務所知事登録第54730	東京都 板橋区 板橋 1−48−8−405 〒173-0004 電話03−3579−5571 一級建築士登録 第109794 半田 雅俊		

図2　仕上げ表の抜粋
仕上げ表は、外部仕上げ表と内部仕上げ表に分けて表記する。外部仕上げ表は、屋根、軒裏、外壁、基礎の仕上げを下地まで記載する。その他、バルコニーやポーチ、外部工事の仕様、換気口のキャップの仕様など外部にとりつくすべてのものをもれなく表記する。
●事例の屋根の仕上げは、屋根勾配、1.5寸と7.5寸。屋根材料は、厚み0,4㎜の塗装ガルバリウム鋼板。15年保証品。下葺き材はルーフライナー、野地板４☆厚み12㎜針葉樹合板となっている。
●内部仕上げ表は、各室ごとに、床・壁・天井・付属家具などを明記する。床など各部位は、下地、仕上げ材、現場塗装の場合は、塗装の種類も記入する。また、同じ仕上げが繰り返される場合は、まとめて表記することもある。

写1　外装材サンプル
左官　吹き付け材　金属サイディング
窯業系サイディング

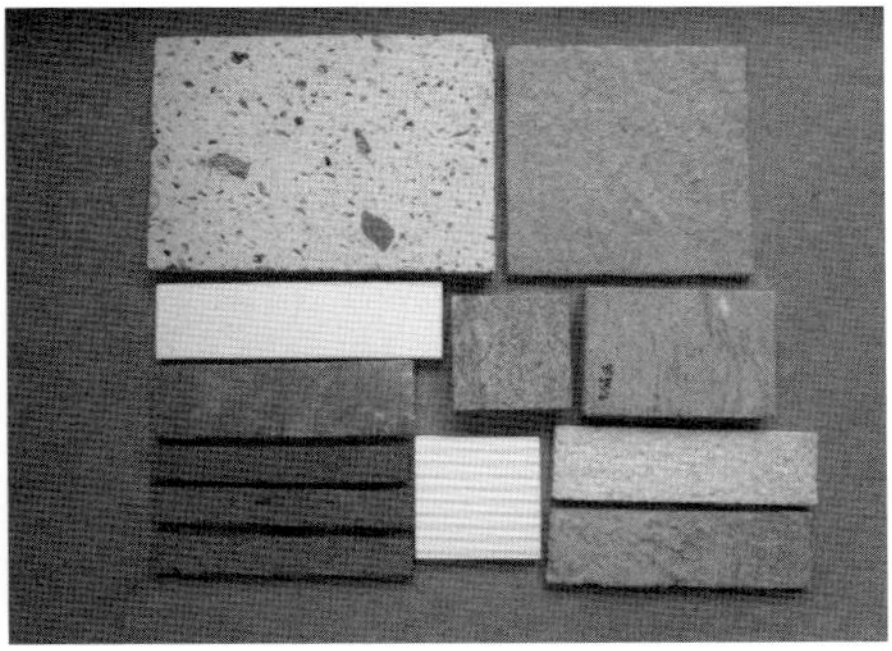

写2　石・タイルサンプル
大谷石　十和田石　多湖石　芦野石
鉄平石　磁器タイル　特注タイル

写3　フローリングサンプル
ヒノキ厚板　杉厚板
チーク　ホワイトオーク　唐松　カバ

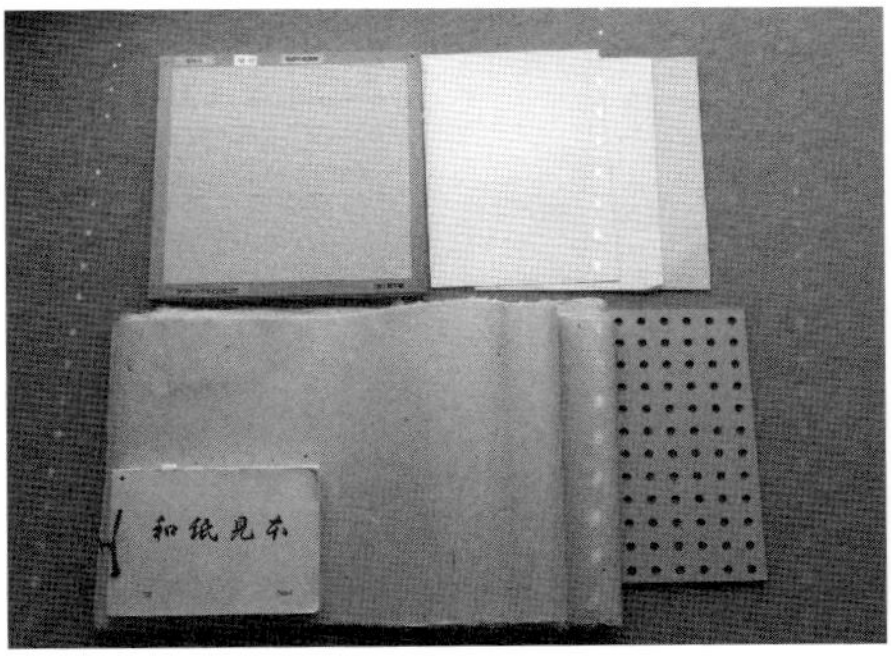

写4　内装壁材サンプル
左官　和紙クロス
手漉き和紙　有孔

Advice

◉フローリングの種類

木質系の床材をフローリングと総称するが、合板と無垢材がある。合板は、湿気による収縮が少ないので扱いやすい。反面、耐久性と感触は劣る。無垢材は、樹種によって感触は全く異なる。一般的に広葉樹は堅く針葉樹は柔らかい。柔らかいのは、空隙が多いからで暖かい。堅い樹種は、キズは付きにくいが、冷たい。仕上げも塗装品と無塗装品がある。無塗装品は、塗装を選べるので、より自由度が高くなる。

❸配置図・求積図

配置図は現地で最初に必要になる図面だ。方位、道路の位置と道路幅、道路の種別、接道長さ、敷地の大きさと高低差、建物の位置と設定高さを表記する。敷地の大きさは多少の誤差もありうるので、建物の位置と高さは、どのポイントを基準に決めるかを明記しておく。配置図は、情報量はそれほど多くないので、同じ紙面に求積図などを並記することも多い。

また、下水道が完備されていない地域では、浄化槽の位置も記入する。

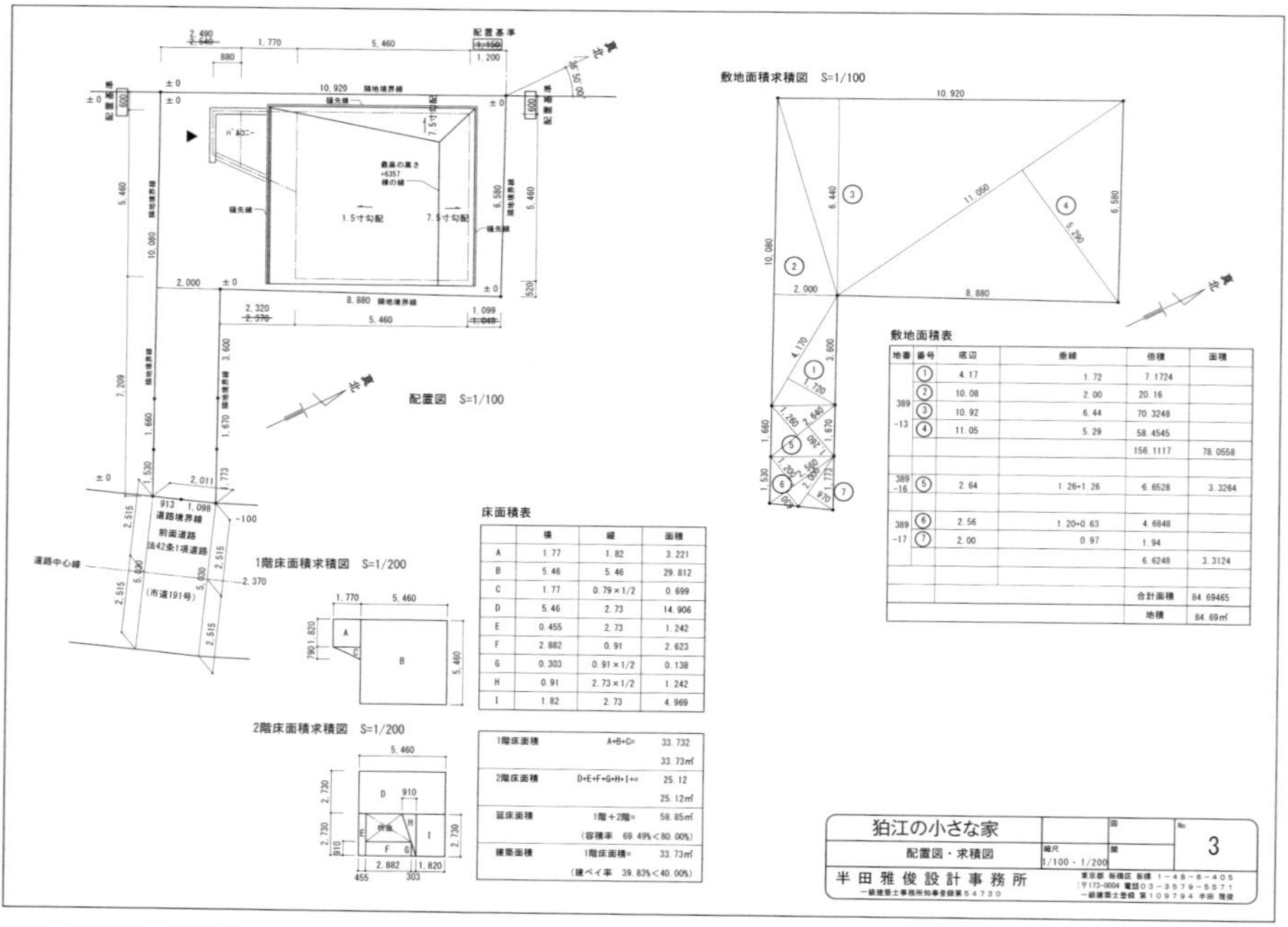

床面積表

	横	縦	面積
A	1.77	1.82	3.221
B	5.46	5.46	29.812
C	1.77	0.79×1/2	0.699
D	5.46	2.73	14.906
E	0.455	2.73	1.242
F	2.882	0.91	2.623
G	0.303	0.91×1/2	0.138
H	0.91	2.73×1/2	1.242
I	1.82	2.73	4.969

1階床面積	A+B+C=	33.732 33.73㎡
2階床面積	D+E+F+G+H+I+=	25.12 25.12㎡
延床面積	1階＋2階= （容積率　69.49%＜80.00%）	58.85㎡
建築面積	1階床面積= （建ぺイ率　39.83%＜40.00%）	33.73㎡

敷地面積表

地番	番号	底辺	垂線	倍積	面積
389-13	①	4.17	1.72	7.1724	
	②	10.08	2.00	20.16	
	③	10.92	6.44	70.3248	
	④	11.05	5.29	58.4545	
				156.1117	78.0558
389-16	⑤	2.64	1.26+1.26	6.6528	3.3264
389-17	⑥	2.56	1.20+0.63	4.6848	
	⑦	2.00	0.97	1.94	
				6.6248	3.3124
				合計面積	84.69465
				地積	84.69㎡

図3　配置図・求積図
配置図の縮尺は、住宅レベルでは1/100
求積図　1/100、1/200。
面積表は、法的な算定基準をすべて表記する。

❹平面図・平面詳細図

基本設計の段階で、すでに平面図は作成済みであるが、実施設計の段階で変更事項は必ず発生する。どの図面が最新なのかわかるように図面には作成日を記入する。

木造住宅の場合、平面図の縮尺は$\frac{1}{100}$か$\frac{1}{50}$、平面詳細図は、$\frac{1}{20}$か$\frac{1}{30}$で描くことが多い。枠回り詳細、家具詳細などを別図で描く場合は、平面詳細図を$\frac{1}{50}$に縮尺をおとす場合もある。どこまで細かく指定するかは、設計のこだわりと比例する。

窓サッシュ、ドア枠、造作家具と壁の納まりなどディテールをキチンと押さえておけば、建築の質が上がる。平面詳細図が仕上がると計画にリアリティが生まれる。

柱の大きさ、仕上げ厚さ、枠の大きさなど寸法を押さえて描く。仕上げの断面の輪郭を太い線で描くと理解しやすい図面になる。線種の要領は、断面図と同じである。

平面図は、水平の断面図である。平面詳細図には、仕上げ、フローリングの張り方向なども書き込む。

平面図、平面詳細図には、通り芯を記入する。通り芯はすべての寸法の基準となる。設備の位置は通り芯からの寸法を記入する。

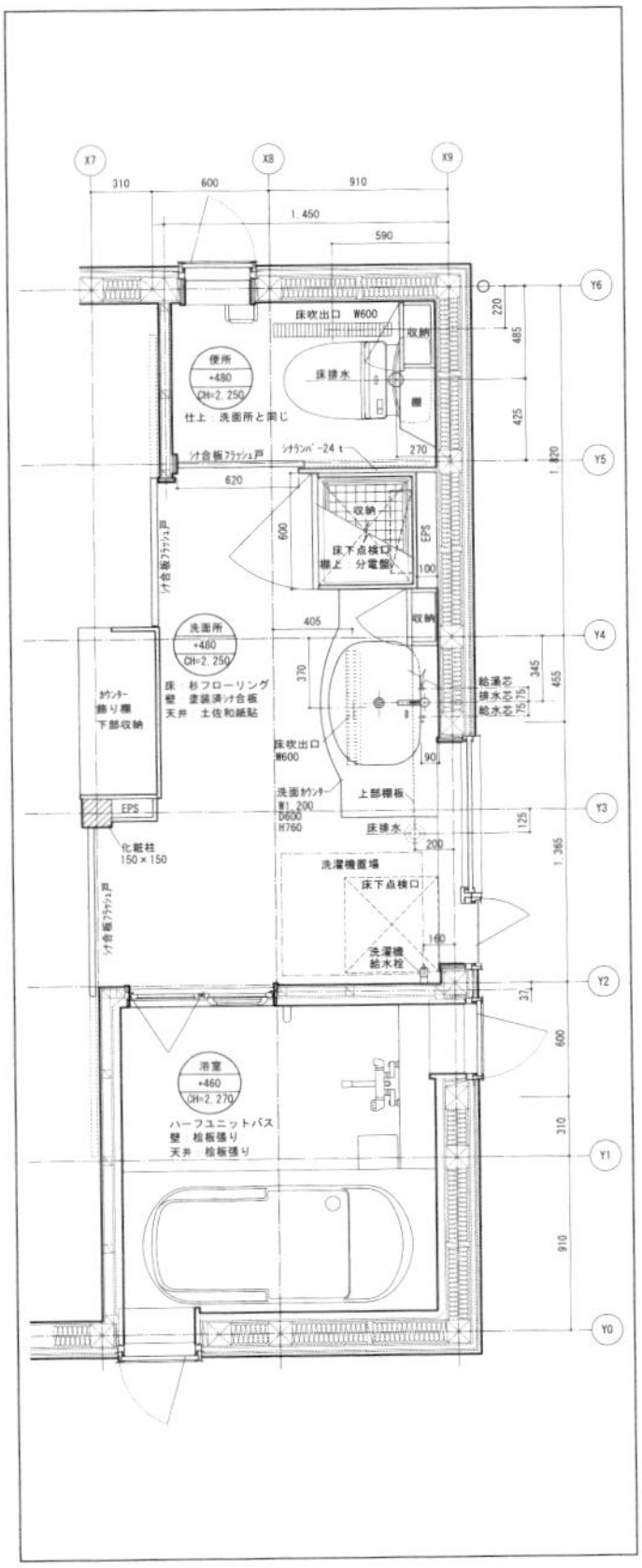

図5　平面詳細図

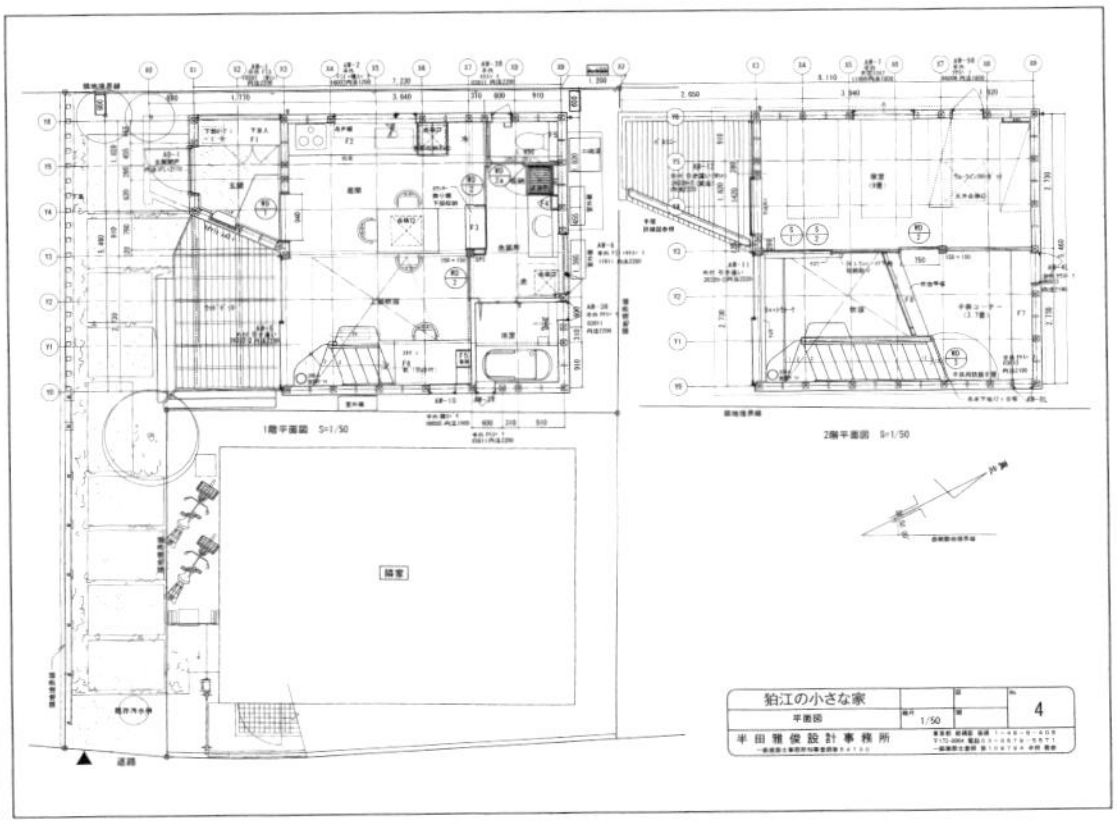

図4　平面図

❺立面図

実施設計で描く立面図の縮尺は、$\frac{1}{100}$か$\frac{1}{50}$。建物の同一出隅が隣接するように配置すると形がつかみやすい。屋根勾配、軒の出寸法は必ず記入する。

仕上げ表では表現しきれない材料の見切り位置を明示し、仕上げを記入する。庇の形状、換気扇のフード、雨樋なども記入する。納まり上の注意書きや部分詳細図も必要に応じて描きこむ。より詳細に描くことで、外観全体のデザインを検討できる。エアコンの配管位置などを立面で検討しておかないと、みっともない配管が目立つ場所に露出してしまいせっかくの姿が台無しになってしまったなどの失敗につながることがある。

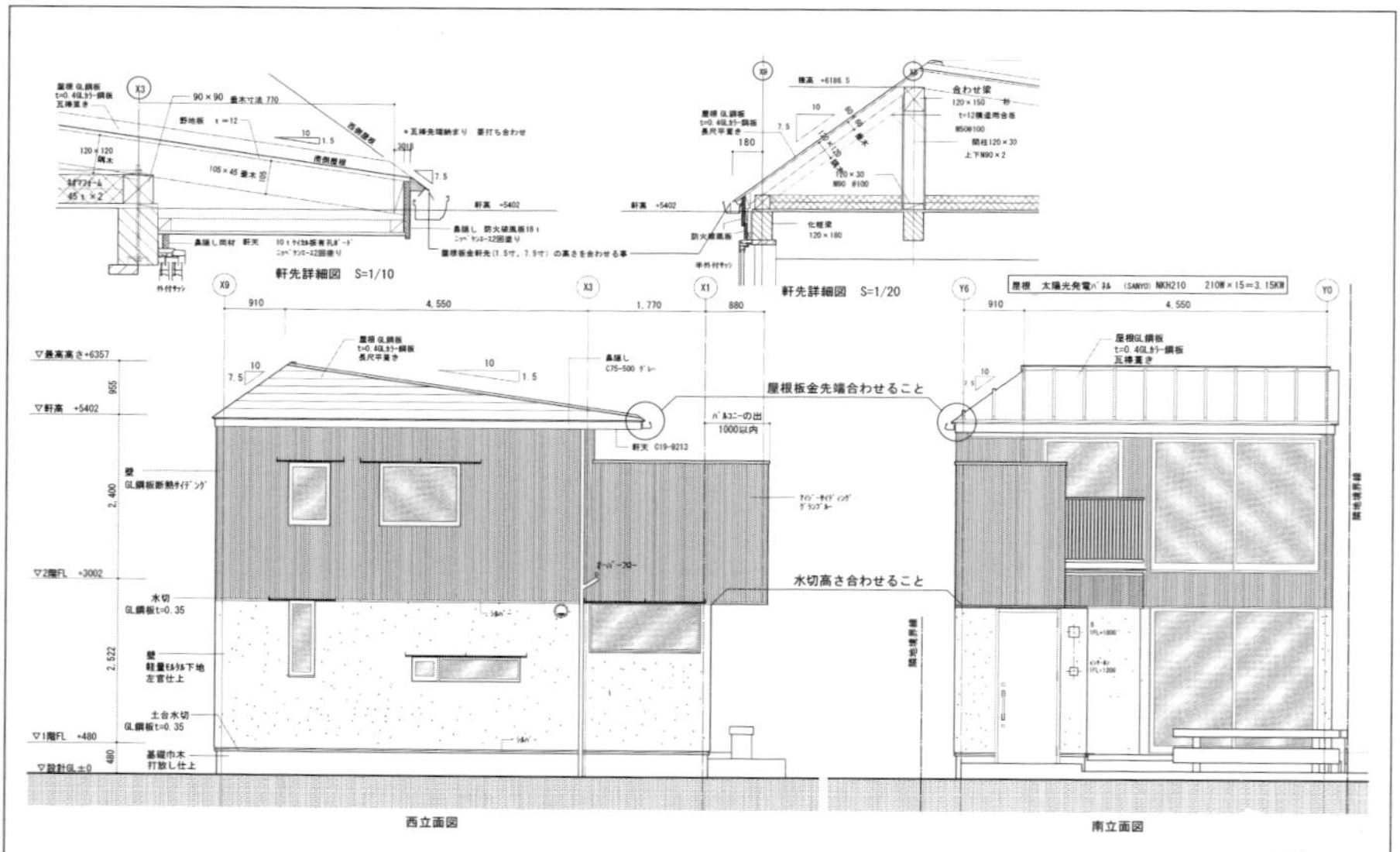

図6 立面図
平行する面が重なる場合は、手前の輪郭線を太い線で描くと奥行き感が生まれ、形が理解しやすい。

Advice

◉安全を設計する①

●地震と地盤

地震が起こるのは避けられないが、その被害を最小限にとどめることはできる。大地震が起きるたびに建築基準法は改正され、構造基準のハードルは上げられてきた。

まず、左の写真を見ていただきたい。左側に1階の壁が破損し倒壊した鉄筋コンクリート造の建物があり、右側には普通のサイディング張りの木造建築が立つが、右側は被害がない（写5）。つまり、鉄筋コンクリート造だから強くて木造だから弱いということではない。もともとコンクリートは重く、地震には非常に不利な構造である。不利な構造なので、計算をして、安全を担保する。それに対して木造は軽く、もともと地震に対して有利な構造である。このように、建物の耐震性の優劣は工法によるのではなく、工法に応じた耐震設計を行うことが大切なのである。

写5　耐震性の優劣は工法の違いではなく、設計と施工による

もちろん、建物を単に丈夫にすればいいわけではない。地盤状況も建物の被害に直結してくる。実際に地震に際し、揺れ方でも場所によって大きな違いがある。この図は、関東大震災のときに、倒れた建物などの被害をもとに地図上に推定震度をプロットしたものである（図7）。銀座あたりは震度5弱なのに対し、皇居のすぐ北側は震度7。地理的にこんなに近いところでも、震度が非常に違う。震度5であれば、基準法の建て方で問題はないが、震度7になるとたいへんな被害を受けるだろう。まずは地盤調査、あるいはそのエリアの特徴を、きちんと理解しておくことが重要だ。

あらかじめ、地盤調査や地域の調査をすれば地盤の特徴はわかるので、建設予定地がどういう地域なのかをきちんと調べ、どこまで強度をもたせれば安全かを検討しておく。

実施設計の段階では、地盤データにもとづき構造形式を決め、基礎形状を決定する。

図7　関東大震災における皇居周辺の震度

❻構造系図面

木造の基礎には、布基礎、ベタ基礎などの種類がある。地盤調査の結果を見て基礎形状を選択する。基礎伏図には、基礎の形状、鉄筋の配筋、ホールダウン金物やアンカーボルトなど木造部分との緊結金物の種類位置、設備のスリーブなどを記入する。耐力壁の下部には通常基礎の立上がりが必要である。図の住宅は規模が小さいので室内に耐力壁はなく、基礎の立ち上がりはない。その代わり地盤からの反力を押さえるために地中梁が十文字に入っている。

床伏図は、木構造の柱・梁・筋交などの骨組みを表す。杉、米松などの材種、大きさ、接合位置、ホールダウン金物・羽子板ボルトなどの接合金物は、強度の符号を明示する。

構造材の大きさや金物の必要強度は、構造計算で求めるのが原則だが、住宅な

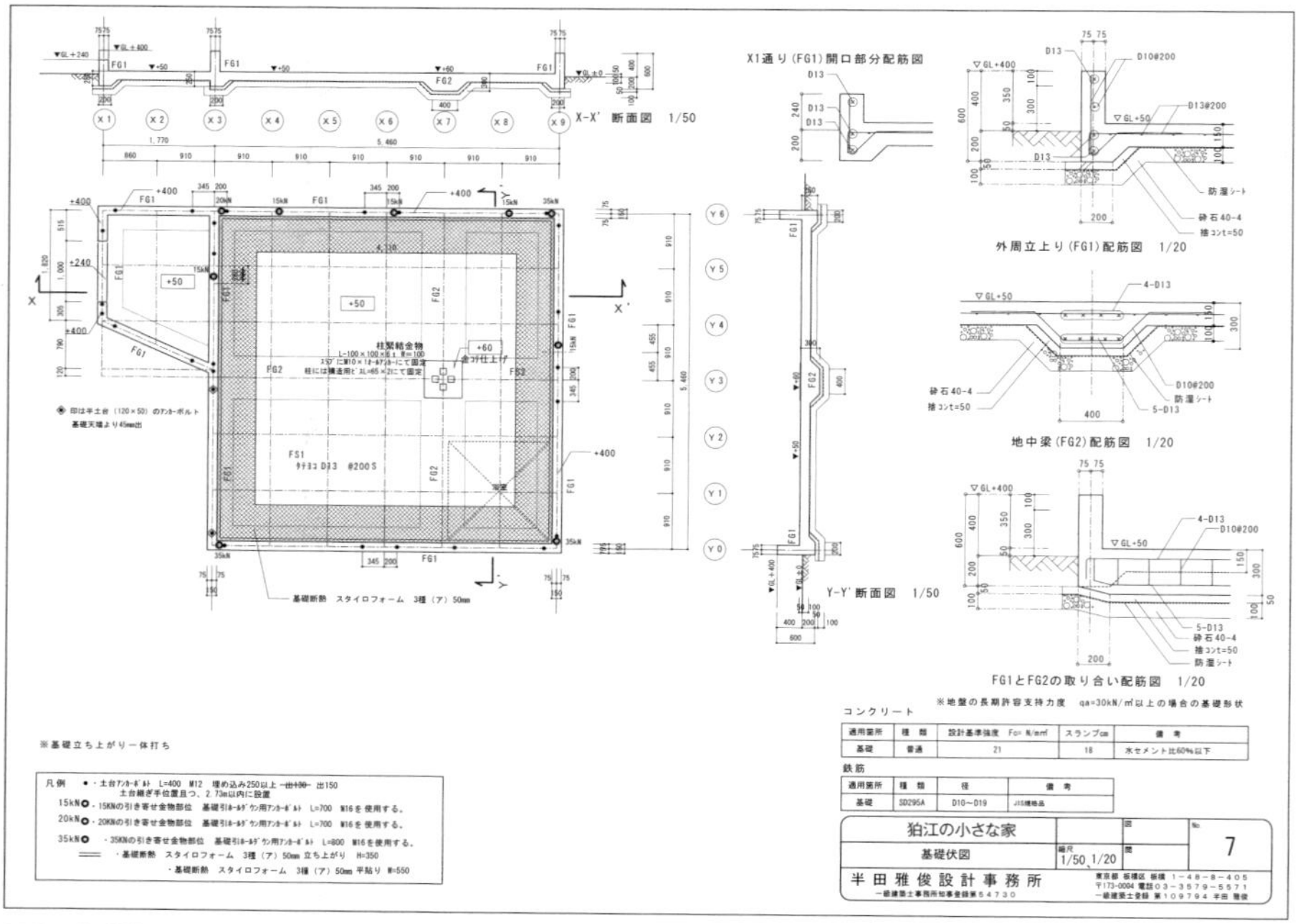

図8 基礎伏図
基礎伏図、基礎断面 1/50 基礎断面詳細1/20。
寸法は、通り芯と設計GLを基準に表記する。

ど小規模な木造では、梁寸法はスパン表で選ぶことができる。金物の強度は、告示の仕様規定やＮ値計算法により簡易に選定することもできる。

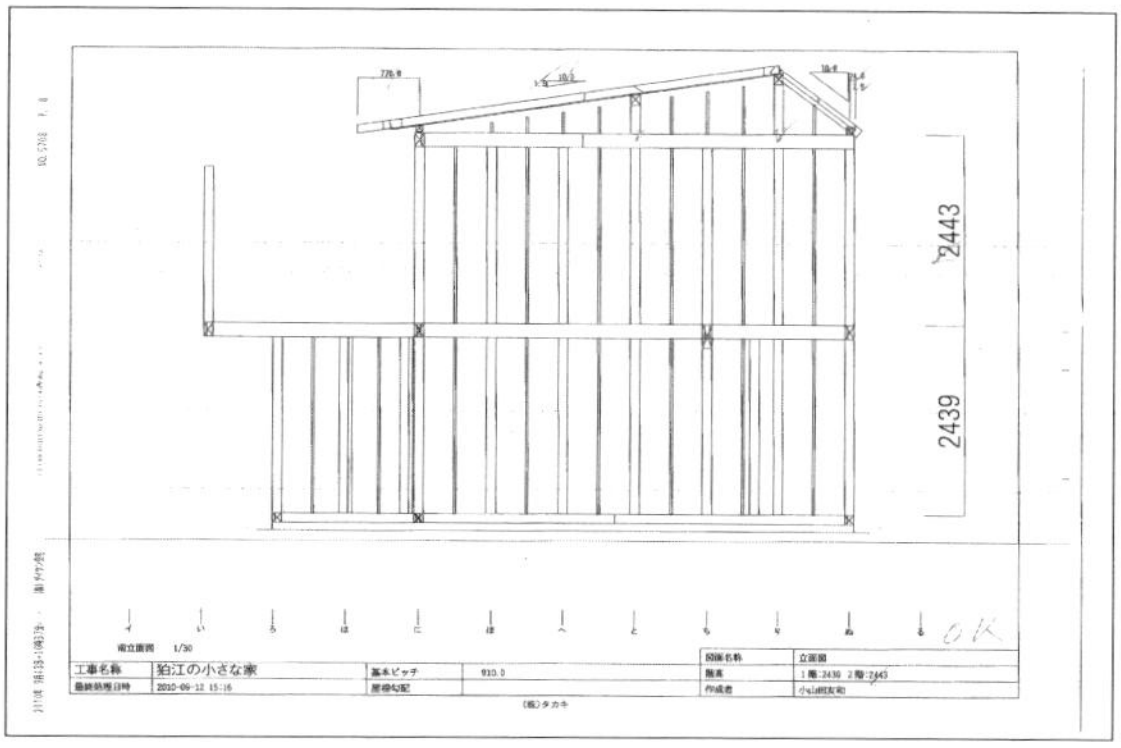

図９　軸組図

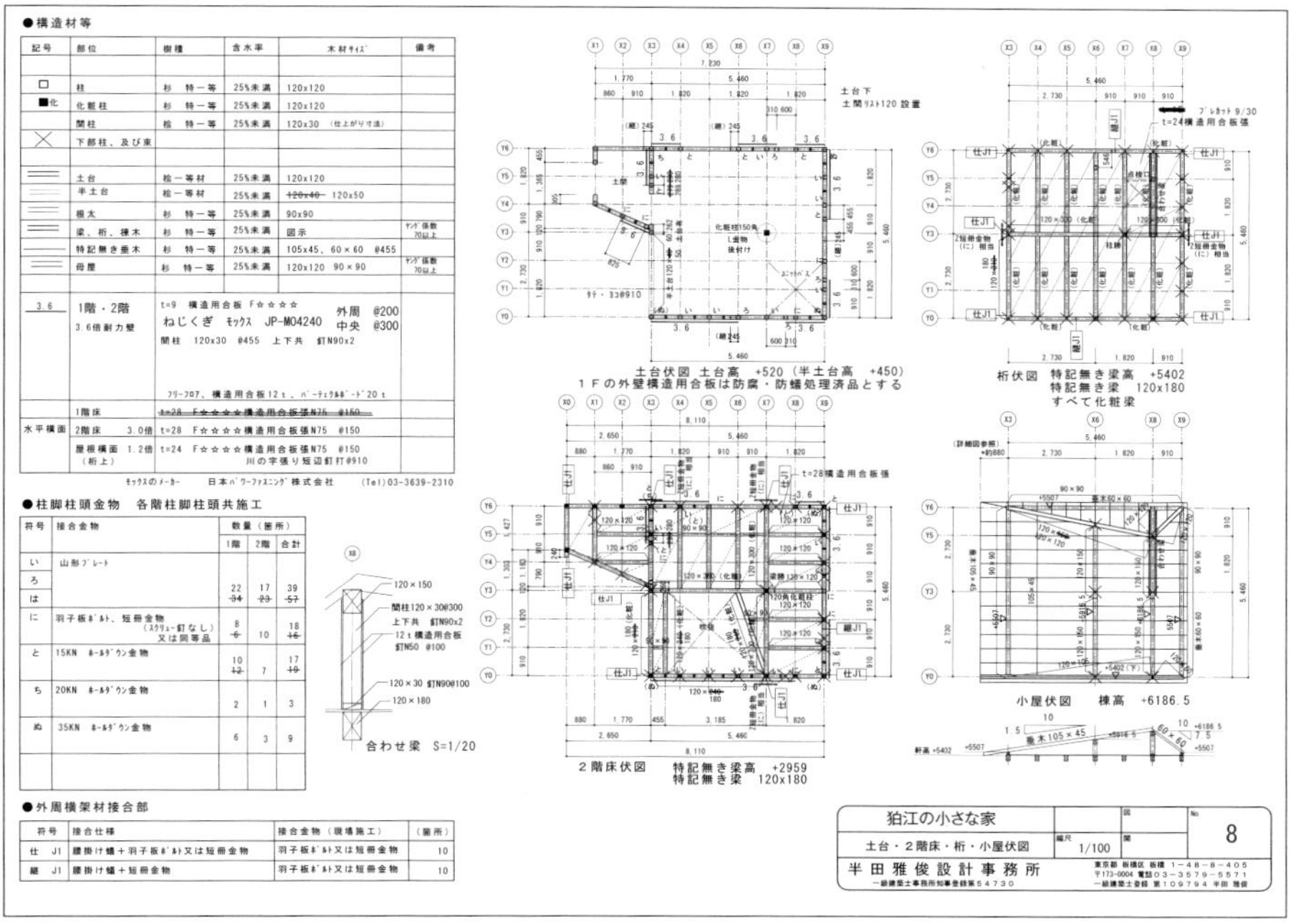

図10　土台・2階床・桁・小屋伏図
ホールダウンなど接合金物が開口部や化粧柱や化粧梁と干渉しないか、チェックする。伏図だけでなく軸組図を描くと構造をチェックしやすい。

❼矩計図

矩計図は、建物の高さ基準を示す重要な図面である。構造の要の図面でもある。高さの基準位置は、設計地盤（ＧＬ）。基礎の高さ、基礎形状、各階床高、天井懐、屋根の勾配、小屋組の形状、断熱境界、開口部の内法、各部位の仕上げを記入する。

開口部の内法寸法と天井高の関係は、室内のプロポーションを決定づける重要な寸法である。開口部のディテール、軒との関係は、建物外観の品格に関連するエレメントだ。

矩計図が描けるようになると一人前ともいわれている。

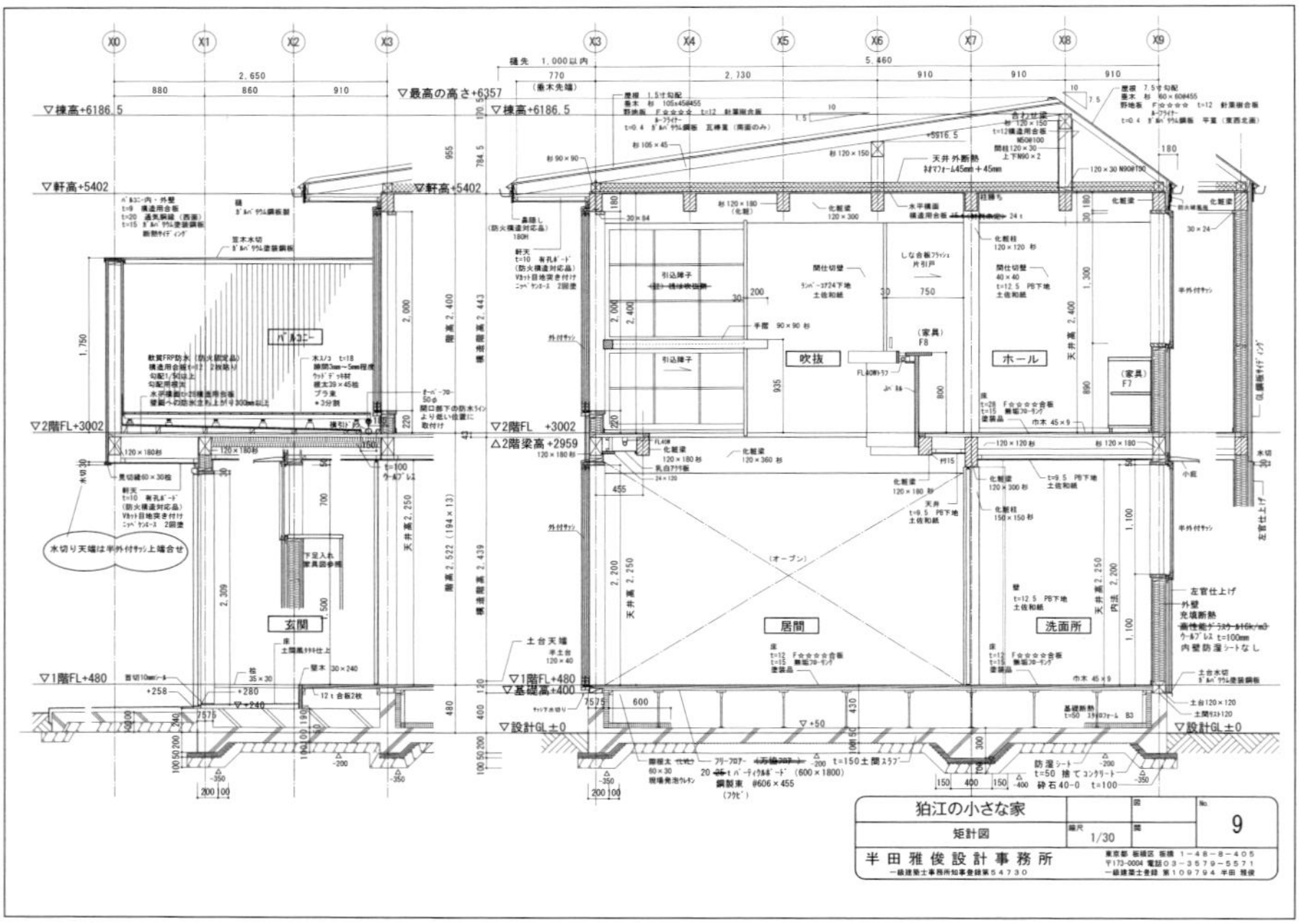

図11　矩計図
通り芯と高さ関係を明記する。断面輪郭線（仕上線）は、一筆書きで強く表現しすると断面空間を把握しやすい。

Advice

◉安全を設計する②

●住宅性能表示

住宅性能表示（耐震等級）では、建築基準法並の強度を1等級、基準法の1・25倍を2等級、1・5倍の強度を3等級と定めている。基準法の強度は、震度5程度では無被害、震度6強クラスで倒壊しない強度である。建物が倒壊してしまうと人が避難できず押しつぶされたり、火災に巻き込まれて人命が失われる可能性が高くなる。基準法のレベルは、人命を守るための最低基準なのである。日本では、近々大地震が来ることが予想されている。強度を上げることで人命だけでなく建物の被害を少なくすることが期待されている。また、同じ地震でも地盤の強度によって実際の揺れの大きさはかなり異なる。地盤の弱い敷地では、高い強度に設計する必要がある。個々の地盤調査データを読み取り、適切な基礎設計をする必要がある。耐震グレード（等級）によって、建物の保険料が異なってくるので、建築主に事前説明をしてどの強度レベルにするか協議しておくとよい。

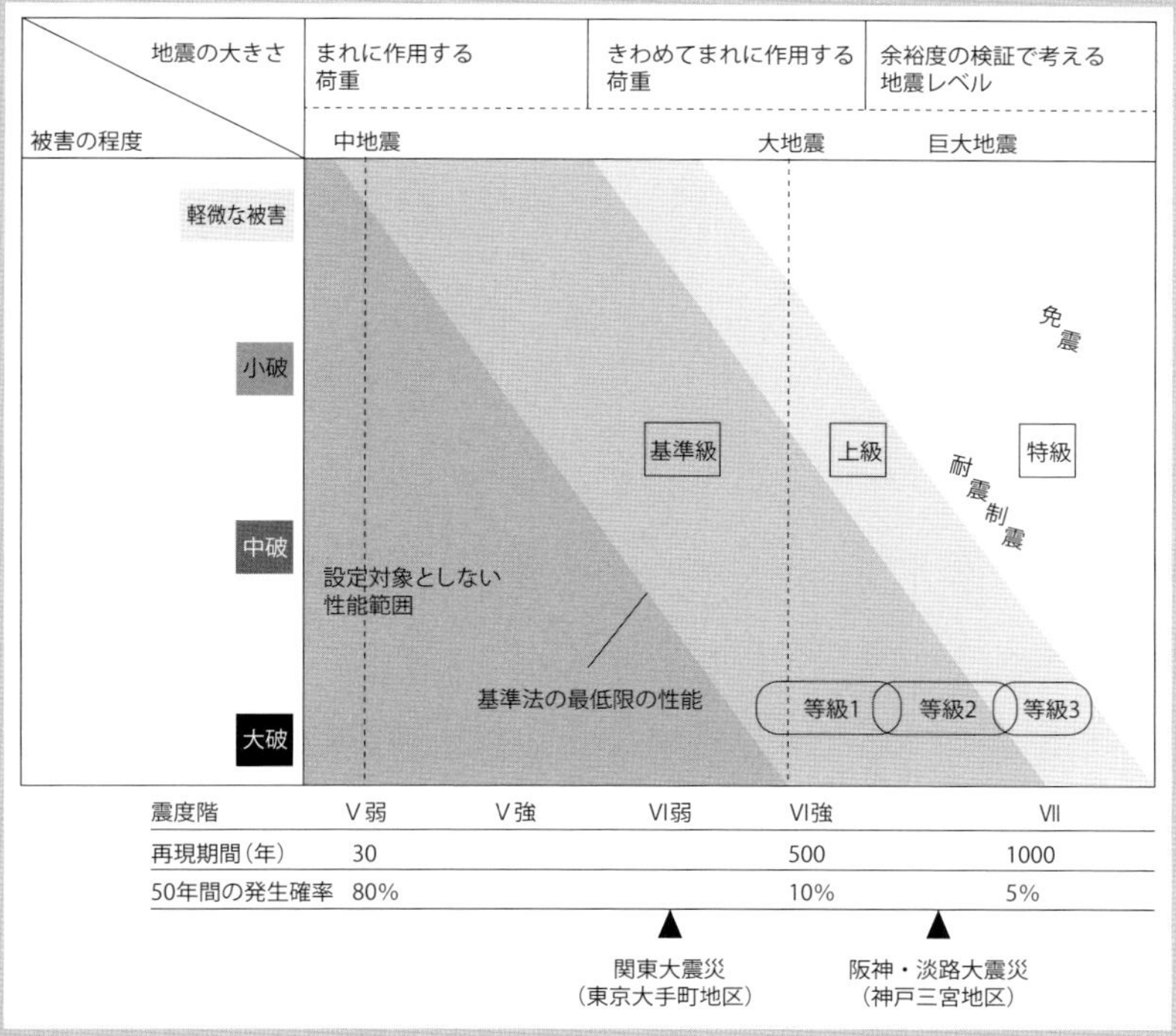

図12　建物の耐震性能グレードと被害・修復程度の関係
（日本建築構造技術者協会『安心できる建物をめざして　JASCA性能メニュー』）

❽展開図

展開図は、各室ごとに描く。壁面ごとのプロポーションを確認し、造作を表記する図面だ。開口部の大きさ、造作の形状寸法を描き込む。

各室ごとに同一入り隅が隣接するように、時計回りで各面を描くと理解しやすい。

検討段階では、断面展開図として上下階や隣室をまとめて描き、構造や空間の関係を検討するのが設計者にとって有効だが、実施設計図は、あくまで見積りや施工のための図面であることを念頭に描くことが大切である。

一般的な建築主にとって2次元の図面を組み合わせて空間を理解するのは難しい。設計段階ごとにパースや模型で計画を説明することも重要だ。

写6　竣工写真

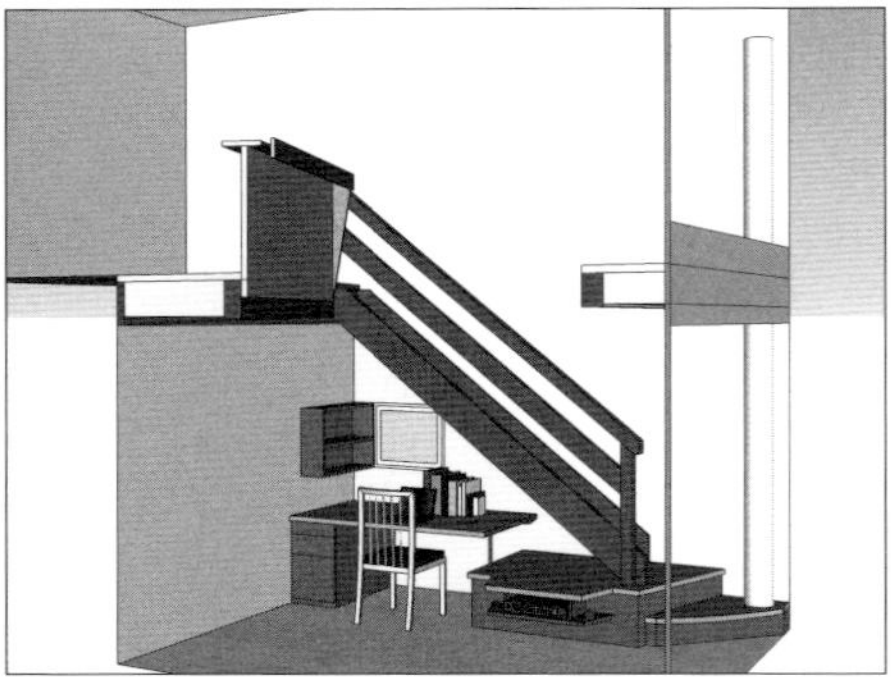

図13　階段部分パース

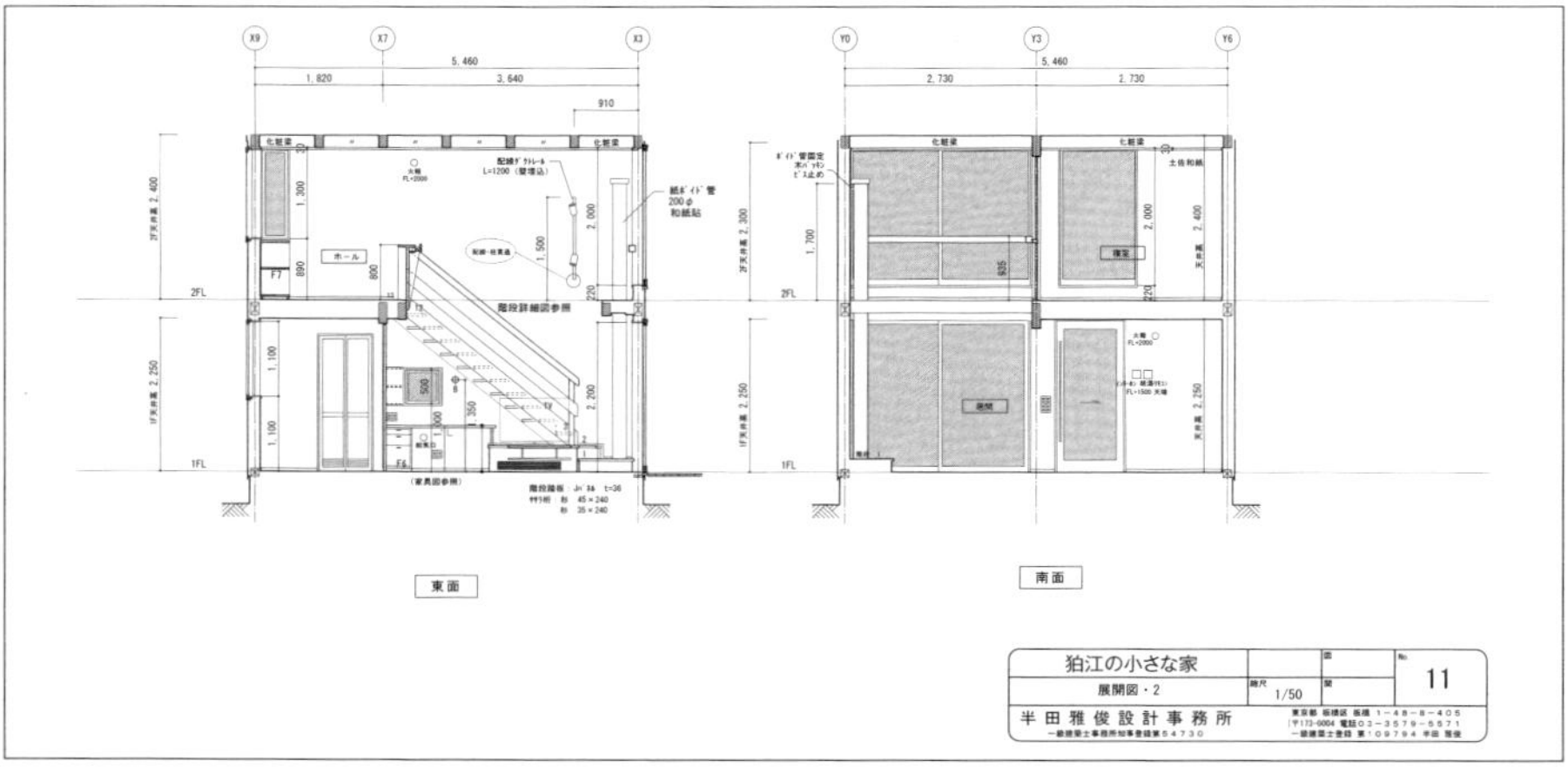

図14　階段展開図／床レベルは、同一水平線上に描く。ガラス面は墨入れすると壁面と区別しやすい。

❾家具図

造作家具は、平面詳細図と展開図でも表記するが、家具図として、家具ごとに素材・サイズ・納まり・仕上げをまとめて描いておくとわかりやすい。設計段階では手描きのスケッチを描いて検討するとよい。

家具は、脚物と箱物と2種類があり、形によってつくる職人が異なる。脚物とは、椅子やテーブルなど棒状の脚がついている家具の総称で、置き家具だ。建築でつくる造作家具は、ほとんど箱物である。造作家具をどのようにつくるかは、仕上がりのグレードと工事費に大きく影響する。現場に合わせて製作する場合は、現場で大工がつくる場合と工場で家具職人がつくり現場に運んで取り付ける場合がある。家具製作会社が工場でつくる場合は、製作図を新たに描くことが多い。精度も上がるがコストも上がる。

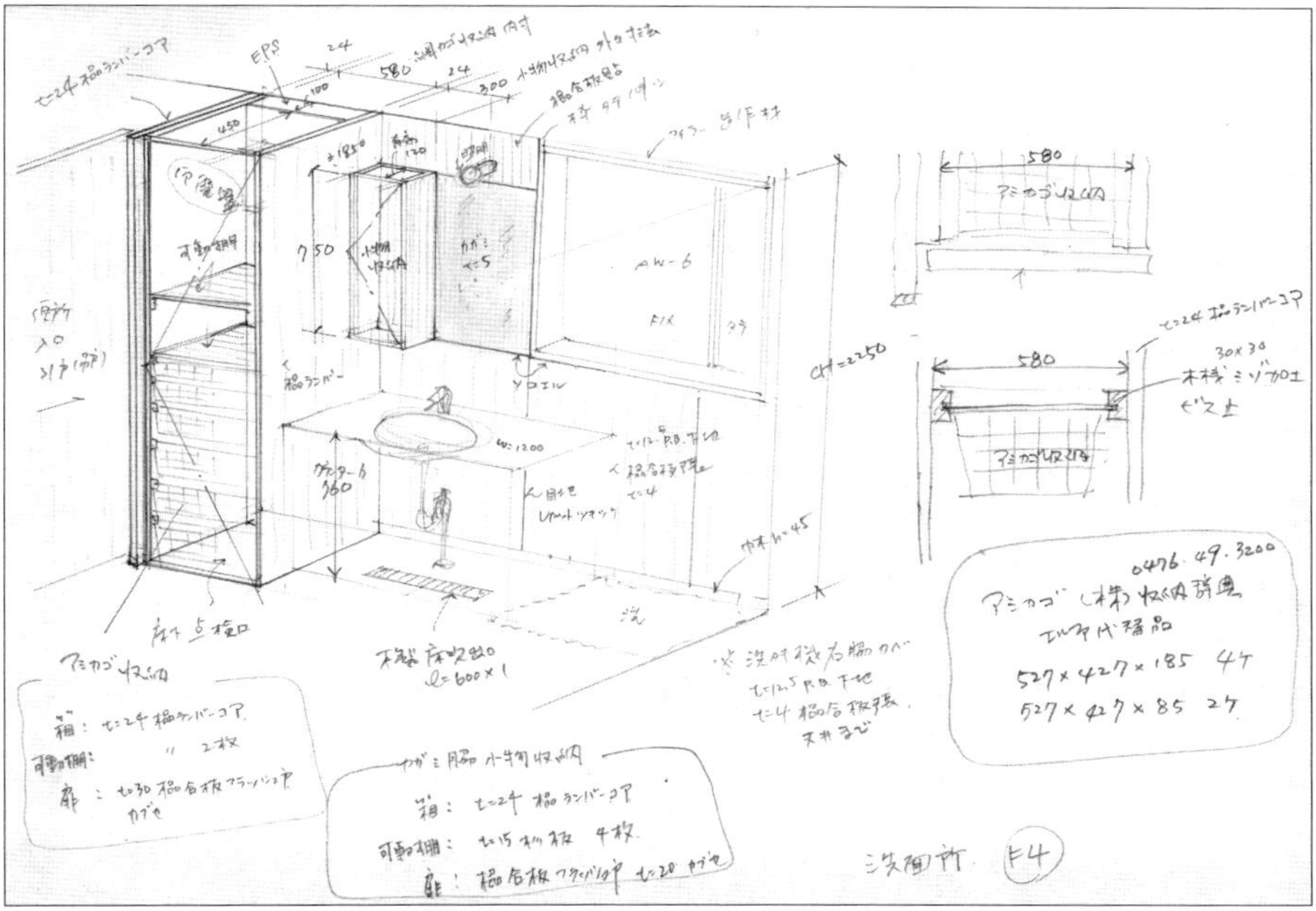

図15　家具図　洗面所収納家具
大工が現場でつくることを前提とした洗面所家具スケッチ。
造作家具がどんな組合せになっているかを表現している。

⑩部分詳細図

階段など複雑な部分は、部位ごとに詳細を検討し部分詳細図を作成する。細かな納まりまで検討することによって建築の質が上がる。現場の施工手順を想像しながら描くと図面の精度が向上する。施工上の納まりを熟知していないとリアリティのあるよい図面は描けない。

●階段詳細

小さなＬＤＫなので階段下に書斎コーナーとＴＶ台を設けている。蹴込みをなくし２階のプランに合わせた踏み板を斜めにして勾配を緩く設定している。材料の数量が拾えるよう段板とＴＶ台の木取り図も記入している。

●シャッター納まりの検討

建築の形態は、結果的には部分の集合である。質の高い建築をつくるには、基本

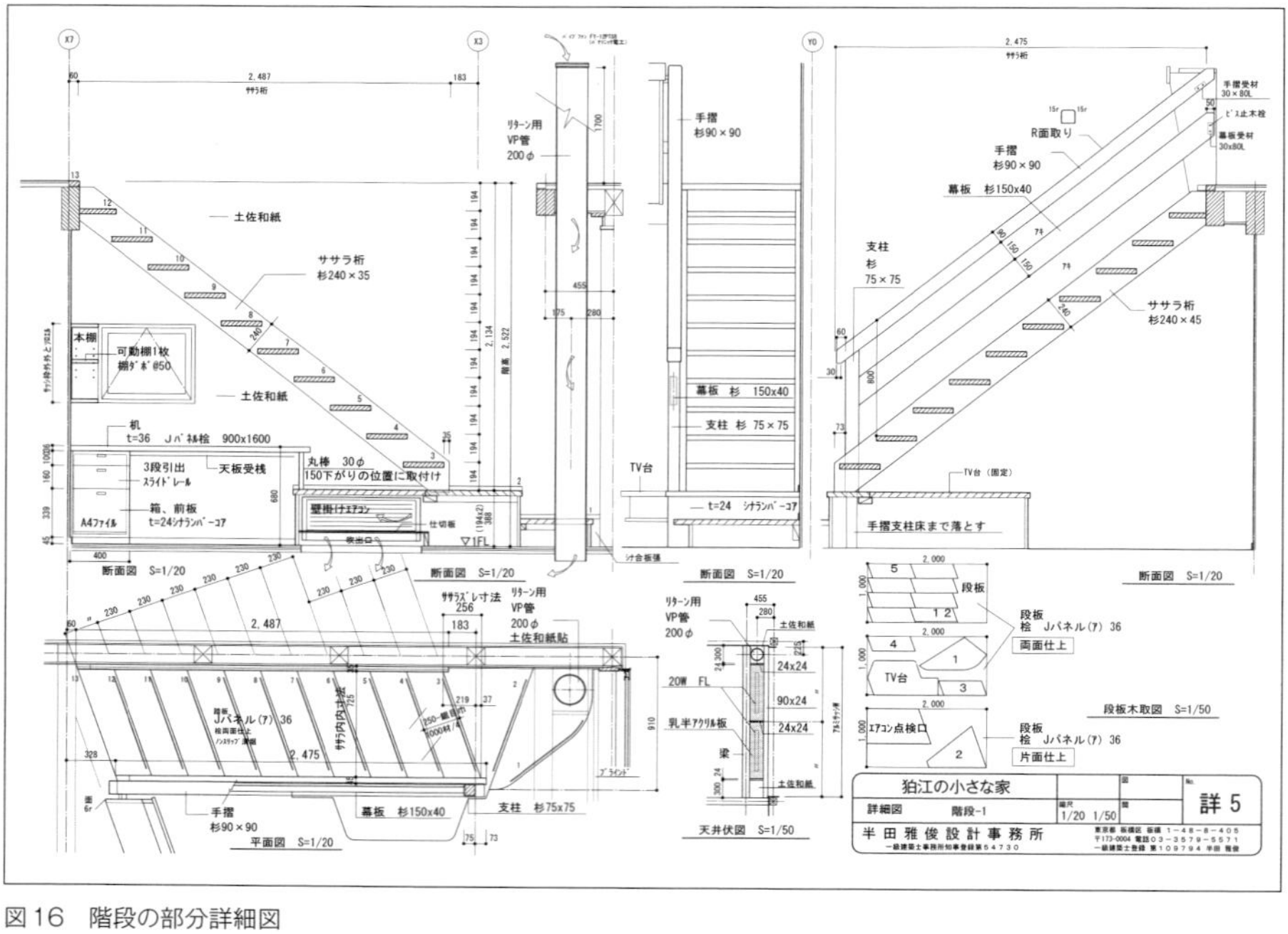

図16　階段の部分詳細図
階段は、上下階を結ぶ役割だけではなく、空間を演出する部位でもある。平面図と展開図だけでは表現しきれないので、部分詳細図を作成する。

設計から実施設計への段階で素材選びとともに重要なのがディテールの検討である。事例は、準防火地域の開口部のディテールである。隣家との距離から2階部分だけが防火対策が必要になった。開口部の防火性能を上げるためにガラスを網入りなど防火性能を上げるか防災シャッターを付けることが建築基準法で求められる。南面の大きなガラスを網入りにするのは鬱陶しいし、防火ガラスは高価なので防火シャッターを選択した。シャッターボックスを見せたくなかったのと、上下4本のアルミサッシュをひとつの開口部に見せたかったので木枠を工夫した。特注品ではなく既製品を組み合わせて安価とし、準防火地域に対応するデザイン的にも満足できる大開口部となった。

写7　開口部を見る

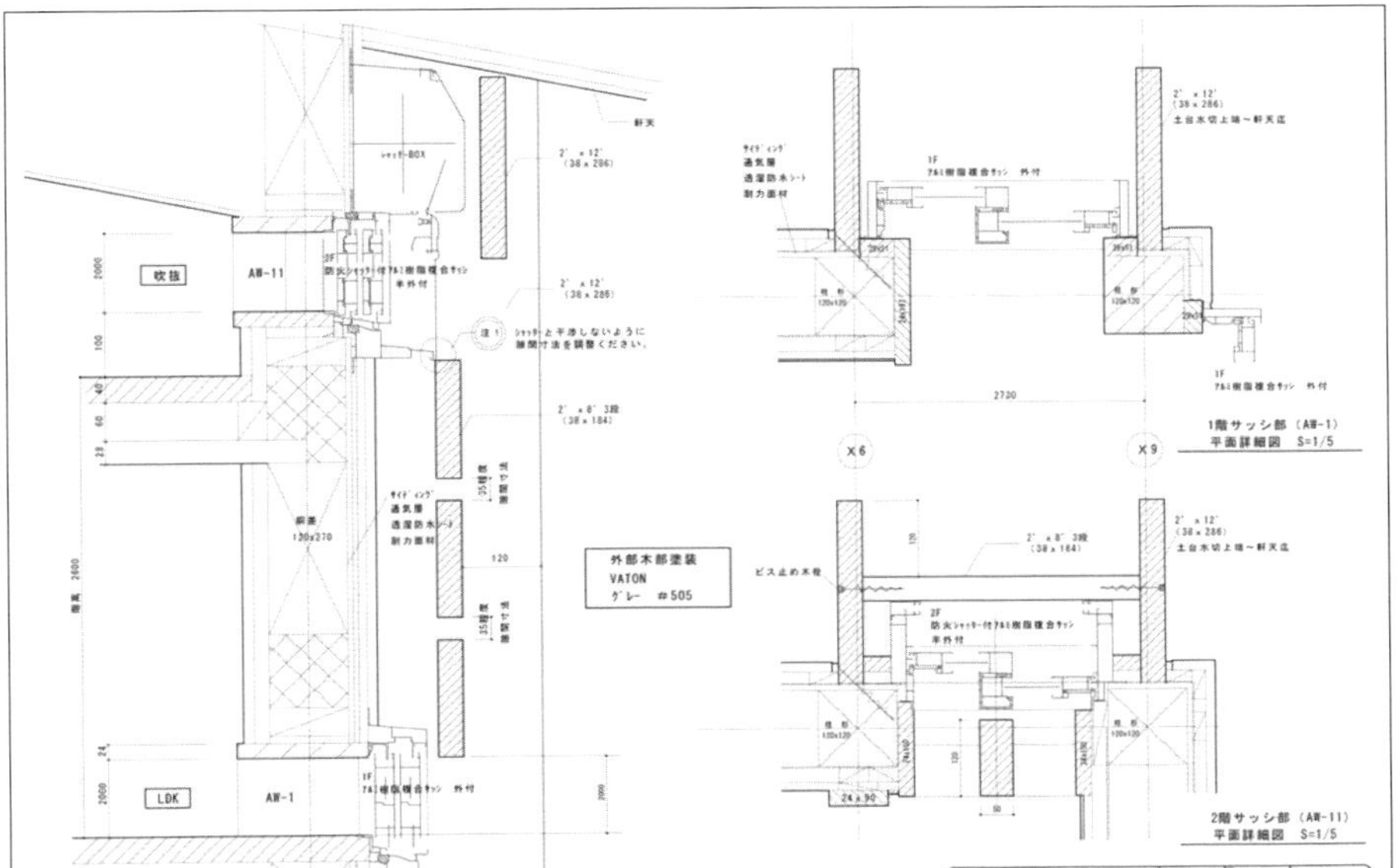

図17　シャッターのディテール図
外壁を準防火仕様で仕上げた上に、木の格子を取り付けている。火炎を受けると木材は燃えるが、裏面の温度は意外に上がらない。木格子は、防火対策上有効であることが実験で確かめられている。

⓫照明計画図

照明器具を選ぶ前に場所ごとの適正な明るさを考える。作業をするための明るさと憩いの時間を過ごす明るさは、質が違うはずだ。昼間の太陽は、明るいだけでなく青い光である（色温度が高い）。夕方の光はオレンジ色だ（色温度が低い）。人工の光源にも青白いものから暖かい色まで様々ある。活動的な場所には青い光が向いているが、落ち着いた雰囲気にはなじまない。間接照明は、優しく均一な明るさを得るのに向いている。手元ランプや一部分を照らしたい場合には、スポットライトやコードペンダントなど直接的な照明がよいだろう。同じ場所でも時間帯や気分によって明るさを変えたくなることもある。住宅の照明計画は、生活を演出する作業でもある。居間、食堂、寝室、廊下など部位ごとに適切な明るさと照明方法、利用する器具を選ぶ。ＬＥＤの寿命は長いが、白

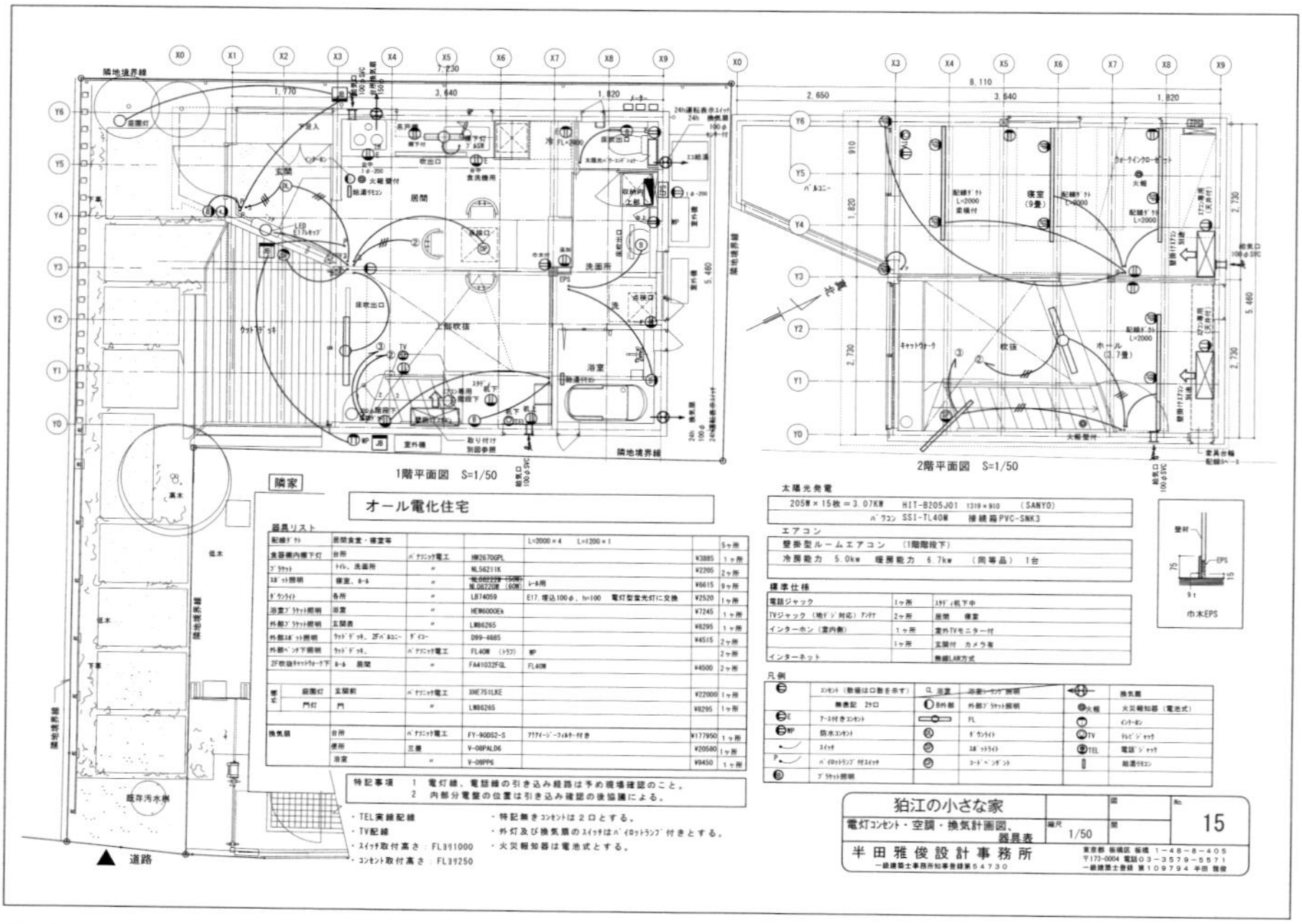

図18 照明計画図
照明器具とスイッチの関連は、照明器具の記号とスイッチの位置を単線で結んで表現する。

熱灯のように寿命の短い光源もある。電球の取替えが容易にできるかなども、照明計画で配慮しておく。

照明計画図（電気図）には、天井面に取り付けるダウンライト、シーリングライト、壁付けのブラケットなど照明器具の種類・位置とスイッチの位置、コンセント、換気扇、分電盤の位置などを記入する。ボイラーのリモコンや電話インターフォン、テレビアンテナジャックなど弱電機器の位置も記載する。記号の凡例、器具リストも添付する。

写8　ニッチの明かり

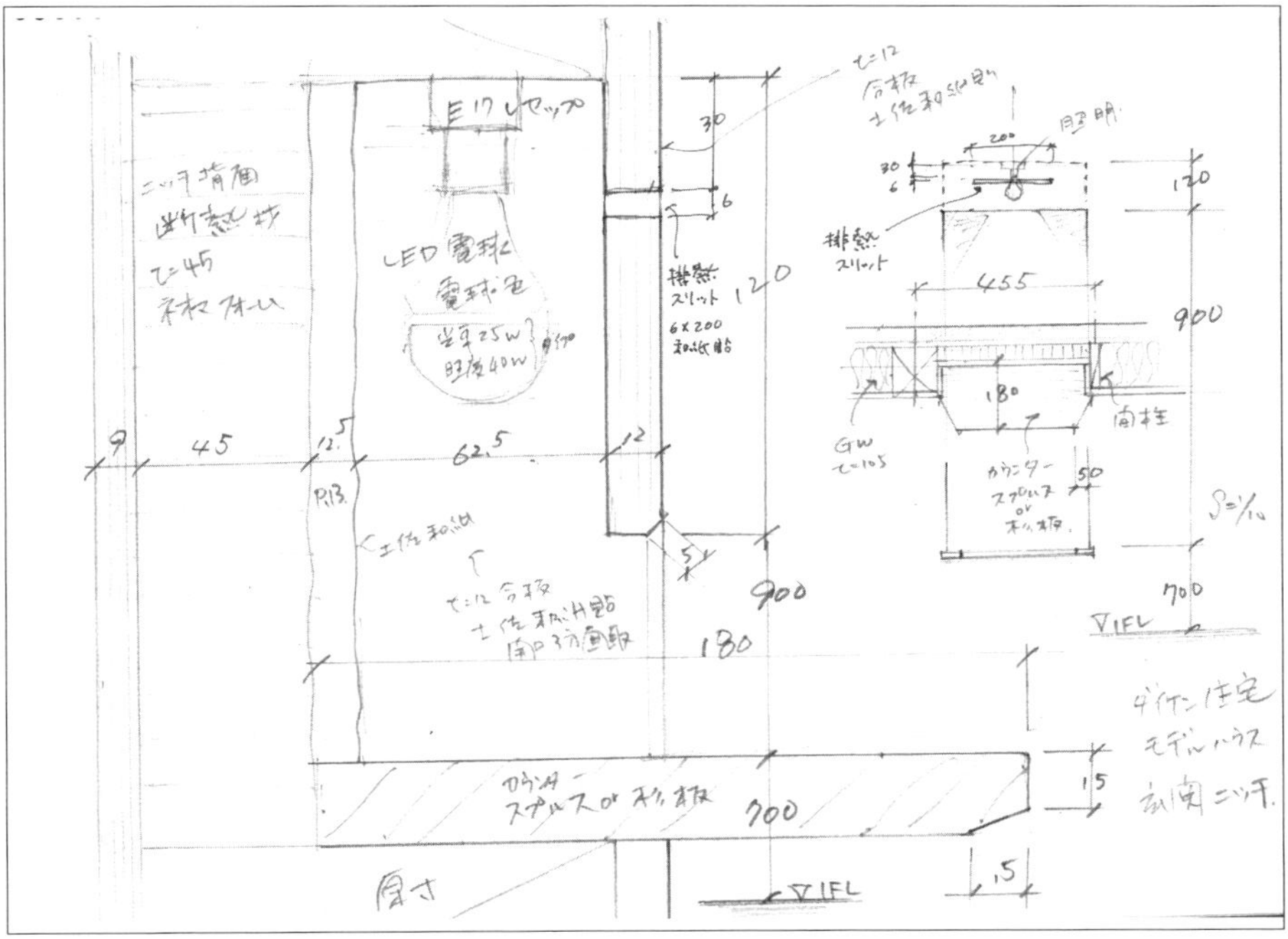

図19　ニッチ詳細図
照明が組み込まれた小さな玄関の飾り棚である。LED電球が組み込まれたシンプルな棚だが、ちょっとしたデザインの工夫で、空間を豊かにできる。

⑫設備図

給排水は住宅に欠かせないインフラだ。上水道、下水道（地域によっては浄化槽）の接続関係を示すのが給排水衛生設備図だ。都市ガスも含める。配管経路、メーターの位置、配管口径、管の種類、掃除口の位置などを記す。機器のメーカー、品番など器具リストも表記する。設備の寿命は建築よりも短い。床暖房など給排水以外の設備がある場合は、設備ごとに関連の図面を作成する。配管の更新も視野に入れた計画が、建築の寿命を延ばすことにつながる。

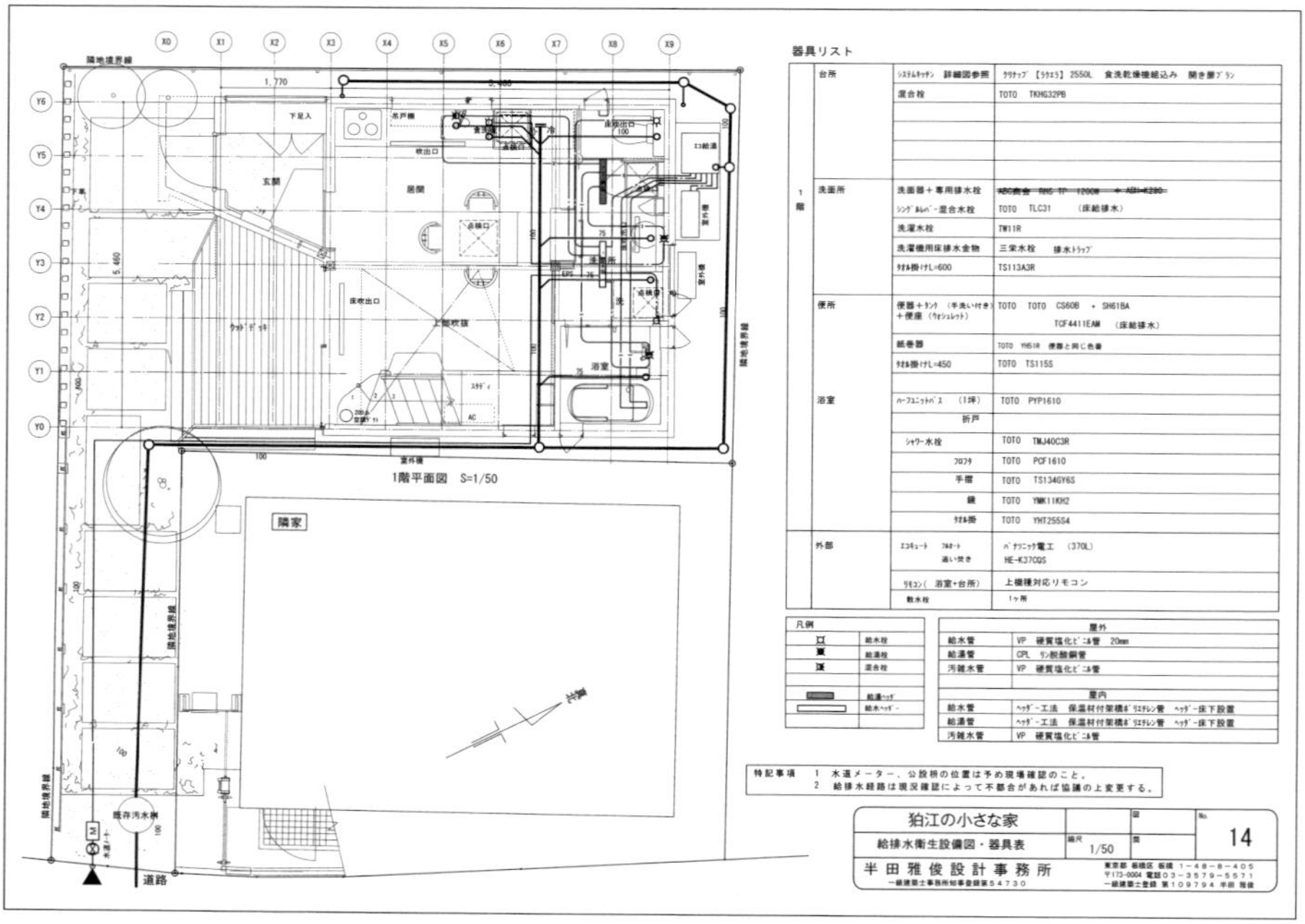

図20　給排水図衛生設備図・器具表
給排水はインフラとの接続が必ず必要となる。水道メーター位置、下水の枡の位置も記入する。

Advice

◉快適さを設計する

●断熱性能

住宅分野でも省エネが話題になることが多くなった。2020年には、住宅でも省エネ基準が義務化されることになっている。住宅部門でもCO_2削減は、避けて通れない問題なのだ。断熱性の高い家は、健康にもよいことがわかっている。一方、断熱性能を上げれば工事費も上がる。日本列島は北海道から沖縄まで寒冷地から亜熱帯まで幅が広い。当然必要な断熱程度は異なる（表3）。どの程度にすればよいのだろうか。住宅性能表示では、全国を8つの地域に分け、地域ごとに断熱基準を定めている。図21は断熱性能が4等級レベルの家で、どの部位からどのくらい熱が逃げているかを表している。

ペアガラス程度では、冬期は6割近くが開口部から逃げている。夏はなんと7割以上の熱が進入している。快適な温熱環境をつくるのに開口部の設計がいかに重要かわかる。実際の設計では、地域だけでなく、方位や近隣の状況によって日当たりは大きく異なる。外壁、屋根、開口部などの仕様を仮決定して、断熱性能（Ua値：外皮平均熱貫流率）をシミュレーションする。Ua値は、パソコンソフトで簡易に計算することができる。断熱性能が判れば年間冷暖房費を計算できる。寒冷地では、断熱レベルを上げることによって快適になるだけでなく、暖房費の節約になるので一石二鳥だが、温暖地ではもともとそれほど暖房費を使っていないので、費用対効果は悪くなる。個々の建築ごとに諸条件を入力しシミュレーションを行い断熱仕様を決めるとよい。今後さらに基準が上がる可能性もある。設計者は、費用対効果を知っておくことが大切だ。

●ガラスの性能

図21でわかるように開口部は、温熱環境的には大きな弱点になる。それはガラスの断熱性能が壁に比べて格段に悪いからだ。ただし、ガラスにも遮熱性能、断熱性能を付加した製品がさまざまある。夏の日射侵入を防ぐには遮熱性能が大切だが、一方で冬の陽だまりも遮ってしまうことになる。通年の損得を考慮してガラスの種類を決めるとよい。ガラスの性能だけに頼るのではなく、庇や袖壁の形状で季節に対応するのが原則だ。

●体感温度

人にとって重要なのは、体感温度である。これは、通常、温度計ではかる空気温度に加え、床、壁、天井からの輻射熱なども大きくかかわり、室内の空気温度と建物の表面温度のだいたい平均値くらいだといわれている。そのため、空気温度が20度であっても、床などの外皮が10度であれば、体感温度は15度程度に感じられる。

人によって暑がり寒がりの個人差があり、さらに室内の温度分布がまだら状態であれば、暑いという人、とても寒いという人が出てしまう。これは冷房にも同じことがいえて、大きな温度差を感じてしまうと、人間は生理的なストレスがたまる。

また、暖かい空気は上に上がってしまい、とくに天井が高いと、上下の温度差が大きくなり、足下が寒くなる。そのため、吹抜けを設ける時には、床暖房を設けることが有効だ。もちろん、建物そのものの断熱性能を上げることが前提となる。

Advice

地域の区分	都道府県
1、2	北海道
3	青森県、秋田県、岩手県
4	宮城県、山形県、福島県、栃木県、長野県、新潟県
5、6	茨城県、群馬県、山梨県、富山県、石川県、福井県、岐阜県、滋賀県、埼玉県、千葉県、東京都、神奈川県、静岡県、愛知県、三重県、京都府、大阪府、和歌山県、兵庫県、奈良県、岡山県、広島県、山口県、島根県、鳥取県、香川県、愛媛県、徳島県、高知県、福岡県、佐賀県、長崎県、大分県、熊本県
7	宮崎県、鹿児島県
8	沖縄県

※上記は都道府県別にかかわらず市町村別にも区分されている。

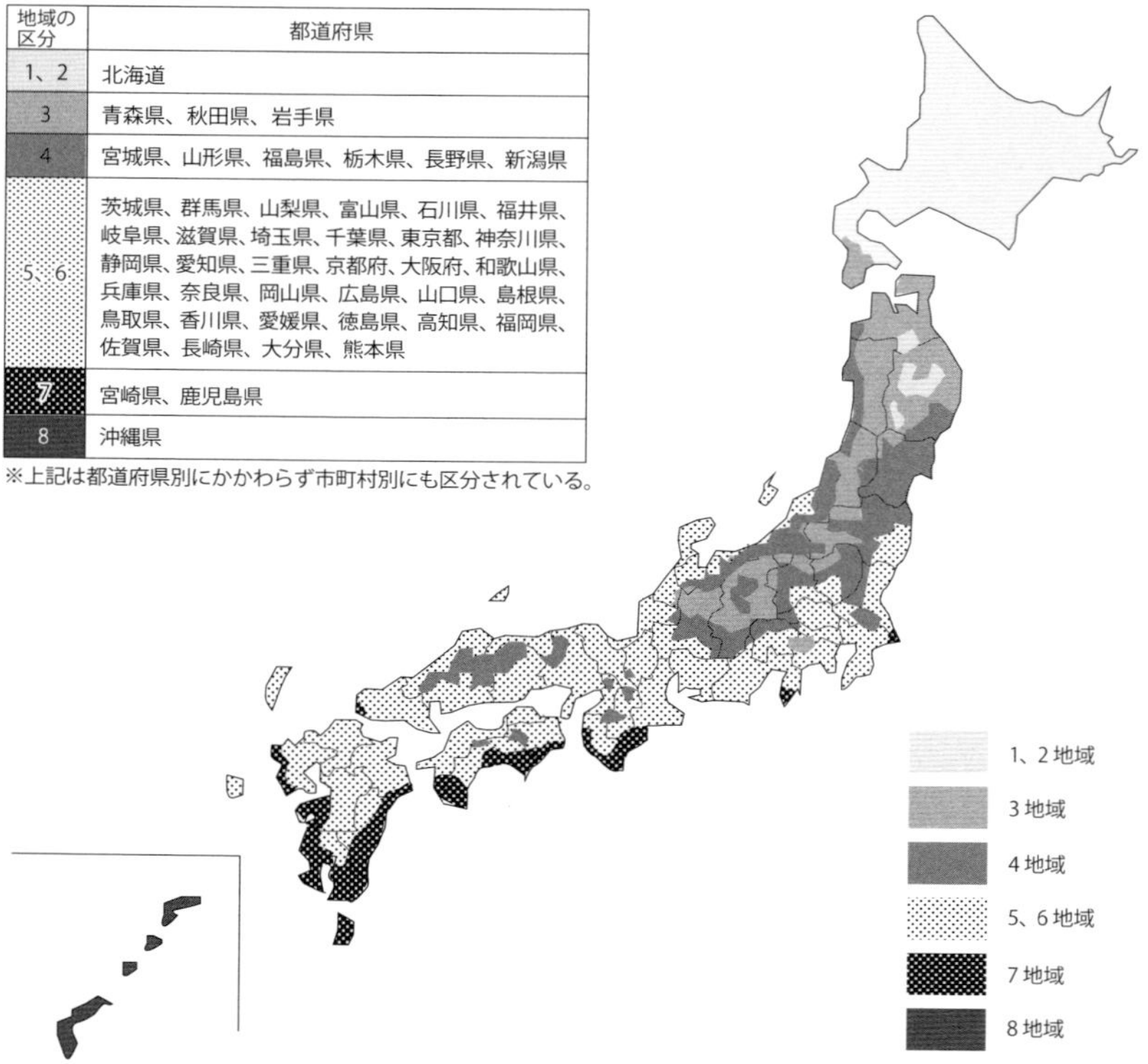

表3　住宅性能表示による断熱基準

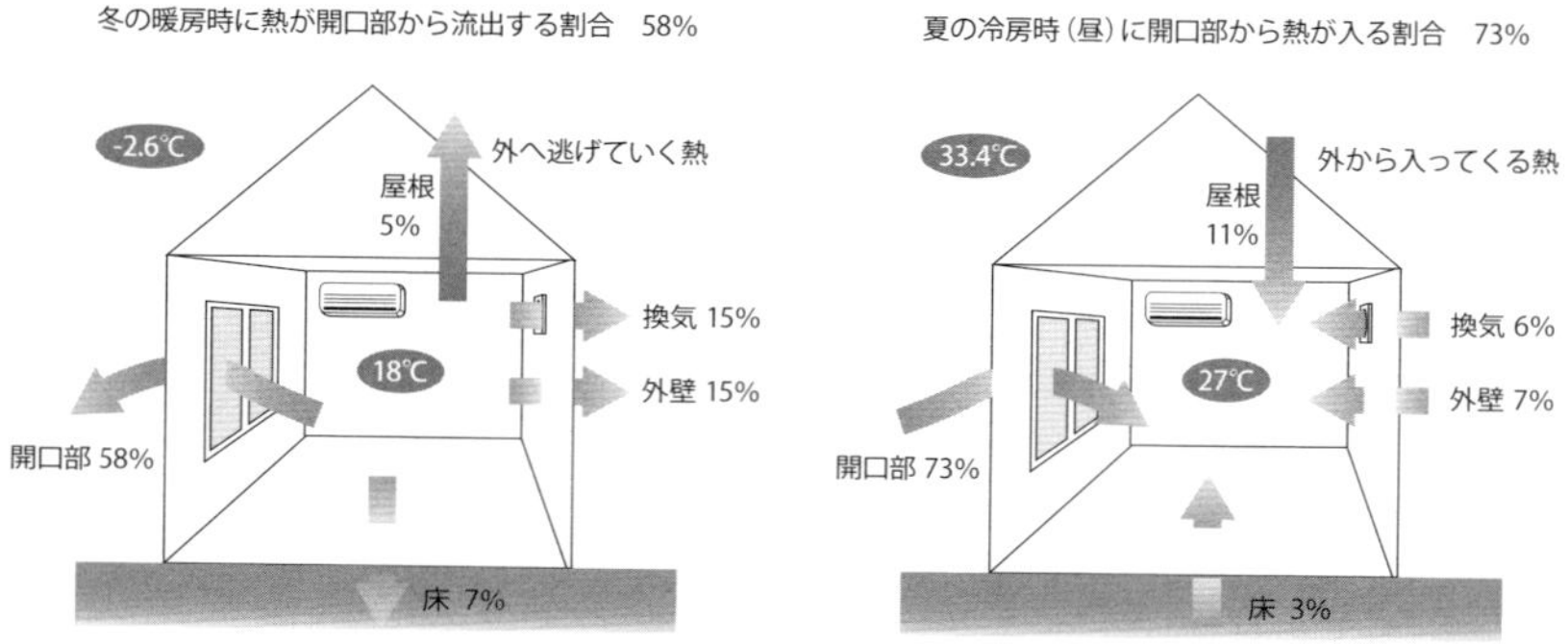

図21　冷暖房時の熱の出入りする部位

⑬外構図

外構図には、アプローチのコンクリートの寸法と仕上げ、ウッドデッキ、塀の位置、仕様、ポストの位置などを記入する。外構図で重要なポイントは、高さ関係だ。道路から玄関までの高低差をどう解消するか、階段の段数やスロープの勾配は、後からでは改善できない項目である。道路、隣地、建物の床の関係を必ず現地調査し押さえておく。

●外構計画

この計画は、狭小敷地で接道が２ｍしかない厳しい条件である。旗竿状の部分を飛び石状の粗面に仕上げ、できるだけ緑化面積を確保したアプローチとした。ウッドデッキにはベンチが設けられ脇にはシャラの株立ちを植えている。

ウッドデッキ、玄関の屋根上のバルコニー、室内が立体的につながり、内外をひとつの

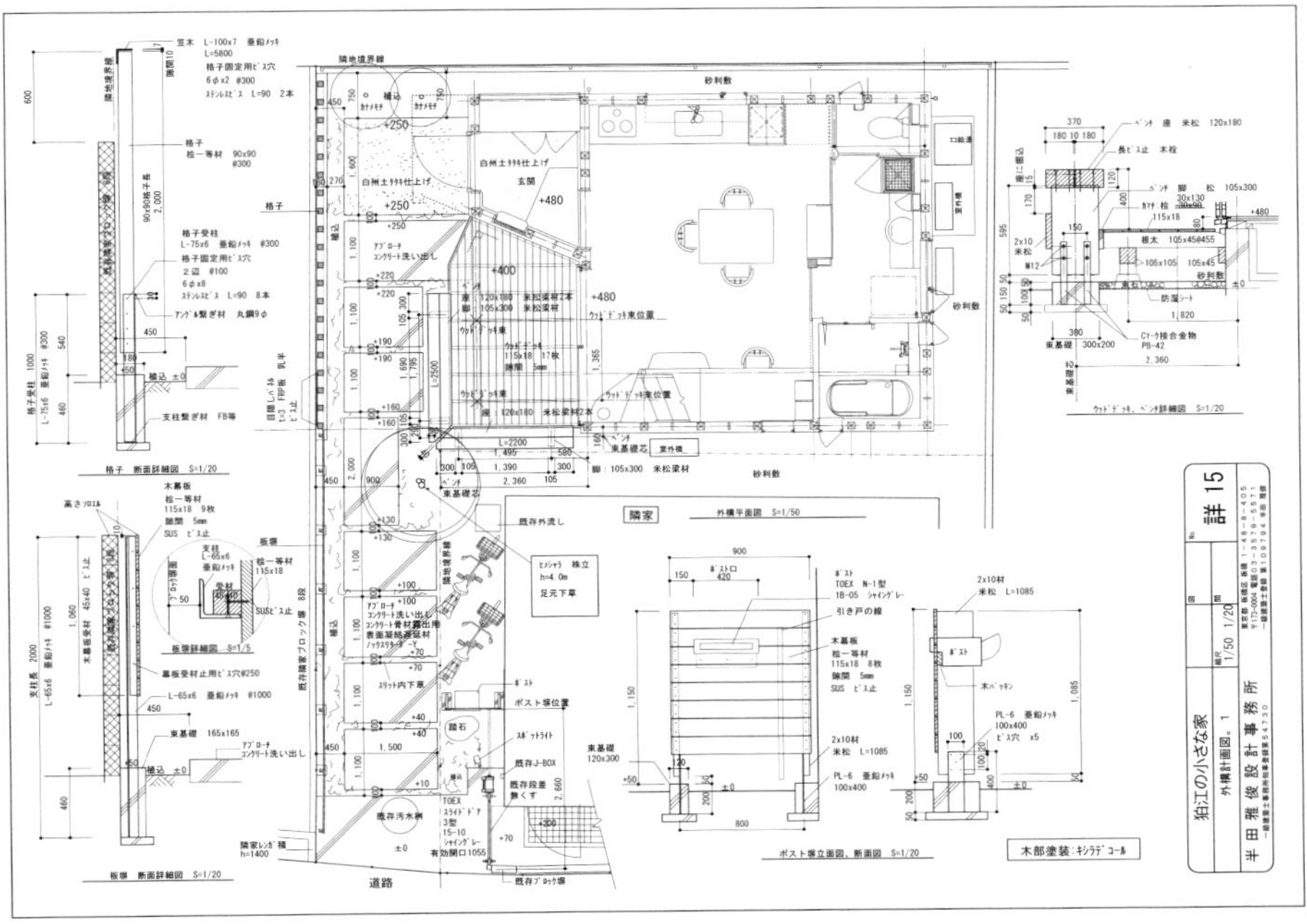

図22　外構計画図
郵便ポストをどこに設置するかは、生活の利便性に関わる。ポストのデザインはその家の小さな顔でもある。この家では、アプローチの板塀に既製品を組み込んでいる。

写9　アプローチより見る

空間として感じられるように計画した。こうすることによって、小さな面積でも戸外を楽しめる住まいができる。隣家と近いので境界にはさりげない目隠しを設けている。外構計画は、近隣の窓の位置など周囲の状況を把握して計画することが大切だ。実施設計段階でも、立面図、断面図に人間を描いて検討するとわかりやすい。

住宅の場合、ほとんどの場合敷地面積の半分以上が外部になる。戸外と近隣の環境をいかに生かすかが、快適な住まいのキーワードだ。十分に時間をかけて検討する価値がある。

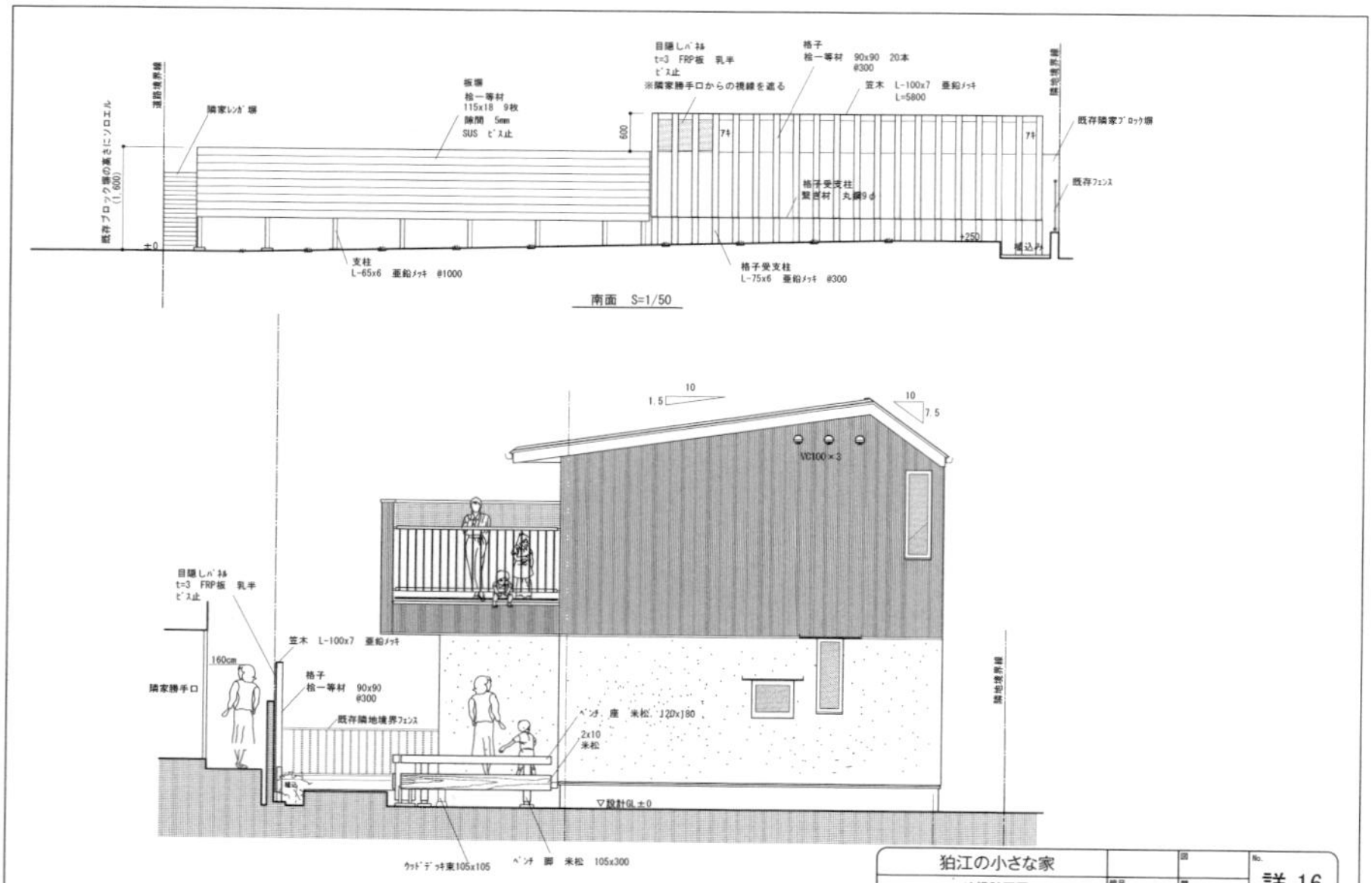

写10　玄関付近よりアプローチ・道路側を見る

図23　外構計画図2
立面図では、隣家の勝手口の目線をさけるよう境界の目隠パネルの高さを決めている。
アプローチは、背の低いグランドカバープランツで緑化

実施図面は何人で描くの？

Q 「実施設計の図面の多さに驚かされましたが、少人数の設計事務所では、この量の図面をすべて設計者が描くのでしょうか？　それとも、たとえば建具リストを建具屋さんが描くなど、専門の人が描くこともあるのでしょうか？」

A 基本的には、住宅をメインでやる小さな事務所では、担当者がひとりで全部描きます。ベテランであれば、こだわりの少ない小住宅の場合には1か月でぜんぶ描いてしまいます。設計事務所に入ったばかりの人は手伝いからはじめて、やさしい図面を描いたり、他の人の図面の修正などを担当します。1年もすればある程度役に立つ図面が描けるようになりますし、量をこなしている人なら、2、3年もすれば担当者になれることもあります。5年くらいしても担当者になれないようであれば、しょうがないですね。基本的には、専門の人が担当するのではなく、全部を設計事務所が担当します。ただし、大きな建物の場合は、図面が何百枚という量になるので、当然ひとりで描けるわけがないですし、分野が多岐に渡るので、設備は設備屋さん、構造は構造屋さんといったように、それぞれの専門家が担当することになります。施工の段階になったときは、施工図という図面を施工側が描きます。

設計者は他の分野をどこまで知っておけばいいの？

Q 「すべての分野で専門になる必要はない、ということですが、たとえば意匠設計者は、どれくらいまで構造や設備、材料について知っておく必要があるのでしょうか？」

A 原則としては、全部知っておいたほうがいいです。お医者さんと同じですね。お医者さんになるときに、最初の段階ではすべての分野を勉強しますよね。料理人も、日本料理の専門の人もいれば中華料理専門の人もいますが、料理の基本は同じです。建築も同じで、全体的には全部に通じていなければいけないし、かといって、全部のプロになることは、ひとりの人間ではなかなか難しいことです。

地震のときにトイレに逃げるといいのはなぜ？

Q「地震がきて外に逃げられない場合、トイレの強度が強く安全と聞きました。なぜ、トイレの強度が他の部屋よりあるのでしょうか？」

A 昔からの日本の教訓として、地震がきたら押し入れやトイレに逃げ込めというのがあります。押し入れというのは90センチ×１８０センチで、トイレもだいたい似たようなものです。そこに４本の柱が立っています。ですから、そこにかかる荷重というのは、大きい部屋の荷重と比べると圧倒的に少ない。また、トイレや押し入れというのは壁に囲まれています。そうすると、柱も壁もたくさんあるということで、壁の強度が平均的に同じだとすれば、つぶれにくいということになります。

構造計算ソフトを使うメリットは？

Q「構造設計者に依頼せずとも計算できるようになった、とのことですが、小規模建築などで自分の事務所のソフトの計算結果だけで構造計算書を仕上げることは可能なのでしょうか？」

A これまで構造計算は、内部に意匠部門と構造部門を持っているような、よほど大きい事務所でない限りは内部でできなかったため、基本的には外注して計算してもらっていました。すると、経費が掛かってしまうので、何度もやり直しはできません。たとえば、だいたい決め打ちで進めて、途中で変更したい場合、そのたびにお金が掛かってしまう。役所に出すときの最終的な計算書が必要だけならいいのですが、自分で構造システムを考えて、よりいいものにしようとすると、自分で構造計算ができると、たいへん便利です。昔、構造計算が手計算だったときはそれぞれが別の専門職だったので、２つの課目を同時に習得するというのはなかなかできないことでした。それが現在は、普通のノートパソコンにデータを入力すれば、途中計算がどうであれ、ＮＧやＯＫといった計算結果がかんたんに出ます。計画段階から設計事務所が構造シミュレーションしながら計画を練ることができるようになりました。

省エネ化の義務化で住宅のデザイン変わる?

Q 「住宅の省エネが義務化されると、住宅のデザイン性に大きな影響があると思います。今後はデザイン性を求めた建築は減少していってしまうのでしょうか? また、性能面でも、新たな技術が発表されてもコスト面で避けるようになってしまうのでしょうか」

A たしかに、コストとデザイン性、それから性能には重大な因果関係があります。たとえば、国立競技場のデザインが問題になりました。たいへんなお金がかかるわけですが、もっと安くしようと思えばいくらでも安くできるわけです。でも、安ければいいというものではないですよね。また、デザインがシンプルでも構わない、という人ばかりではない。性能も高ければいいというわけでもない。ですから、性能やコストやデザイン性など、そういったことはバランスの問題なので、義務化されたからといってデザインだけ損なわれるといったことにはならないと思います。

夏と冬のどちらを意識して設計するといい?

Q 「冬は夏よりも空調のエネルギーが大きくなると聞きました。ですが、冬は着衣である程度体感温度を調整できます。夏と冬、どちらを意識して設計すべきでしょうか?」

A 兼好法師の『徒然草』に「住まいは夏を旨とすべし」といったくだりがありました。それは質問者が言うように、冬は重ね着すれば寒さを防げますが、暑さは衣類を脱ぎ裸になったとしても、それ以上は脱げないため調整できないということです。ですが、現在は冷房も暖房もいろいろあり、夏か冬、どちらを重んじるかなどということはありません。両方とも大事です。

庇の長さに基準はありますか？

Q「住宅の庇は開口部の高さの0.3倍以上がいいと聞いたことがありますが、これは全国どこでも、季節を問わずに有効でしょうか？　また、住宅以外でも同様に考えていいのでしょうか」

A　庇にはいろいろな目的があります。ひとつは雨がかからないように、あとは、今質問してくれたように、夏の日差しを避け、冬の日差しはできるだけ入れることですね。ところが太陽高度というのは、朝から晩まで移り変わるので東と西にいくら庇があったところで、光が入ってくるに決まっています。また、地域によって緯度が違うため、日の沈む時間は異なります。これらのことからわかるように、一律の基準が役に立つわけがありません。では、なぜそんなばかばかしい基準があったのかというと、昔はそういったことに関する測定やデータが非常に少なかったため、簡易法というものがありました。現在は「スケッチアップ」などのソフトを使って誰でもかんたんに、何年何月の何時にどれくらい日差しが入るのか、太陽高度はどうであるか、といったことが一発でわかってしまうわけです。ですので、そんな係数ではなく、ケースバイケースで事例ごとにちゃんとシミュレーションをして、日差しが入らないようにする必要があります。

準防火地域のシャッターは開けていてもいい？

Q「準防火地域には網ガラスかシャッターが必要ということですが、シャッターにした場合、常に開けていてもいいものなのでしょうか？　住人としては開けておきたいと思うのですが、それでは付けている意味がないと思います」

A　とてもいい質問です。基本的には、準防火地域では法的には開口部に関してガラスは網入りガラス、それに代わるものとしてシャッターを付ける、ということになっていますが、たとえば窓が閉まっているときに火災が起きるとは限りません。窓が開いていれば網入りガラスでも意味がないし、シャッターであっても、寝ているときや留守にしているとき以外は開いているわけだから。ですが、法律とはそういった、ばかばかしいことがいっぱいあるものなのです。火事になった場合、シャッターを閉める前に逃げた方が安全です。だけど建築基準法では、隣りが火事になったら網入りガラスを閉めてシャッターをしなさい、ということになっている。本当にばかばかしい話ですが、現実はそうなっています。嵌殺しの窓にもシャッターを付けることになっていますが、そんなことを実際に適用しても意味がない。ですから、法律を守っていればいいものができるわけではないということです。

素材の違いで電気料金も変わる?

Q **「素材の違いで暖かさや冷たさに違いが出るということですが、電気料金などにどれくらいの差が出るのでしょうか? 省エネ対策に効果的な素材はあるのでしょうか。また、その地域特有の材料はあるのでしょうか」**

A これもいい質問です。冷たさや暖かさというのは、体感がかなり違います。お風呂に入るとき、床の素材によって冷たく感じたり感じなかったりしますよね。断熱性能がある床では、自分の熱が奪われないので冷たく感じませんが、熱伝導のいい素材、たとえば鉄など金属のようなものでは、同じ暖かさでも冷たく感じます。たとえば室温が20度だとすると、体温は35度くらいで15度の温度差があります。この15度の温度が金属の方にどんどん移動してしまうため、冷たく感じる。このように体感は全然違うのですが、今の電気料金や暖房料金に関していうと、じつはまったく変わりません。それらは各部位の熱貫流率など建物の断熱性能で決まるのであって、体感で決まるわけではないためです。これはとても難しい。暖かく感じるというのは、表面温度の問題で、断熱性能とは別問題なので、断熱性能が同じであれば、建物の素材が何でできていても、冷暖房費は同じです。

地域特有の材料について。昔は遠くまで運べなかったため、むしろ地域にある材料でしかつくれませんでした。当然近所で採れるものに限られていたわけです。最近は物流がよくなり、地方性が非常に少なくなってきました。逆に言うと、それは地域独特のおもしろい建物がなくなる原因でもあります。一時期、日本では東京にしか目が向いていなくて、東京風がなんでも流行するといった風潮でしたが、今後は状況が変わり、地域性のある建築が求められると思います。

プロセス 5

見積りと工事契約

❶実施設計段階での見積り

　実施設計が終わり、図面が一通りそろったら、施工業者に見積りを依頼する。実際にいくらでできるのか、工事を請け負ってくれる業者を選定する段階になる。予想以上に予算をオーバーしてしまっては、工事契約には至らない。すでに企画段階や基本設計段階で工事費の予想はしているが、企画段階や基本設計段階では、建築は細部までは決まっていない、実施段階の打合せで要望が膨らむこともよくあることだ。基本設計段階の見積りは、あくまで予算書である。建築主の希望する家をこの値段でできるように設計しようという想定費用であり、坪単価や経験値に基づいて算出した予想値だ。

　これに対し実施設計後の見積りは、施工業者に発注することを前提とした見積りである。仕様、規模、設備機器などが確定されているので、具体的な材料の寸法と数量を拾い出し積算する（表1）。施工するための人件費も大きな割合になる。施工難度によって必要な工期も変わってくる。さらに会社経費などを加えて見積金額を算出する。

　会社経費とは、会社を維持する費用だ。建設会社には、経理や営業など直接施工にかかわらない社員の給料や社屋を維持管理する費用、車の維持費などさまざまな経費がかかる。利益も必要だ。会社経費は、会社の規模によって大きく異なる。ごく小さな工務店クラスであれば、経費は工事費総額の15％程度でも運営できるが、全国規模の会社であれば、その割合はおそらく40％くらい必要になる。モデルハウスを維持したり、豪華なパンフレット代、研究開発費、広告宣伝費など工事に直接必要な費用以外の経費は、相当な額になるからだ。反面、規模が大きくなれば、安定的な大量仕入れにより材料費を安く仕入れることができる。一概に会社の規模でどちらが有利だとはいえない。

表1　見積りの種類

企画段階 ◀	▶ 実施段階
▶企画者による予算の概算	▶施工者による見積り、契約を行うため
▶グレード設定×規模による想定 （坪単価・経験値）	▶実施設計図にもとづく積算 （数量と単価を明らかにする）

❷見積りの種類

見積りの方法には、工種別見積りと部位別見積りの2種類がある（表2）。工種別見積りは、基礎工事、木工事、屋根工事、水道工事、電気工事など、工事の種類ごと（または職種ごと）に工事費用を集計する（表3）。建築工事は、工事種別ごとに専門業者が施工するので、職種ごとに決済金額を見積金額に反映するのが経理上便利である。

それに対し、部位別見積りは、部屋ごと施工箇所ごとに工事費を算出する。たとえば、キッチンであれば、部屋の内装工事、流し台やコンロなどの機器取付工事、水道配管工事、照明やコンセントなどの電気工事など、複数の業種が算出してできあがる。部位別見積りは、必要な職種別工事費を部屋ごとに集計する。建築主や設計者の立場で見ると、どの部屋（部位）にどのくらいコストがかかるのかがわかりや

表2　工種別と部位別

工種別見積り ◀	▶ 部位別見積り
・工種ごとに集計 ・支払いに都合がよい ・誰にいくら支払うかがわかる	・工事部位ごとに集計 ・設計見積りがしやすい ・複合単価なので、誰にいくら支払うかがわからない

表3　工種別見積り

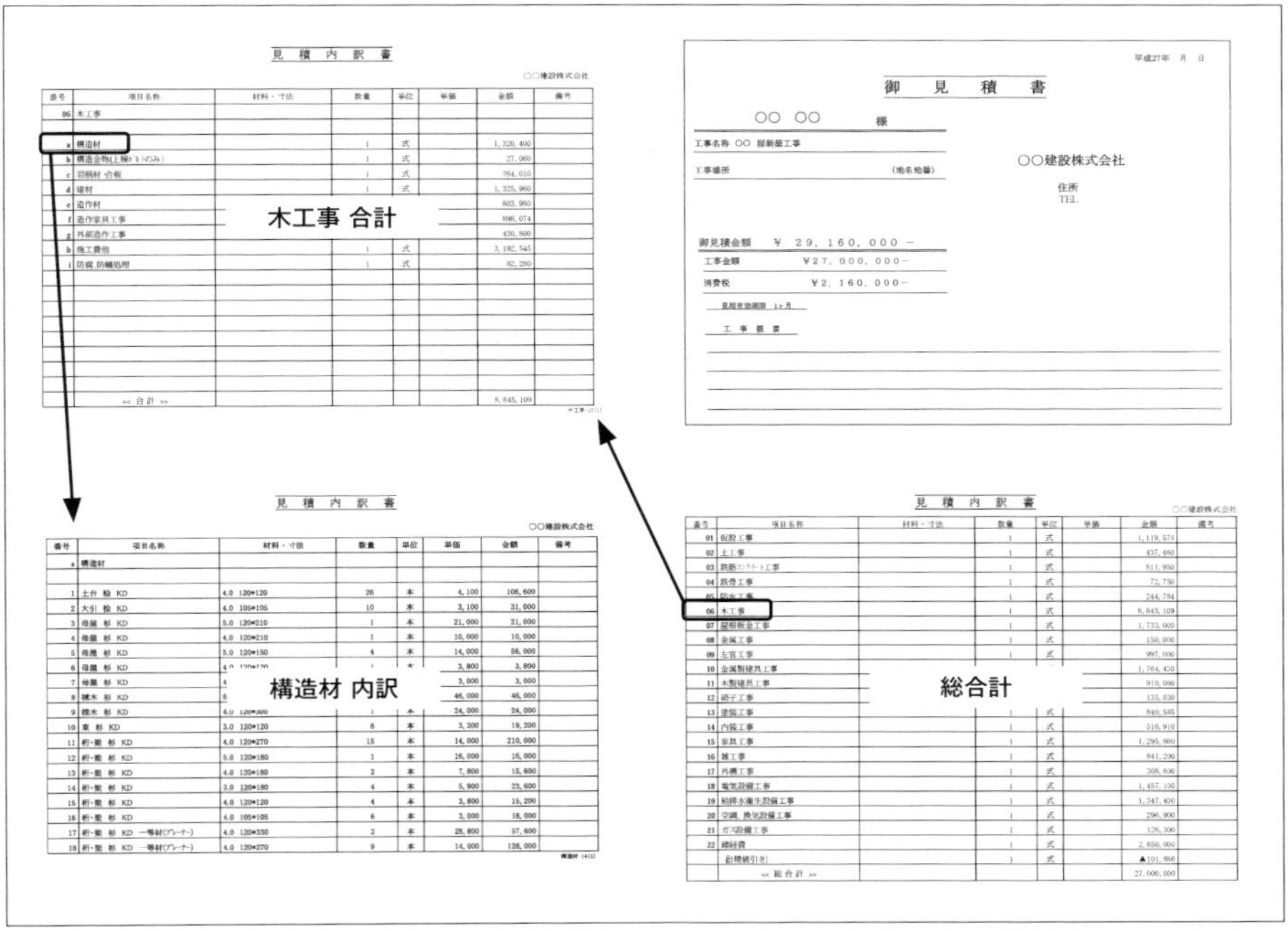

すい。建築主や設計者にとって便利な見積書だ。予算調整が必要になった場合は、どの部位にいくらかかるかが明示されているので、設計変更の方針が立てやすい。部位別見積りは、リフォームや小規模建築などに使われることが多い。部位別見積書をつくるには、職種ごとに算出された数量や施工費を部屋ごと（部位ごと）に分けて集計する作業をしなければならない。大きな工事では部位別見積りをつくるには手間がかかる。新築工事では、ほとんどの場合、工種別見積りが使われている。

❸見積りと業者選定

施工業者の選定方法には、相見積り（見積り合わせ）、特命、入札などがある（表4）。相見積りは、複数の業者から見積りを取り内容を比較する。ただし、必ずしも一番安い業者に決めるとは限らない。材料と施工面積の数量・単価をチェックする。どこまで細かく拾っているかなど見積書のつくり方も業者の判断材料になる。拾い落ちや二重拾いには注意が必要だ。施工手間もチェックする。丁寧な仕事をするにはそれなりの人件費が必要になる。安いにこしたことはないが、よい仕上がりが期待できるかの判断も重要だ。内容と価格を比べて適正な見積りを出した業者に施工を依頼することが基本だ。

　特命は、相見積りをとらずはじめから1社に絞って見積りを依頼する。長年の信頼関係がある場合や高度な技術を必要とする場合など、価格優先ではない見積り依頼方法だ。価格と工事内容のすりあわせを早い段階から行うことができるメリットもある。個別物件ごとのキチンとした見積書を作成するには、かなりの人件費がかかる。複数の業者から見積りをとっても依頼するのは1社だ。特命は無駄な費用の削減にもなる。

　入札は、複数の業者に参加してもらい、価格札を一斉に提出して、価格が一番安い業者に決める。内容は問わない。代わりに入札資格を定める。公平性を優先する選定方法である。公共工事では一般的だが、民間工事ではあまり行われない。

表4　業者の選定方法

選定方法	競争区分	評価軸			評価概要
入札	競争	提案内容	金額	協議なし	発注者が提示した条件に対してもっとも低い費用を提出した候補者を選定
見積り合わせ				協議あり	発注者があらかじめ準備した見積りと提出された見積りを比較し、金額や提案内容（技術力）を勘案して候補者を選定
コンペ（競技）			技術		対象施設に対する具体的な提案を提出させ、提案内容（技術力）によって候補者を選定
プロポーザル		提案者			業務実積や対象施設への取組み方針を確認し、候補者を選定
特命（随意）	非競争				特定の候補者と契約

❹価格の地域差

工事費は地域によってかなりの価格差がある（図2）。都市部は高く地方は比較的安い。材料費は離島など運搬に特別な費用がかかる地域を除けば、全国的にそれほどの価格差はない。差が大きいのは人件費だ。人件費は地方のほうが安い。施工手間は、工事の大きな割合を占めるので工事価格に大きく影響する。駐車場代なども都市部と地方では大きな差がある。

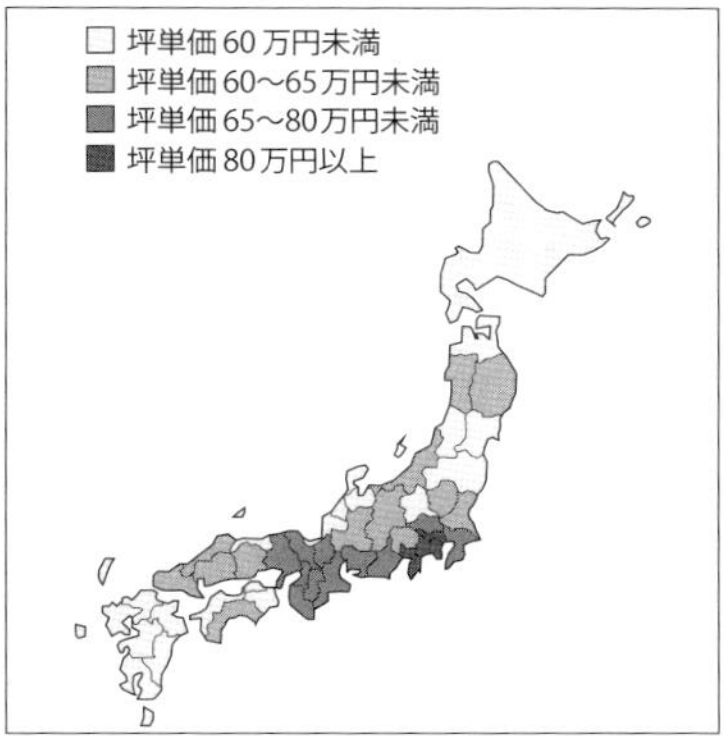

図2　フラット35融資住宅の各都道府県別の平均坪単価（平成17年度調査）

❺コストとデザイン

ローコスト住宅のプロジェクトを例にコストとデザインの検討プロセスを紹介する。これは、東京都のプロポーザルコンペで入賞したプロジェクトだ。コンペのテーマは、耐震・温熱・劣化・維持管理など住宅の性能は高く、価格は市場の3割安で実現することが求められた。敷地は東京都の所有で70年の定期借地。耐久性も条件のひとつだ。実現性がかなり難しい条件だったが、われわれは在来工法によるスケルトン&インフィル工法を提案した。寿命の長いスケルトン（構造体）と寿命が比較的短いインフィル（設備や内装）を分けてつくり、寿命の短い部位の更新や時とともに変更が必要になる間取りなどを変更しやすくする工法だ（表5）。現在の日本の住宅は、建築と設備が一体でつくられているため、設備の更新周期で建て直すことが多い。これが住宅の寿命が短い原因のひとつとなっている。住宅の基礎や骨組みである木構造はしっかりとつくり、寿命の短い設備などは、そのつど最新のものに更新しやすくする。こうすれば木造住宅を快適に長く使うことができる。

要はこのシステムをどうやって安くつくるかだ。コストの検討で最も大切なことは、何にいくらかかっているのかを知ること。とくに見積りでは見えにくい、施工に必要な人件費を把握することである。建設費の中身は、材料費と施工費＋会社経費であ

表5　プロジェクト住宅の特徴

在来軸組工法によるスケルトン＆インフィルの実現	
外周の耐力壁と中央の大黒柱で構造体を構成 →	施工の容易さ、ローコスト化
構造と間仕切りの分離 →	可変性の高い内部空間
設備の分離 →	容易な設備更新
高い温熱性能 →	自然エネルギー利用

ることは前節で説明した。そのバランスは、時代によって大きく変わっている（図３）。昔は人件費が安く工事費割合は、材料費が高かった。ところが現在は材料費よりも人件費のほうが高い。昔は手間をかけて材料を減らす工夫が、いいものを安くつくるコツだった。ところが現在では、値段が高くても大きな材料を用い、取付け箇所を減らす工夫をしたほうが安くつく。

たとえば、構造材に使われる材木は、大きくて長いものほど材積単価が高い。木材は生物素材なので、大きなものは樹齢の長い木からしかとれないからだ。また運ぶのも大型輸送手段が必要になるので輸送コストも割高になる。その一方、部材が大きいことでジョイント箇所が減るので施工手間は減る（図３）。

このプロジェクトでは、同寸の大きな梁材を用いて室内に耐力壁を設けず、外周壁だけで耐震性の高いワンルーム空間を確保している（写１）。大きくスパンを飛ばすことによって、材積は増すが、材料数は減る。材料数が減れば取付け手間も減る。間取りに関係なく大きな空間が確保されているので、間仕切り変更も容易にできる構法である（写２）。一般の木造住宅では、大工手間が１坪あたり5～6人工程度かかるグレードの工事が、この構法では１坪あたり２人工でできている。質を下げないで工事費を低く抑えるためには、材料費を下げるのではなく、現場の合理化がもっとも有効な手段なのだ。

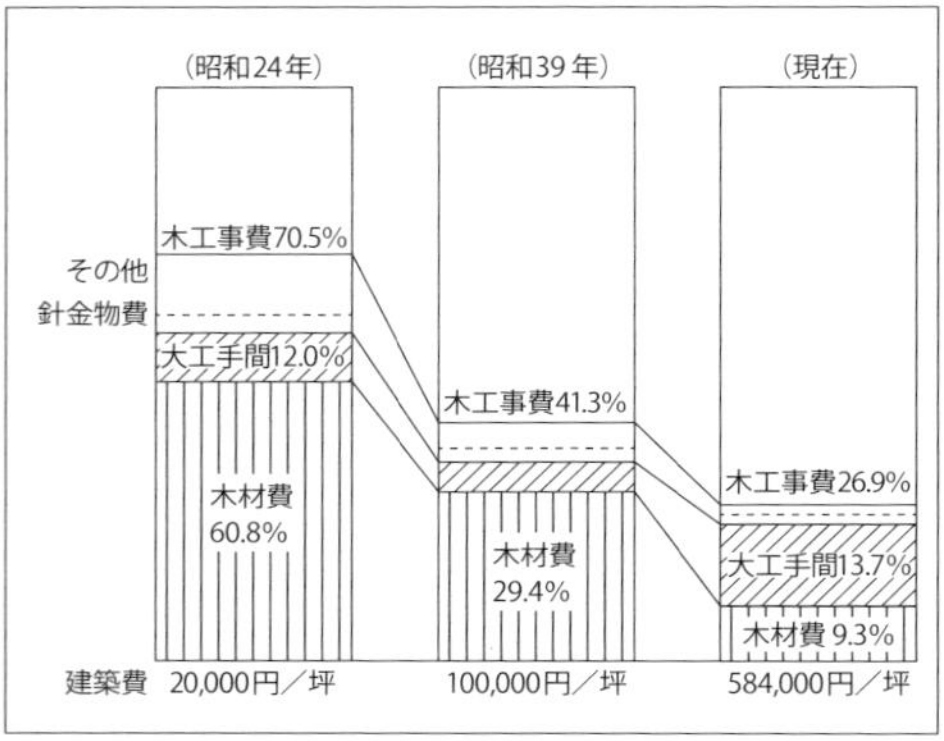

図３　木工事のコスト変化
戦災復興期（昭和24年）、高度成長期（昭和39年）、そして現在における傾向を大づかみにすると、設備機器等の比重が高まるとともに木工事費の割合が下がったこと、また木工事費の内訳を見ると、大工手間が木材費を逆転したことである。

写１　内部の柱は大黒柱のみ

写２　間仕切り変更が容易

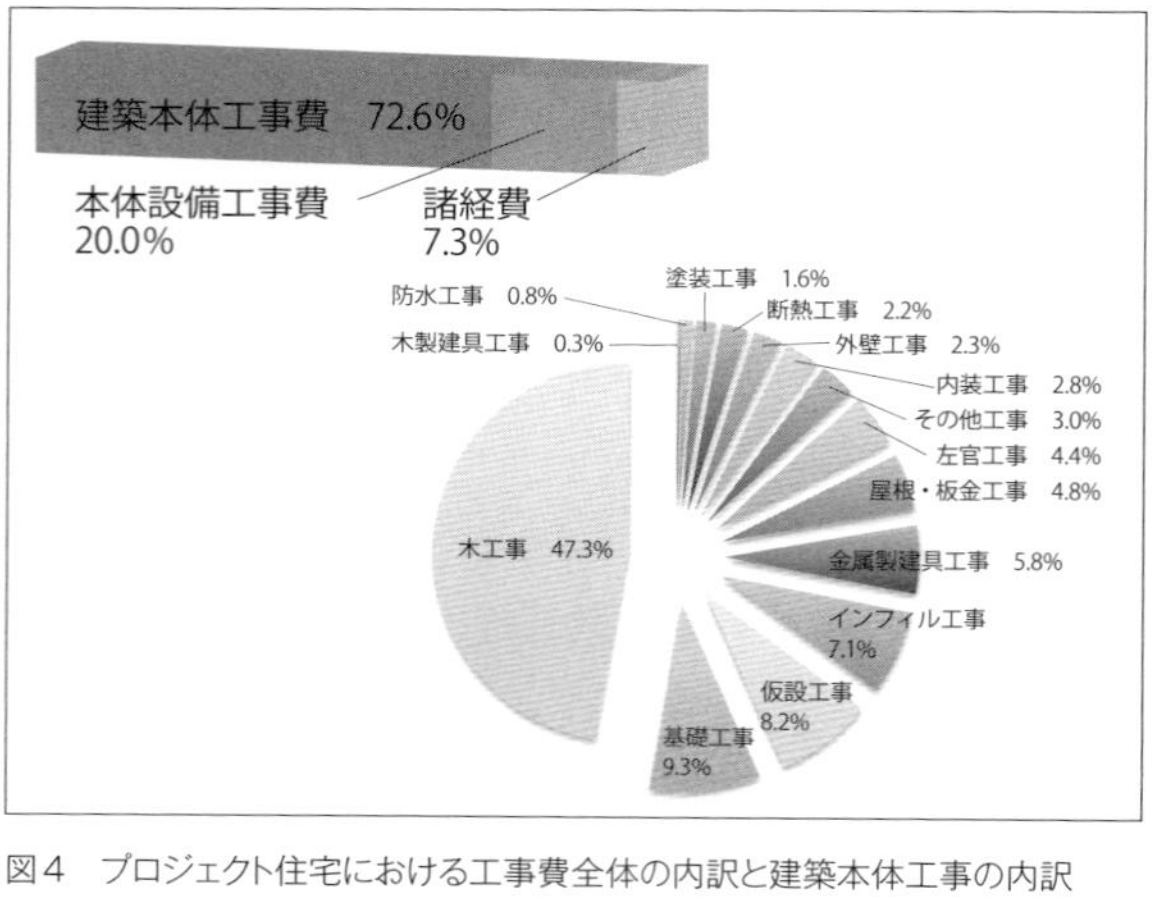

図４　プロジェクト住宅における工事費全体の内訳と建築本体工事の内訳

❻工事契約

施工者が決定し見積金額が納得できる金額に収まれば、工事契約を結ぶことになる。施工者は、設計図書と見積内容を所定の期間内に建物を完成させる義務があり、委託者は決められた時期にお金を支払う義務がある。これを書面にして工事契約を結ぶ。工事契約書には約款があり、工期と金額だけでなくさまざまな取決めが細かく記載されている。設計者も監理者として記名押印する（写３）。

契約を結ぶ際は、重要事項説明といって受注者は発注者に内容を説明する義務がある。

工事契約書、工事契約書約款は、四会連合協定（日本建築士会連合会、日本建築士事務所協会連合会、日本建築家協会、日本建設業会連合会）などの書式が用いられる（図５）。

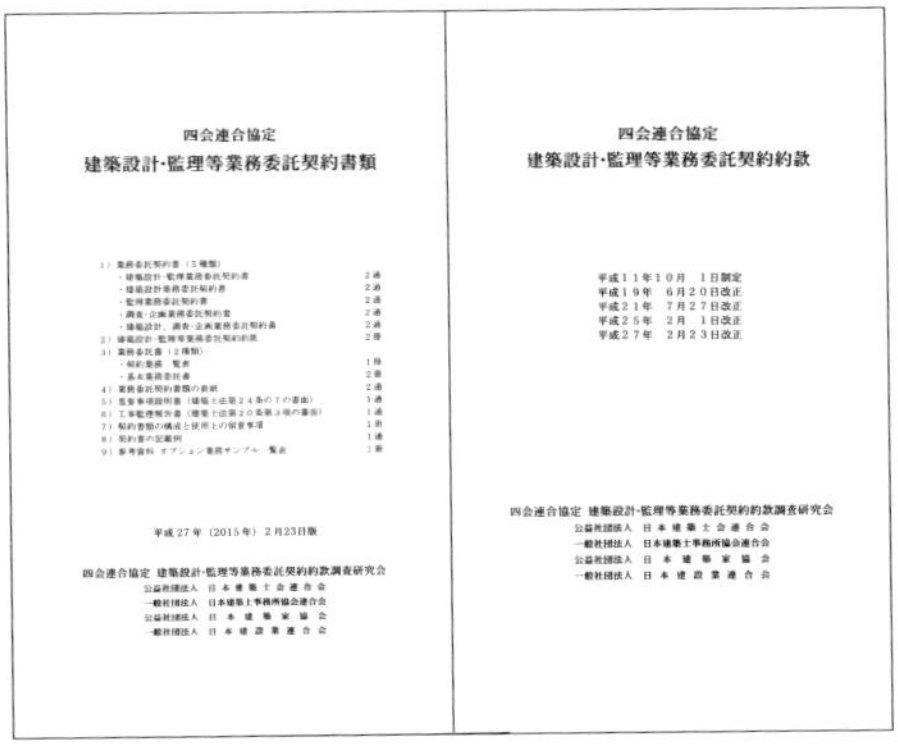
四会連合協定
建築設計･監理等業務委託契約書類

平成27年（2015年）2月23日版

四会連合協定 建築設計･監理等業務委託契約約款調査研究会
公益社団法人 日本建築士会連合会
一般社団法人 日本建築士事務所協会連合会
公益社団法人 日本建築家協会
一般社団法人 日本建設業連合会

四会連合協定
建築設計･監理等業務委託契約約款

平成１１年１０月　１日制定
平成１９年　６月２０日改正
平成２１年　７月２７日改正
平成２５年　２月　１日改正
平成２７年　２月２３日改正

四会連合協定 建築設計･監理等業務委託契約約款調査研究会
公益社団法人 日本建築士会連合会
一般社団法人 日本建築士事務所協会連合会
公益社団法人 日本建築家協会
一般社団法人 日本建設業連合会

図５　四会連合協定の契約書と約款の表紙

工 事 請 負 契 約 書

写３　契約書の例

❼住宅瑕疵担保責任保険

新築住宅の工事請負契約を結ぶ際、施工会社に住宅瑕疵担保責任保険が義務づけられている。保険の審査を受けないと着工できない。着工後も基礎工事と躯体工事の現場審査がある。この保険は、住宅の主要構造部分や雨漏りなどの瑕疵があった場合、事業者は瑕疵に対する10年間の責任を負う。また、事業者が倒産して存続していなくても必要な費用が支払われる仕組みになっている。消費者保護の制度である。

実際のコストが見積りを超過したときは?

Q「企画段階での見積りを大幅に超過した場合の保障はあるのでしょうか? またその場合、クライアント側は訴えることができますか?」

Q「施工中に何らかのミスにより、見積書にあった材料よりも多くの材料が必要になった場合、施工者が損失するということになるのでしょうか?」

A 基本的に、企画段階の予算が実際の見積りと全然合わなかった、という例はままあります。住宅のように過去にいくつも同じような事例をつくったことがある場合は経験値が働くので、大幅にずれることは少ないのですが、新しい建物や変わった建物では経験値が働きません。材料費はある程度わかりますが、手間に関しては、やってみないとどれくらいかかるかわからない。そういう意味で、新しい建物を建てるときの見積りは難しい。ですから、それなりの予測を立てて、多めに見積っておくことになります。それでも外れてしまうことはあります。その場合は、設計変更するなり、予算をたくさん出してもらうなり、その段階で設計者と建築主側で協議するしかありません。それでも、協議が決裂することもたまにはあります。いくらでできます、といった約束をしておきながら、できなかったということになれば、建築主側が「約束が違うじゃないか、それなら設計契約破棄だ」ということもあり得ます。それで裁判になった例も実際にありました。

また、工事契約をしてから、材料が足りなくなった、手間がかかりすぎた、というケースに関しては、工事契約は請負契約なので、請けた方の負け(「請け負け」)ということで、100%請けた方がもつということになります。いくら損しようが、それは約束したのですから、約束を果たす義務があります。委託契約の場合は協議になりますが、工事会社は請負契約なので、全額工事会社に負担の義務があります。

「経験値」とはどういうこと?

Q「企画段階の見積りの説明で『経験値』という言葉が出てきましたが、これは具体的にどのようなことを指すのでしょうか?」

A たとえば何年か実務をやっていると、住宅の場合なら同じような規模で同じようなグレードで同じような敷地条件であれば、前やったものはどれくらいだったかはわかりますよね。まさにそういうことが「経験値」です。

全体冷暖房の建物で省エネにするには？

Q **「半田先生の木造住宅は、内部の仕切りをなくすことでコスト削減を実現しているとのことですが、その分内部の空調でコストが掛かってしまうのではないかと思ったのですが、省エネはうまくできているのでしょうか？」**

A まったくその通りです。一般の建物は個別冷暖房、要するに必要な部屋だけ冷暖房する、全体冷暖房はしない、というものです。つまり、冷暖房する面積、体積が小さいので、同じ断熱レベルであれば、当然冷暖房費が少なくなるに決まっています。ですが、とくに住宅の場合、全体暖房の方が温度差によるストレスが減り、健康度が圧倒的に上がります。ですが、全部を冷暖房するということは使わない部屋も冷暖房するので、一般的には冷暖房費が上がってしまい、省エネにはなりません。省エネにするために、断熱レベルを上げる、ということが前提になります。ですから、僕が手がけた建物は、断熱レベルを相当上げたうえで、全体冷暖房をしても冷暖房費が増えないような工夫がしてあります。

プロセス6 建築確認申請

❶手続きの流れ

見積りを取り予算の折合いがついてもすぐには着工できない。着工前に必要な手続きを済ませる必要がある。建築基準法にもとづいて建築確認申請を行う。これは、工事着工前に建築基準法などに抵触していないことを確認してもらう手続きであり、違反建築を防止するためでもある。

建築基準法の目的は、建築物の敷地、構造、設備、用途に関する最低の基準を定めて、国民の生命、健康および財産の保護を図り、もって公共の福祉の増進に資することである。建築基準法の基準は、あくまでも最低基準で、推奨値ではない、ということを覚えておきたい。

申請先は、各自治体の建築主事（行政）あるいは、民間の建築確認審査機関である。企画基本設計段階の敷地調査の一環として、用途地域等は調査済みであるが、建築計画が出来た段階で、審査機関に事前相談にゆくとよい。いく度も同類の申請をしている経験があれば事前相談の必要はないが、敷地条件が違っていたり都道府県によっては必要な書類が異なることもあるので注意しよう。

地域によっては、条令などによって建築確認申請前に様々な申請が必要になる場合もある。風致地区、狭あい道路、埋蔵文化財保護調査等、これらを確認しておかないと着工予定が大幅にずれ込むことにつながってしまう。事前相談によって手続きの流れがわかれば、申請書の提出だ。一般的には建築士が建築主の代理で申請業

表1　建築確認申請とは

意味	工事着手前にチェックを受けて、建築基準法に抵触する建築物の出現を未然に防止する手続き
申請先	・建築主事（役所） ・指定確認検査機関（民間）

表2　確認審査のフローチャート　木造2階建住宅の場合

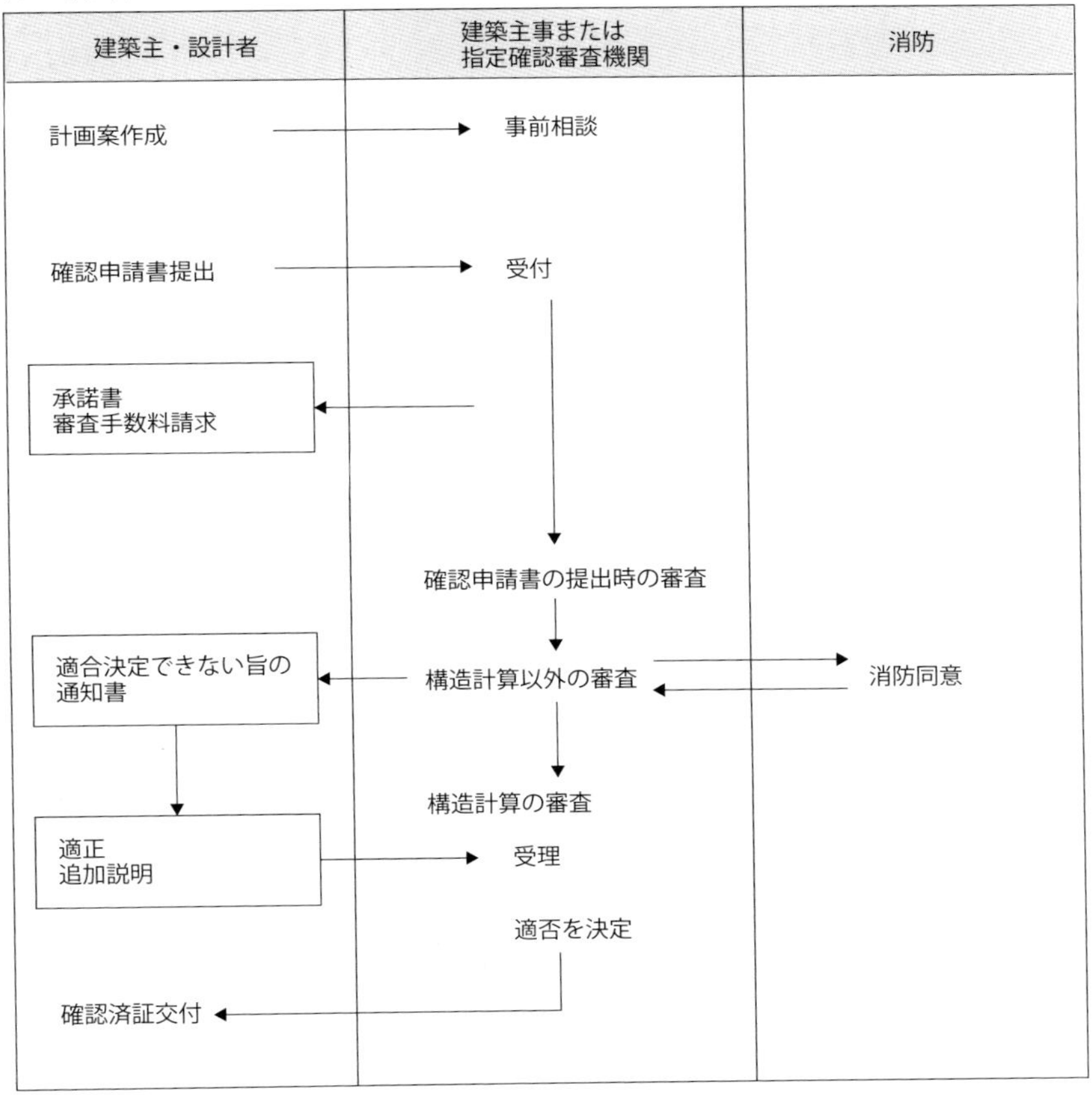

務を行う。建築士が設計した木造2階建住宅の場合は、「4号建築物」といって、手続きが簡略化されている（建築基準法6条1項4号）。

　審査機関の審査で書類の不備や建築の内容に不明確な点があれば、適合決定できない旨の通知書が申請代理者に届く。訂正や追加資料を提出して内容が正されれば、確認済証が交付される。

❷提出に必要な書類

具体的にどのような書類と図面を出すのかを、木造住宅の例で見てみよう。

確認申請書は、正副2通作成する。第1面から5面まで様式にそって申請者など必要事項を記入する。委任状は申請者本人が申請するのであれば不要だ。建築計画概要書は、配置図と案内図だけである。建築確認申請図書は、個人情報なので公開されないが、建築計画概要書は、行政の建築窓口で閲覧できることになっている。建築工事届は、建築主のほか、工事施工者と工事監理者を記載する。申請時にまだ施工者が決まっていない場合は、施工者の代わりに設計者を記入する。建替えなど除却建物がある場合は、除却工事施工者も記入する。設計図書は添付する図書と明示事項は規則で詳しく定められている。浄化槽設置届けは、下水道が敷設されている地域では、当然不要だ。このほか、建築確認申請に先立って許可を受けた場合は、その写しを添付する。行政地域によっては、建築士免許の写しや設計事務所登録期限の記入を求められることもある。

表3　提出書類（事例図版）

1. 確認申請書　正・副２通（第１面〜５面）
2. 委任状
3. 建築計画概要書
4. 建築工事届
5. 設計図書　図版３枚程度（修正必要）
6. 浄化槽設置届（浄化槽が必要な地域）

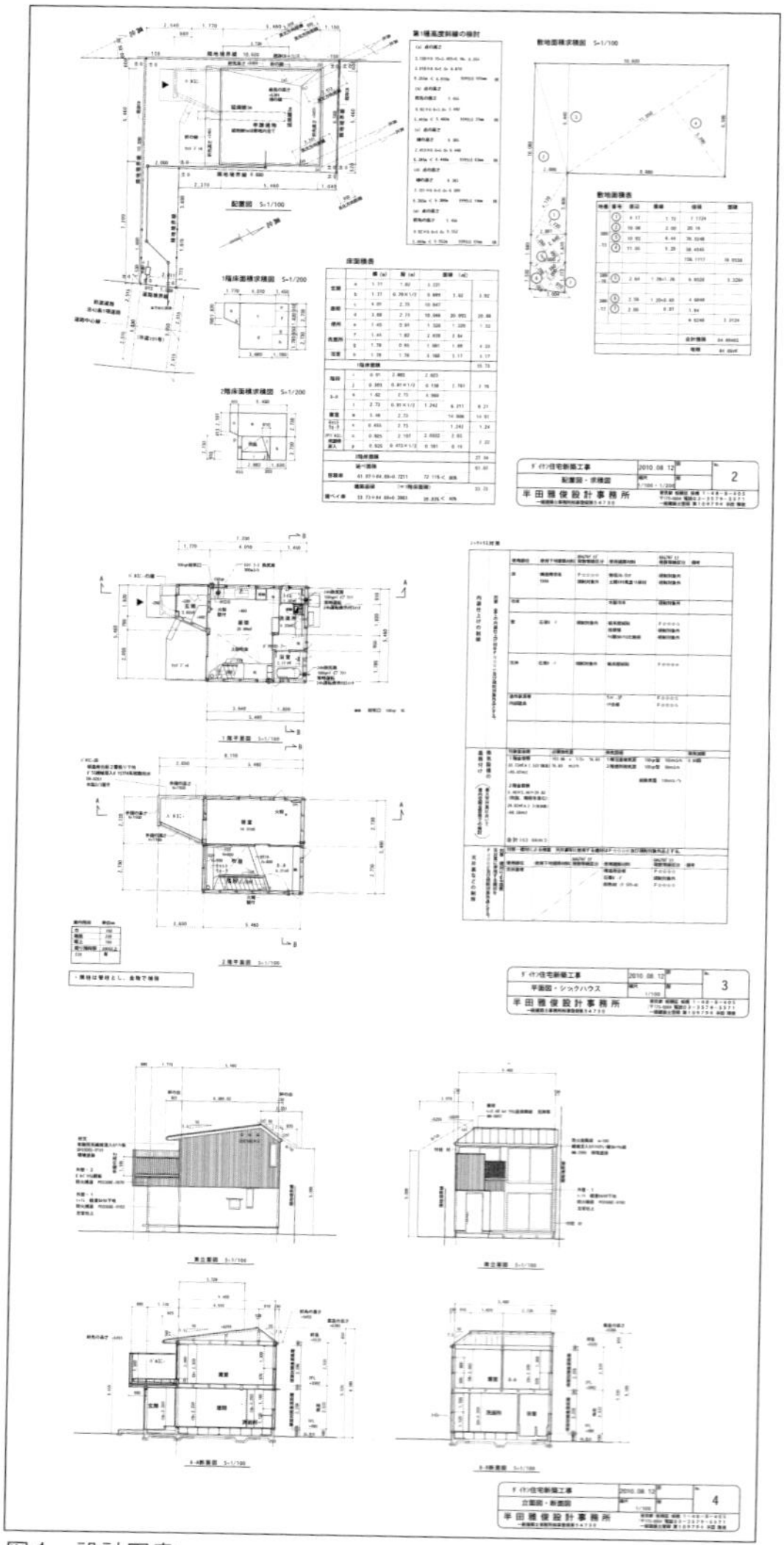

図1　設計図書

❸その他の手続き
（狭あい道路、風致地区、住宅性能表示など）

前節でもふれたが、建築確認申請前にいろいろな手続きを必要とする場合がある。

●狭あい道路

住宅を建てる敷地は、災害時の消防・救急活動など安全上の観点から幅員4m接道幅2m以上が建築基準法上必要とされている。しかし、現実には4mに満たない道路が存在する（2項道路）。その場合は道路中心線から2mセットバックして敷地境界としなければならない。自治体によっては、狭あい道路拡幅整備事業を定めている。指定された道路に接している敷地は、建築確認申請前に「狭あい道路拡幅整備協議申出」を行政庁に提出し協議しなければならない（表4）。

●風致地区

風致地区とは、都市内の自然景観を維持保全するために、都市計画法で自治体が特定の地域を指定している。風致地区内では、樹木の伐採の制限・植樹の義務・建ぺい率の制限など建築規制が加えられる。確認申請の前に、緑化率や壁面後退、建築の色彩などその地区で求められている規制内容をクリアしていることを示すために、行政に許可申請をしなければならない（表5）。

●埋蔵文化財保護調査

石器や土器など埋蔵文化財が出土する地域は、文化財保護法で「周知の埋蔵文化財包蔵地」として指定されている。包蔵地内に建築を計画する場合は、着工の60日前に「埋蔵文化財発掘の届け出」を教育委員会に提出しなければならない（表6）。教育委員会は、敷地内で試掘をする。埋蔵文化財が出土しなければ、通常の確認申請でよい。文化財が発見されると発掘調査が終わるまで、工事に着手できない。発掘調査はかなり時間がかかることも多いので該当地域にあたる場合は、時間の余裕を持って計画にあたる。

表4　狭あい道路拡幅整備協議申請書（三鷹市）

狭あい道路拡幅整備協議申出書

三鷹市道路整備等に関する取扱要綱第9条第1項の規定に基づき、下記の後退用地について、協議を申出ます。本申出書は、同要綱第15条の規定には該当しないことを確認し、作成しています。なお、本申出書の内容と事実が相違した場合又は6月以上連絡がとれない場合は、提出した本申出書及び添付書類を取り下げ再申請することに同意します。

記

1	所在地	（住居表示）三鷹市　丁目　番　号 （地　番）三鷹市　丁目　番	
2	狭あい道路の種別	(1) 建築基準法第42条2項道路　(2) 建築基準法第42条1項5号（位置指定道路）　(3) その他（　）	
		(1) 市道　(2) 私道　(3) その他（　）	
3	道路の現状	道路幅員	m ～ m
		境界確定（公道）	有・無
		市道番号（市道のみ）	市道第　号線
		市道認定幅員（市道のみ）	m
4	整備希望時期	年　月　頃	

添付書類　（1）現地案内図　（2）公図（複写可※）（3）後退用地平面図（2部）
（4）位置指定道路図　（5）境界確定図（公道）
※　公図（複写）は、現時点での申請地及び隣接地の現況を反映しているものを添付してください。

表5　風致地区相談書

風致地区事前相談書　　年度　No.

受付月日	平成　年　月　日	行為内容	宅地の造成・木竹の伐採・建築物・工作物・その他
行為地	（地番）（住居表示）	代理人連絡先	会社名
建築主氏名			氏名
構造	1. 木造　2. 鉄筋　3. 鉄骨　4		
階層	地上　階、地下　階、屋上（有、無）		
用途	専用住宅・共同住宅・その他（　）		TEL
種別	・新築　・増築　・改築		
用途地域	一低・一中高・一住・近商		

都市計画で定める建ぺい率	%	計画内容	敷地	㎡	建築面積	㎡
防火指定	1. 防火地域　2. 準防火地域　3. 無指定		建ぺい率	%	高さ（15m以下）	m
地域区分	・A　・B　・C　・D ・S（大泉一丁目・中里地区・中里中央）		壁面後退距離	緩和する面・なし・1面・2面・3面・4面・全面		
要件	・角地　・建替え　・狭小宅地　・準狭小宅地			道路側	北　m　南　m	
	・特別事情（　）				東　m　西　m	
	・複合（　）（　）（　）			隣地側	北　m　南　m	
	・その他（　）				東　m　西　m	
	・緩和できる面・なし・1面・2面・3面・4面・全面		木材伐採	本（伐採　本・移植　本）		
			土地形質変更	切土　盛土		

※上記のみ記入願います。

現地調査

調査日：　／		調査員		申請書交付	／　地図P.　左　右
周辺状況	街区種別	・住宅　・商業　・住商混在		樹木移植	・良好　・普通　・悪い
	画地規模	・200㎡以上　・200～100㎡		壁面維持	・守られている　・守られていない
		・100㎡以下　・混在		風致維持	・良好　・普通　・悪い
	階層	・低層　・中層　・高層　・混在		その他	既存有、更地

・今回の計画は周辺環境と不調和に（・なる　・ならない）
・回答　（・計画通りとする。　・改善または修正を指導する。　・再計画を指導する。）
・緑化基準（Ⅰ　30%、Ⅱ　20%、Ⅲ　10%、その他　）

決定区分	課長	文書取扱主任	係長	係員	起案日	平成　年　月　日
課長					決定日	平成　年　月　日
					回答日	平成　年　月　日

●住宅性能表示

「住宅性能表示制度」は、住宅の性能を共通のものさしで客観的に示し、消費者が安心して住宅の取得ができるよう設けられた任意の制度である。評価項目は10項目あり（図2）、評価基準評価方法は「品確法」（住宅の品質確保の促進に関する法律）で定められている。

任意の制度ではあるが、取得しておくと税金が安くなったり保険料の割引がある。各種補助金の前提になるなどの様々なメリットがあるので、取得事例が増えている。この申請も確認申請前に行わなければならない。申請は民間の建築確認審査機関である。設計評価の審査に3週間程度要する。

表6　埋蔵文化財発掘の届

A1a様式

埋蔵文化財関連の工事計画受付票　　建築用（新築・増改築）

※太線内を全て記入（該当□にチェック）のうえ提出してください。
本票のみの提出の場合は、住宅地図等を添付してください。裏面は土木様式専用です。

建築等の概要	建築予定地	三鷹市　丁目　番　号（地番　－　）	
	面　積	敷地　㎡ ／ 建築面積　㎡ ／ □地下［室・駐車場］　㎡	
	新築工事	予定　平成　年　月　日～平成　年　月　日	□　未定
	既存建物等 解体・撤去	□無（更地）　□有　□建物以外あり［　］ 取り壊し予定／　年　月　日　地盤調査予定／　年　月　日	
	既存駐車場	□無　□有（□コンクリ敷　□砂利／厚さ［　mm］）／ 現利用者／□有　□無	
	種別 ※該当事項全てにﾁｪｯｸ	内容：□土地売買　□家屋売買　□家屋＋土地の売買　□道路位置指定 □用途変更　□開発行為　□中高層建物等　□戸建住宅 □ワンルームマンション　□他［　］	□未定
		建築：□新築　□増築・改築 □専用住宅　□共同住宅　□集合住宅（戸数）	□未定
基礎	深　度	GLからの基礎掘削平均深度［　mm］／ GLからの最深度［　mm］	□未定
	構　造	□布基礎　□べた基礎　□フーチング　□杭　□他［　］	□未定
	改良等	□地盤改良［　］　□杭補強　□鋼管杭　□他［　］	□未定
	支持層	□黒色土　□ローム層（赤土）　□礫層　□他［　］	□未定
造成	地　下	□無　□有　［□地下室　□駐車場］　□擁壁 ／ 掘削深度　mm	□未定
	地　上	切土　□無　□有［最大　mm］／ 盛土　□無　□有［最大　mm］	□未定
工事主体者	区　分	□公共等　□民間　□個人 ／ □施主自らの専用住宅　□売買賃貸　□併用	
	建築主	住　所　Tel	
	土地所有者	住　所　Tel	
担当等	来庁者氏名	会社名　Tel	
	連絡先氏名	会社名　Tel	
手続段階	開発行為・中高層建物等の場合	□事前調査　□事前協議申請　□未前	□適用外
	建築確認申請	□事前相談　□確認申請済　□確認済・完了　□計画中	□適用外
	申請先　□予定	□特定行政庁（市）　□民間機関［　］	□適用外
受付仮No.		－　／　年　月　日（　）／ □センター－□事務所 ／ 受付者	
受取状態		□全揃受取　□不足のため　（□追加提出　□別途郵送　□他［　］	
対象遺跡		□対象範囲内　□推定地域　□遺跡内［　群・遺跡・横穴墓］	
連絡事項		事務所FAX［　年　月　日］	
登録名称等	M　－	事前照会がある場合の地図番号 ／ 年度　No.［　］　□無	
	担当者［　］	回覧	

表7　設計評価申請添付図書一覧表

（い）欄		（ろ）欄	
図書の種類		明示すべき内容	
自己評価書		□評価項目毎の自己評価結果	
設計内容説明書		□自己評価の根拠となる設計内容	
設計図書	付近見取り図	□方位 □道路及び目標物となる地物	
	配置図	□縮尺　□方位 □敷地境界線　□敷地内における建物の位置 □申請に係る建築物の他の建築物との別 □設備配管に係る外部桝の位置　□延焼のおそれのある部分	維・火
	仕様書（仕上げ表を含む）	□部材の種別（該当する規格等を含む） □寸法及び取付方法	
	各階平面図	□縮尺　□方位　□間取　□各室の用途（特定寝室の位置） □壁及び筋かいの位置及び種類　□通し柱の位置 □開口部の位置及び構造 □延焼のおそれのある部分の外壁の構造 □居室・出入口・廊下及び階段の寸法 □階段の構造　□段差の位置及び寸法 □配管取出口及び縦管の位置 □設備・器材の種別・位置（感知器、点検口・掃除口・換気口・空調ダクト、手すり等）	高 構 火・熱・光・音・防 火 高 高 維 火・維・空・高
	二面以上の立面図	□縮尺　□小屋裏換気口の種別・寸法及び位置 □開口部の位置	劣 防
	断面図又は矩計図	□縮尺　□建築物の高さ　□基礎高さ　□床の高さ □軒及び庇の出、軒の高さ　□各階の天井高さ □外壁・屋根・天井・小屋裏・床・床下及び基礎の構造	劣 熱・空 構・火・劣・熱
	基礎伏図	□縮尺 □構造躯体の材料の種別及び寸法　□床下換気口の寸法	構・劣
	各階床伏図	□縮尺 □構造躯体の材料の種別及び寸法	構
	小屋伏図	□縮尺 □構造躯体の材料の種別及び寸法	構
	各部詳細図	□縮尺 □各部の材料の種別及び寸法	
	各種計算書	□構造計算その他計算を要する場合の計算の内容	構

構：構造の安定　火：火災時の安全　劣：劣化の軽減　維：維持管理への配慮　熱：温熱環境
空：空気環境　光：光・視環境　音：音環境　高：高齢者等への配慮　防：防犯

図2　住宅性の表示10項目

Advice

◉長期優良住宅

長期優良住宅は、建築基準法のような最低基準ではなく、「長期優良住宅の普及促進に関する法律」にもとづき良好な住宅の促進が目的である。

長期優良住宅では、次の4項目の措置が講じられていることが求められている。

1. 長期に使用するための構造及び設備を有していること。
2. 住居環境への配慮を行っていること。
3. 一定面積以上の住戸面積を有していること
4. 維持保全の方法を定めていること

その技術的基準は、住宅性能表示を準用している。長期優良住宅は、グレードが高くなり建設コストは増えるが、普及を図るため、金利優遇、減税、補助金などの優遇措置がとられている。

長期優良住宅の認定を受けるには、評価機関の技術審査を受け行政庁に認定申請を行う。

表8　長期優良住宅の認定基準（概要）

性能項目等	概要
劣化対策	○数世代にわたり住宅の構造躯体が使用できること。 ・通常想定される維持管理条件下で、構造躯体の使用継続期間が少なくとも100年程度となる措置。 [鉄筋コンクリート造] ・セメントに対する水の比率を低減するか、鉄筋に対するコンクリートの かぶりを厚くすること。 [木造] ・床下及び小屋裏の点検口を設置すること。 ・点検のため、床下空間の一定の高さを確保すること。
耐震性	○極めて稀に発生する地震に対し、継続利用のための改修の容易化を図るため、損傷のレベルの低減を図ること。 ・大規模地震力に対する変形を一定以下に抑制する措置を講じる。 [層間変形角による場合] ・大規模地震時の地上部分の各階の安全限界変形の当該階の高さに対する割合をそれぞれ1/100 以下（建築基準法レベルの場合は1/75 以下）とすること。 [地震に対する耐力による場合] ・建築基準法レベルの1.25倍の地震力に対して倒壊しないこと。 [免震建築物による場合]・住宅品確法に定める免震建築物であること。
維持管理・更新の容易性	○構造躯体に比べて耐用年数が短い内装・設備について、維持管理（清掃・点検・補修・更新）を容易に行うために必要な措置が講じられていること。 ・構造躯体等に影響を与えることなく、配管の維持管理を行うことができること ・更新時の工事が軽減される措置が講じられていること 等
可変性	○居住者のライフスタイルの変化等に応じて間取りの変更が可能な措置が講じられていること。 [共同住宅] ・将来の間取り変更に応じて、配管、配線のために必要な躯体天井高を確保すること。

性能項目等	概要
バリアフリー性	○将来のバリアフリー改修に対応できるよう共用廊下等に必要なスペースが確保されていること。 ・共用廊下の幅員、共用階段の幅員・勾配等、エレベーターの開口幅等 について必要なスペースを確保すること。
省エネルギー性	○必要な断熱性能等の省エネルギー性能が確保されていること。 ・省エネ法に規定する平成11年省エネルギー基準に適合すること。
居住環境	○良好な景観の形成その他の地域における居住環境の維持及び向上に配慮されたものであること。 ・地区計画、景観計画、条例によるまちなみ等の計画、建築協定、景観協定等の区域内にある場合には、これらの内容と調和が図られること。
住戸面積	○良好な居住水準を確保するために必要な規模を有すること。 [戸建て住宅]・75m^{2}以上（2人世帯の一般型誘導居住面積水準） [共同住宅]・55m^{2}以上（2人世帯の都市居住型誘導居住面積水準） ※少なくとも1の階の床面積が40m^{2}以上（階段部分を除く面積） ※戸建て住宅、共同住宅とも、地域の実情に応じて引上げ・引下げを可能とする。ただし、戸建て住宅 55m^2、共同住宅 40m^2（いずれも1人世帯 の誘導居住面積水準）を下限とする。
維持保全計画	○建築時から将来を見据えて、定期的な点検・補修等に関する計画が 策定されていること。 ・維持保全計画に記載すべき項目については、①構造耐力上主要な部 分、②雨水の浸入を防止する部分及び③給水・排水の設備について、点検の時期・内容を定めること。 ・少なくとも10年ごとに点検を実施すること。

（国土交通省）

完了検査は、なぜ義務化されたの？

Q「以前は、確認審査後に完了検査を受けていない建物があったということですが、完了検査は義務化されていなかったということでしょうか？　また、なぜ以前は完了検査がなくても大丈夫だったのでしょうか」

A この完了検査の義務づけは、建築基準法ができたときからありました。義務づけがあるにも関わらず、ある時期までは完了検査を受けなくても普通という状況だったということです。世の中の雰囲気は変わるもので、今みたいにコンプライアンス（法令順守）がそんなに厳しくない時期がありました。公共建築物や大勢の人が利用するような建物に関しては、保健所の検査をはじめとしたいろいろな検査がありましたが、住宅に関してはほとんど受けなくてもいい雰囲気がありました。たとえば今から40年くらい前、僕がはじめて実務を経験したときに、住宅金融公庫という公的なお金を借りる物件を担当したのですが、当時中間検査は義務づけられていたため、中間検査を受け、検査済証をもらうために役所へ完了検査の手続きに行きました。そのときに、「君、住宅金融公庫は中間検査まででいいんだよ、申請しなくていいんだよ」と言われました（笑）。完了検査を受けるには審査料もいるし、検査済証をもらったところで、お客様にとって何のメリットもなかったわけです。

このように、建築基準法の規定や運用はしばしば変化していますので、君たちが1級建築士や2級建築士をとると、最新の情報を持つために数年ごとに定期講習を受けなくてはなりません。

保険の適用範囲はどうなってるの？

Q「瑕疵担保保険が適用される範囲についての質問です。建物が雨漏りや傾いていた場合は、瑕疵担保保険が適用されるということですが、これは手すりや階段の欠陥にも適用されるのでしょうか？　また、それが原因で入居者がけがを負った場合、治療費はおりるのでしょうか」

A 建築の保険にはいろいろな種類があります。まず、瑕疵担保保険は最低基準の保険で、構造の安全や雨漏りといった欠陥住宅を防ぐための保険です。これは、強制保険になっています。車の免許を取れば、自賠責保険に入らなければいけないのと同じことです。また、車にも任意で入る保険があり、たとえば自分で賠償金額が選べるなどの段階があるように、建築の保険にも段階があります。瑕疵担保保険に関しては、基本的なところしかカバーせず、手すりについては対象外です。それでは設計ミスで事故を起こしてしまった場合や、工事管理が悪くて事故が起こってしまった場合は保障されないことになります。そのため、設計者も工務店も任意保険に必ず入ります。どこまで保険をかけていたかによって、下りる範囲が違います。たとえば手すりのように、基準法を守っているのにもかかわらず、何らかのミスで事故が起こってしまったとき。昔であれば、それは基準法を守っているのだから関係ないよ、と言えば済んでしまいましたが、今はそれでは済みません。たとえばアメリカでは日本よりも訴訟社会化がずっと進んでいて、僕が留学時代に経験したことですが、雨の日に滑って転んだ人がいて、築十数年経っているのにもかかわらず、滑りやすい床材を選んだということでその設計事務所が訴えられたことがありました。日本でも、今後どんどん訴訟社会へ向かっていくと思われるので、保険にも入らざるを得なくなるといえます。事故率が高くなれば、それによって設計事務所や工務店がたちゆかなくなることも起こります。たとえば保育所でも、子どもがけがをしたり亡くなると、何億円という莫大な補償を求められることもあります。保育所はそのための保険に入ることになりますが、その保険に入れず地域の保育所がなくなる、といったことが現実に起こっています。

Q「審査を受けて不適合の場合、確認済証の交付を受けるまで、何度も修正をし直すことはあるのでしょうか? もし、確認済証の交付が予定よりも遅くなってしまった場合、工事着工の日にちがずれることはあるのでしょうか」

A 当然あります。はじめてのケースだと審査機関もどう判断していいかわからないこともあるわけです。その間に何度も協議をしながら、法律的な根拠にもとづいて最終決定を下す時間が必要になり、当然時間はかかります。そういった建物は「これは単純にはいかないな」と前もってわかるので、そういう時間を確保しておくことになるわけです。

プロセス7 工事監理

❶工事監理と工程管理

施工段階で設計監理者が行う業務が工事監理である。同じ読みの似た用語の「かんり」には、監理（さらかん）と管理（たけかん）とがある（表1）。

一般によく使われている「管理」は、「基準から外れないように全体を統制する」という意味で、ビルの管理人や、会社の管理職、マンションの管理費などといった場合に使われる。それに対して「監理」は、「取り締まる、指示する」という強い意味になる。スポーツの監督や監獄は、こちらの「監」である。

工事監理は、施工が設計図書通りにできているかチェック（監理）したり、現場指示を出す役割の仕事だ。資材が乏しかったころには、業者が現場をごまかしたり手抜きしたりすることもあった。意図的ではないにしても、現場のミスは起こり得る。工事が進んでしまうと確認ができなかったり、やり直しがきかない工事もある。長い間、人の命と財産を守ることが建築の使命なのであるから、ミスを見過ごさないように監理しなければならない。

工事請負契約書には、必ず竣工引き渡し日が、明示されている。工事監理者として、工程を「監理」をするために大切なのが工程表だ。工程表は施工者が作成する。工期は適正か、天候に左右される工事の予備日はあるか、各業種間の段取りに問題はないか、資材の発注日なども設計監理者がチェックする。ゆとりを持ちすぎた工程では、工期や工事費などに無駄が出る。着工前と工事の段階毎に進捗状況を確認する。工事の遅れが出てしまった場合は、どうやって取り戻すか、状況に応じて工程表を修正し、良好な仕上がりを確保しつつ工期を守れるよう施工者と調整する。

表1　監理と管理

監理 （さらかん）	取り締まる、指示する 監督、監獄、現場監理
管理 （たけかん）	基準から外れないよう全体を統制する 管理人、管理費、管理職

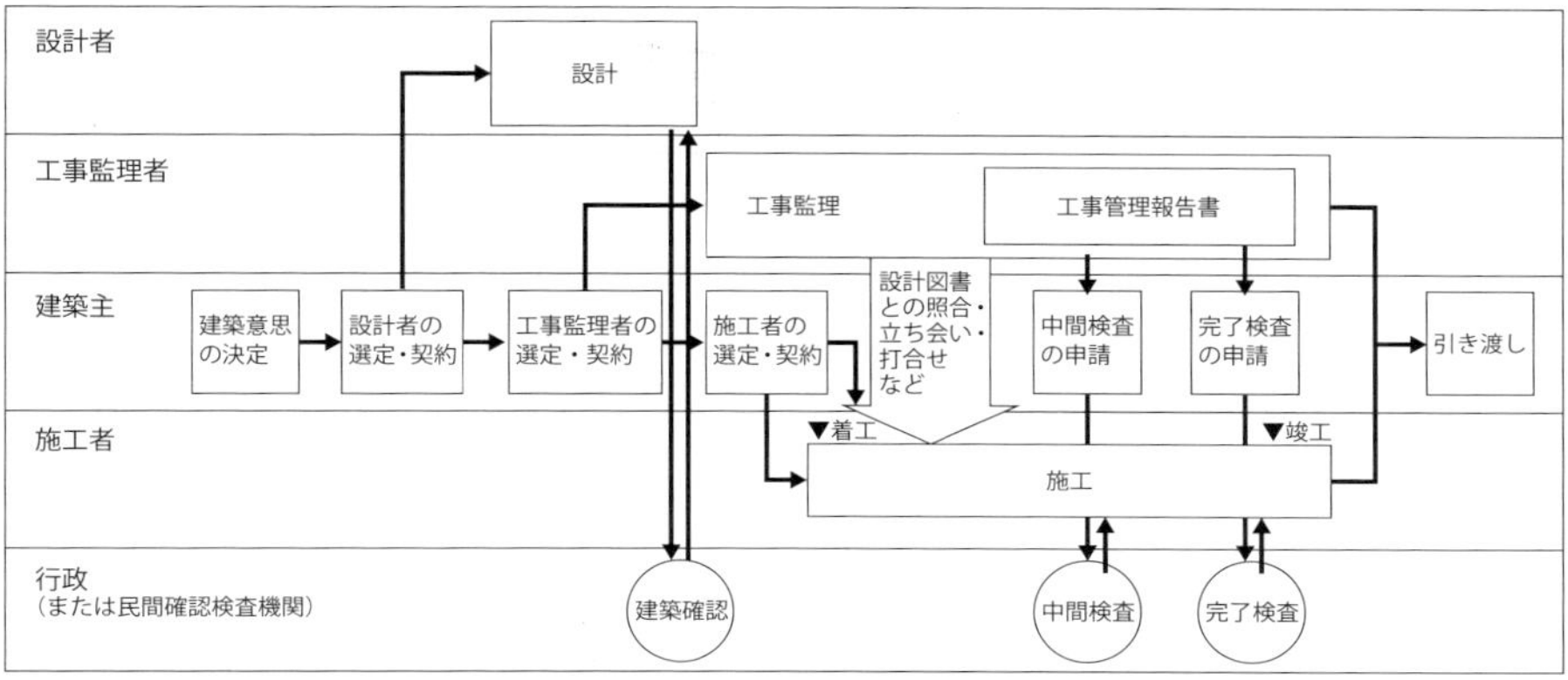

図1　住まいづくりの流れ

表2　工程表

工　程　表

○○○○ 新築工事　　着工 平成 年 月 日　竣工 平成 年 月 日

工事期間 / 工事種別	10月 1～10	10月 11～20	10月 21～31	11月 1～10	11月 11～20	11月 21～30	12月 1～10	12月 11～20	12月 21～31
	○○邸新築工事　工程表								
検査等	墨出し確認 配筋検査		上棟 中間検査	断熱検査		足場解体前検査		業者検査 業者是正工事	社内検査 完了検査 是正工事
1 仮設工事	柱状改良	先行足場				外部足場撤去			
2 基礎工事	遣方地形捨コン	耐圧 立上り 整地	実働10～12 造作加工 軒天	破風工事	軽天材工事4日				
3 木工事		上棟20日 建方後外部塞ぎ3日	胴ぶちラス下10日	床張り 階段工事	ボード張り	ベランダ木部1日	玄関 ウッドデッキ板塀関係5日		
4 屋根工事			屋根板金OM板金	下屋根4日		雨樋工事1日			
5 防水工事				サッシ防水					
6 外装工事			見切水切関係2日	金属サイディング工事施工5日					
7 金属工事			庇 ベランダ金物取付け				玄関金物セット		
8 左官工事			ラス張り	モルタル下塗 養生5日 モルタル仕上	養生5日	ジョリパット仕上2日	階段玄関土間仕上げ3日		
9 建具工事		上棟2日目サッシ搬入			木縦寸法 建具吊込み3日				
10 塗装工事				外部仕上(外部木部関係)2日		家具 建具塗装			
11 内装工事				浴室板張2日	キッチン取付け	内装紙張り5日			
12 家具工事	減震材料搬入 キッチン発注				家具材搬入 家具工事5日				
13 雑工事	減震工事 シート張り	ユニット搬入 建方2日目	ユニット施工	床板搬入 階段材 軽天材	ボード関係		方付クリーニング2日		
14 電気工事		床下配線1日	1F内部2日	2F内部2日		外部換気関係1日	仕上げ3日	電気引込み	
15 給排水衛生工事		ユニット施工床下配管	1F2F内部2日			外構設備3日	仕上げ2日		
16 空調工事									
17 外構工事			屋根ダクト 硝子工事 HD取付			階段 土留め	車庫工事8日	植栽工事3日	
18 OM工事									

特記事項

作成 平成 年 月 日　担当印

完工目標　着工 2ヶ月半 オプション別計算

❷木造住宅の工事の流れ

●地鎮祭

地鎮祭は、工事を着工するにあたり土地の神を祭り、工事の安全を祈願する儀式である。神式で行うことが多いが、必ずやらなければならない行事ではない。建築主の意向を確認しておこう。建築主とその家族、設計監理者、施工者が参加する（写1）。

●工事着工

現場で最初に行うのが、遣り方とよばれる建物の位置と高さを決める作業だ（写2）。配置図と基礎伏図を元に現地で設定する。敷地の大きさ、敷地内外の高低差を確認し、設計図書通り収まるかを確認する。敷地境界線までの距離と道路から玄関までの高さは、シビアにチェックしよう。狭小敷地の場合で事前確認が不十分だったため、軒先が隣地に出てしまったなどの笑えない事例もある。事前の地盤調査で、地盤補強が求められていれば、基礎工事前に済ませておく。木造住宅で採用される地盤補強には、表層改良、柱状改良、鋼管杭などがある。自沈層の状態や施工車両が入れるかなど敷地周囲の状況などを判断して適切な工法を選ぶ。

●基礎工事

位置と高さが決まれば、基礎工事だ。所定基礎の深さに地面を掘り採石などで突き固め、防湿シートを敷設して配筋をする（写4）。鉄筋はコンクリート打設後では、修正できないので、配筋検査をする。配筋検査は、工事監理者だけでなく、木

写1　地鎮祭

写2　遣り方

写3　根切り

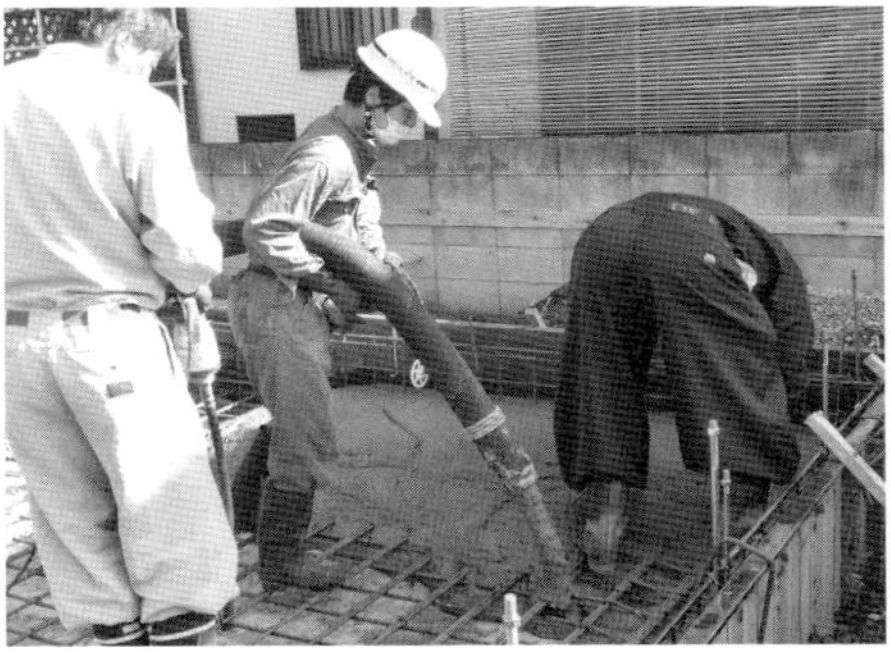

写6　コンクリート打設

写4　防湿シート敷設

写7　左官職人によるコテならし

写5　配筋

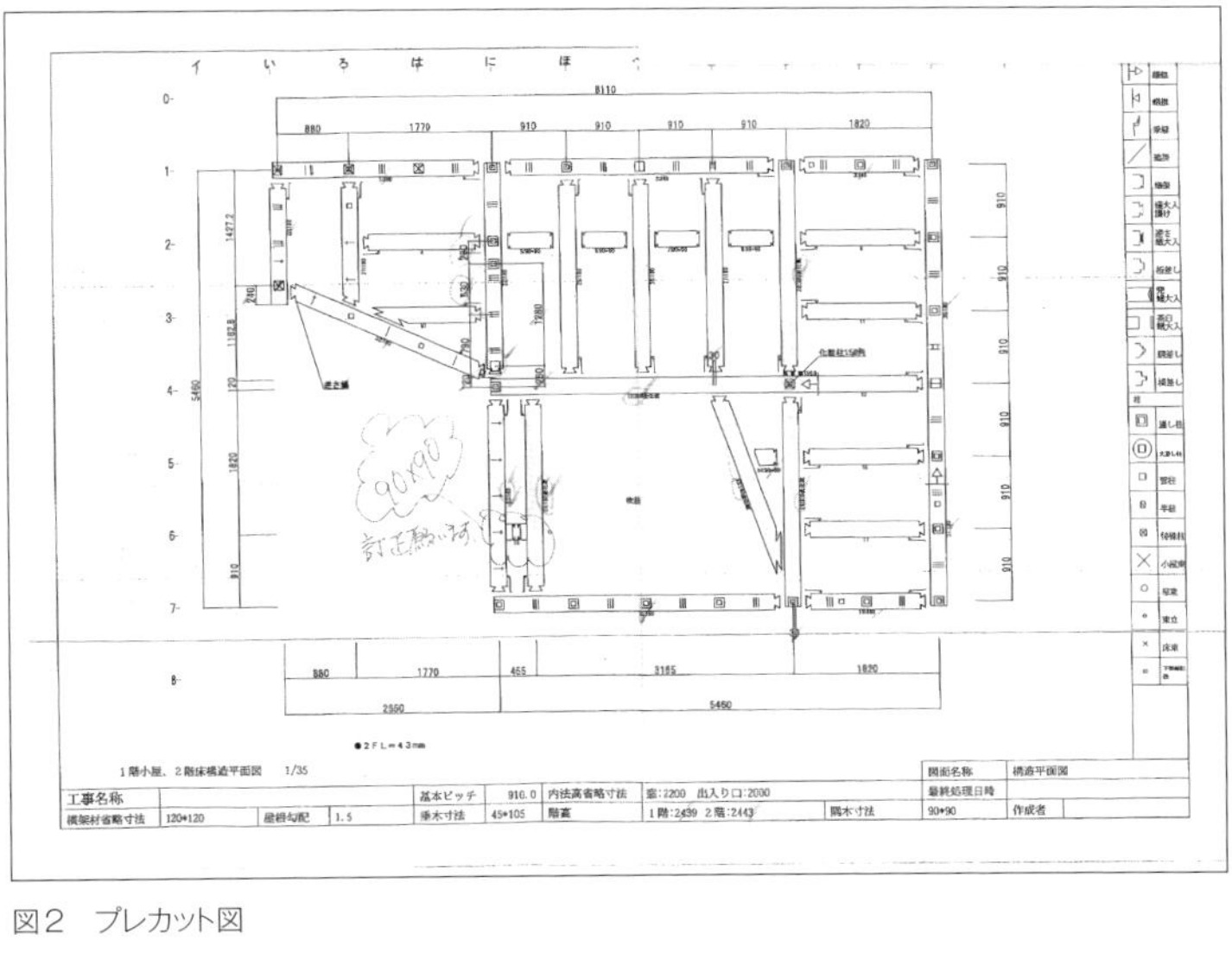

図2　プレカット図

造3階建ての場合は、建築基準法、瑕疵担保保険、さらに性能評価を取得する場合はその検査もある。鉄筋のサイズ、ピッチ、かぶり厚さ、定着長さをチェ

写8

写9

写10

写11

写12

写13

写8～写13　上棟

ツクする。コンクリートの打設は一発勝負である（写6）。天候にも左右されるので天気予報は要チェックだ。

●軸組工事（プレカット図チェックと上棟）

木造在来工法では、構造材の接合部を事前に加工しておき、現場で一気に組み立てる。構造材の加工を刻みといい、接合部の形を仕口や継ぎ手という。刻みには、工場で機械が自動的に加工するプレカットと大工が下小屋で手加工する手刻みの方法がある。近年はプレカットが主流である。どのような形状に加工するか、寸法や納まりを機械に指示するのがプレカット図だ（図2）。伏図を元にプレカット工場のオペレーターが作図し、設計監理者がチェックする。

●上棟

上棟は、建て方ともいう。工事中でもっとも華々しい段階である。土台は事前に基礎に据え付けておき外周部に足場をかけておく。上棟の日は、柱を立てレッカーで梁などの部材をつり上げて、棟木まで一気に組み立てる。柱の垂直を確認し（歪み直し）仕口や継ぎ手の金物を取り付ける。建物の形がみるみるうちに現れる。骨組みは、かっこよく見えるものだ。棟が上がると上棟式を行う。上棟式はお祝いと工事の安全を祈願する行事であるだけでなく、工事にかかわる職人たちへ感謝を伝える機会でもある。

●屋根外装工事

上棟後は、屋根を葺き、サッシュを取り付ける（写14～16）。速やかに雨仕舞いができるよう外部の工事を進める。雨漏りは重大な瑕疵にあたる。保障期間は10年である。普通の雨では漏らなくても、台風のように強風を伴うと思わぬところから雨漏りすることがある。サッシュ回り、バルコニー、庇のない外壁の換気扇などの外壁貫通部はとくに注意する。コーキングは紫外線で劣化する。万一雨が侵入しても、構造材や断熱材にしみ込まない納まりが重要だ。

写14　屋根葺き工事

写15　外装工事

写16　サッシュ工事

写17　袋入りグラスウールの施工

写18　セルロースファイバーの施工

Advice

◉断熱工法　充填断熱と外張り断熱

断熱材の入れ方には、充填断熱と外張断熱の方法がある。充填断熱は、外壁と内壁の間に断熱材を詰め込む方法で、厚みを確保しやすいが、柱梁の部分は断熱材で覆われないので断熱欠損となる。外張り断熱は、外周部をすっぽり断熱材で覆うので、断熱欠損は少ないが、断熱材の厚みを確保しにくい。コストも割高である。

●断熱工事

住宅の断熱レベルは、年々向上している。重要なのは、どの断熱材でも隙間なくきっちりと施工すること。内外装材を取り付けてからでは修正できない。ちょっとした隙間も断熱欠損となり、結露や汚れの原因となる。筋交いや配管配線などがあると断熱材を施工しにくいので特に注意する。寒冷地やより高性能な断熱気密が必要な場合は、室内側に気密シートを貼る。

●設備工事

住宅に設備は欠かせない。比較的寿命の短い部位であり、長い間にはトラブルも起こる。いずれもっと便利な設備も市場に出回るだろう。点検口を設け更新しやすくしておくことが、家の寿命を長くすることにつながる。

給排水管はヘッダー方式が一般的になってきている。配管の長さは増えるが、水漏れ事故が起きやすいジョイントが簡単確実に施工できる。

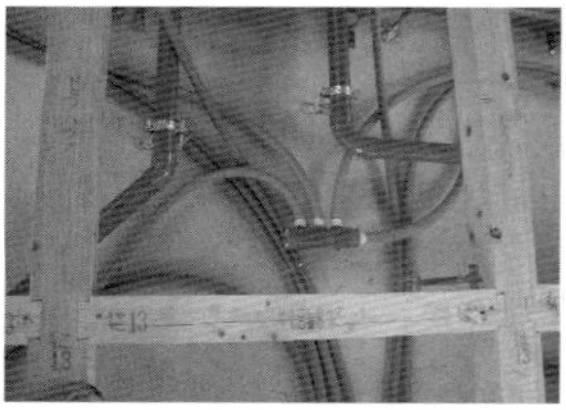

写19
床下の給配水管

写20
配管工事

写21
配線工事

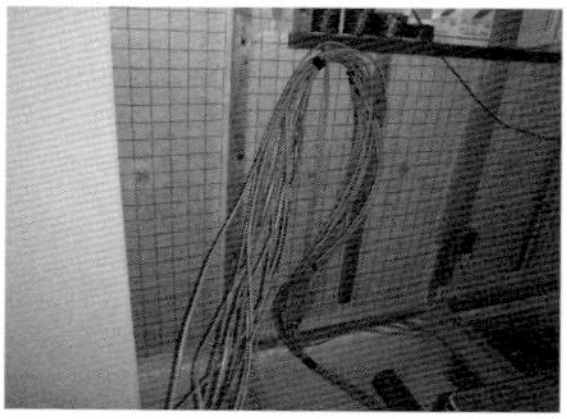

写22
配線工事

●配線工事

配線工事よりも断熱工事を先行すると配線工事による断熱欠損が起きにくい。

サッシュが取り付き、断熱材が充填され、配線配管の次は、床・壁・天井の内装工事となる。床のフローリング施工の後も工事は続くので、汚したり傷つけないように養生はしっかり行う。階段やドア枠を取り付け、壁をつくる準備をする。壁は、仕上げがクロス張りか、左官か板張りか仕上げによって下地のつくりかたが異なる。造り付け家具もこの段階で取り付ける。

仕上げの種類や納まりによっては、工事の手順が入れ替わることもある。各職人がまとめて工事ができると仕上がりもよく能率のよい工事ができる。左官工事や塗装工事は、他の職種と重なると工事しにくい。乾燥に要する工程も必要になる。発注から現場に納入されるまで日数のかかる品物もあるので、資材の発注も大切な段取りだ。資材を発注や職人の手配は、施工会社の現場監督の仕事である。現場監督の経験と技量も仕上がりに影響する。

写24　造作家具の完成

写23　大工による造作家具の工事

●設備器具取り付け、清掃

便器や照明器具など設備機器が取り付けば内部の工事は最終段階。養生をはがし畳や絨毯を敷き込む。クリーニングが終われば完成だ。電力会社、水道局、ガス会社へインフラの接続を申請する。

●外構工事

カーポート、テラス、塀などの外構工事は天候に左右されやすい。外部足場が外れてからの工事となるので工程はゆとりをもっておく。隣地との境界に建てる塀は、施工上隣地に立ち入ることもあり得るので、必ず隣家の了解を取っておくなど配慮が必要だ。敷地に大きな高低差があったり、擁壁が必要になる場合は後工事ではなく、基礎工事と一緒に施工するほうがよい場合もある。

緑が植わると外観は一変する。「失敗を料理人はソース、建築家は緑、医者は土で覆う」と言うことわざがあるくらい、建築にとって緑は重要だ。植物は生長するので、最初から植え過ぎないことがコツだ。

写26　植栽の工事

写25　造園工事

樹種の選択や枝振りは、大きなデザイン要素である。

❸竣工・引渡し

●竣工検査・完了検査

竣工検査には、施工会社の社内検査、設計監理者による検査、建築主の検査がある。構造や配管など隠蔽されてしまう部分は、工事中にチェックしてあるので、竣工検査はほとんど仕上げ検査となる。キズ汚れ、建具の動きなどをチェックする。設備の試運転も行う。不具合がまったくないことはまずない。チェックリストを作成し補修方法、工事予定日を施工者と協議し、補修後仕上がりを再確認する。このほかに行政などの建築基準法、瑕疵担保責任保険、住宅性能評価などの完了検査を受けなければならない。完了検査は、出来の善し悪しではなく、違反していないかどうかの確認である。設計監理者は施工者と共に検査に立ち会う。

●引渡し

建築主への引渡しでは、まず鍵を渡す。また、住宅には、いろいろな設備機器が付いているが、その取扱いを説明する。設備業者や設備メーカーの担当者が、建築主に直接、使い方の説明をすることが多い。たとえば、オーブンや雨戸、電動シャッター、さらに建築主に渡す書類には「引渡し証明書」がある。これは工事を請け負った人が、引き渡したことを証明するもので、建物を登記するときに必要となる。加えて、「建築確認書」や検査済証、いろいろな保証書などを全部用意して、ファイルにまとめて渡す。

設計事務所では、「竣工図」を用意する。途中で設計変更や、必ずしも計画通りでなかったこともあり得るし、途中段階で図面を描き足す場合もあるので、そういったものをひと通り準備して渡す。10年、20年、30年経った後、大きなリフォームや、メンテナンスの際に、この図面がある

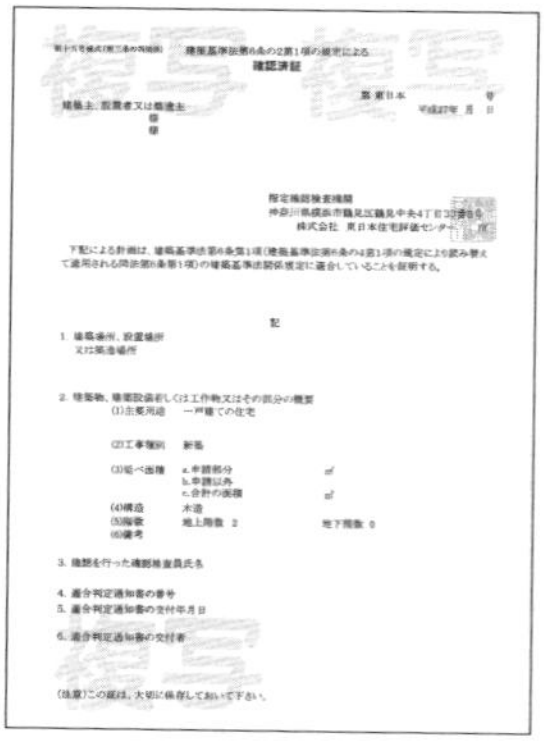
確認済証

記

(1)主要用途　一戸建ての住宅

(2)工事種別　新築

(4)構造　木造

(5)階数　地上階数 2　地下階数 0

(注意)この証は、大切に保存しておいて下さい。

図3　検査済証

表3　引渡しとは

- 鍵の受け渡し
- 使用説明…設備機器等の取り扱い説明
- 必要な書類…引渡し証明書、建築確認書、検査済証、各種保証書、竣工図、工事写真

登記

司法書士

火災保険加入

のとないのとでは、大きな違いが出る。さらに、監理者は途中でチェックした際の写真を整理して渡す。

これらが終わると、司法書士に頼み登記を行う。また、引き渡す前までは、工事中の保険に工務店、施工者が入っていたが、この日を境に建築主自らの保険に切り替わる。

❹メンテナンスとリノベーション

現在の日本の住宅の寿命は、諸外国と比べてかなり短い。戦後の日本は30年程度で住宅を建て替えてきた（30頁・図10）。これにはそれなりの理由はあったのだが、今後は経済的な事情と環境的な問題から、住宅の超寿命化が求められている。

設備は住宅の中でとくに寿命が短い部位だ。ボイラーは15年程度、配管も30年程度だ。設備機器の進化はますます進み、もっと便利なものが出回ることになるだろ

表４　既往調査研究等による木造住宅の耐用年数（国土交通省、2013）

研究成果、建物評価手法等		概　要	20年 30年 40年 50年 60年 70年 80年 90年 100年
躯体に係る耐用年数	住宅性能評価制度による劣化対策等級及び長期優良住宅認定制度	新築住宅の劣化対策等級２及び３の構造躯体の耐用期間及び長期優良住宅認定制度における耐用期間の目安	２世代以上（50～60年）劣化対策等級２（フラット35基準程度）／３世代以上（75～90年）劣化対策等級３／100年超 長期優良住宅認定
	戸建住宅価格査定マニュアルによる躯体の耐用年数	不動産流通近代化センターが宅建業者向けに提供している戸建住宅の査定システム、躯体の仕様に応じて耐用年数を選択適用	下位仕様 30年／標準仕様 40年／上位仕様 50年
	スムストック査定方式による躯体の耐用年数	優良ストック住宅推進協議会加盟の住宅メーカーが主に自社が建設している物件を中心に評価する際の躯体の耐用年数	50年
＜参考＞建物の平均寿命	家屋の平均寿命に係る調査研究	固定資産台帳の滅失データから求めた「木造専用住宅」の平均寿命（残存率50%となる期間）（早稲田大学小松教授の論文より）	48年（1983年調査）→ 64年（2011年調査）
建物全体の耐用年数	損失補償基準に係る耐用年数	公共用地に伴う損失補償基準に係る建物補償額算定に係る耐用年数。公庫建築程度を基準に建物グレードに応じて５つの等級区分がなされている	20年 応急住宅程度／35年 公営住宅程度／48年 公庫建築程度／60年 上等建築／70年 極上建物

う。住まい方の変化とともに設備の更新は必ず必要になる。

設備に対して、基礎や木構造はずっと長持ちする。外壁や屋根は、風雨にさらされ必ず傷み、ドアやサッシュなど動く部位は消耗する。かけたコストによっても寿命は違う。部位の寿命に合わせてメンテナンスを行い、その時々の住まい方の変化に応じた住まいの変更を行うことが、住宅を快適に使い続けるため必要なのだ。つくりっぱなしでは長寿命は実現できない。

一方、物理的に長持ちするだけでは、家族の成長や社会的変化についていけず、数十年後には、陳腐化した住宅になってしまうこともあるだろう。耐久性だけでなく耐用性が重要になる。子どもが小さいうちは親と一緒の部屋で寝る。思春期になれば独立した部屋が必要になり、いずれ独立して家から出て行くかもしれない。年をとれば2階に上がるのが苦痛になり、1階だけで暮らせる間取りが住みやすい。次は世代交代が起こるだろう。

すべてを新築時に準備しておくことは、

表5　基礎・躯体以外の部位の期待耐用年数（交換等の周期）の目安（国土交通省、2013）

区分		内容	交換周期の目安	10年　20年　30年　40年　50年　60年
外部仕上等	屋根材（防水下地含む）	陶器瓦葺き	25～50年	
		化粧スレート葺き	20～40年	
		鋼板葺き 20～40年	20～40年	
	外壁材等（防水下地含む）	サイディング（窯業系）	20～40年	
		モルタル壁 20～40年	20～40年	
		外部建具	20～40年	
内部仕上等		内部建具	15～25年	
		内部仕上	15～25年	
設備等		台所	15～25年	
		浴室設備	15～25年	
		洗面化粧台	15～25年	
		給排水、給湯設備	15～25年	
		照明設備、電気設備	15～25年	

不可能だし無駄が多くなる。これからの住宅は、いずれ行われなければならないリノベーションに備えておくことが大切だ。現在の機能に合わせた間取りは、次の時代の使い方に合わなくなるだろう。設備や機能を変更しやすくつくっておくことが、短期に建替えを繰り返すのではなく、長寿命住宅を実現することにつながるだろう。経済的にもメリットが大きい。

日本の人口は、今後減少してゆく。すでに建っている既存住宅が余る時代になっている。今後、既存住宅の耐震性能と断熱性能の向上も求められるだろう。プレート境界型の大地震の発生が遠くないといわれている。省エネや健康上の観点から住宅の断熱性向上は重要課題となっている。住宅の質が問われる時代となっているのだ。

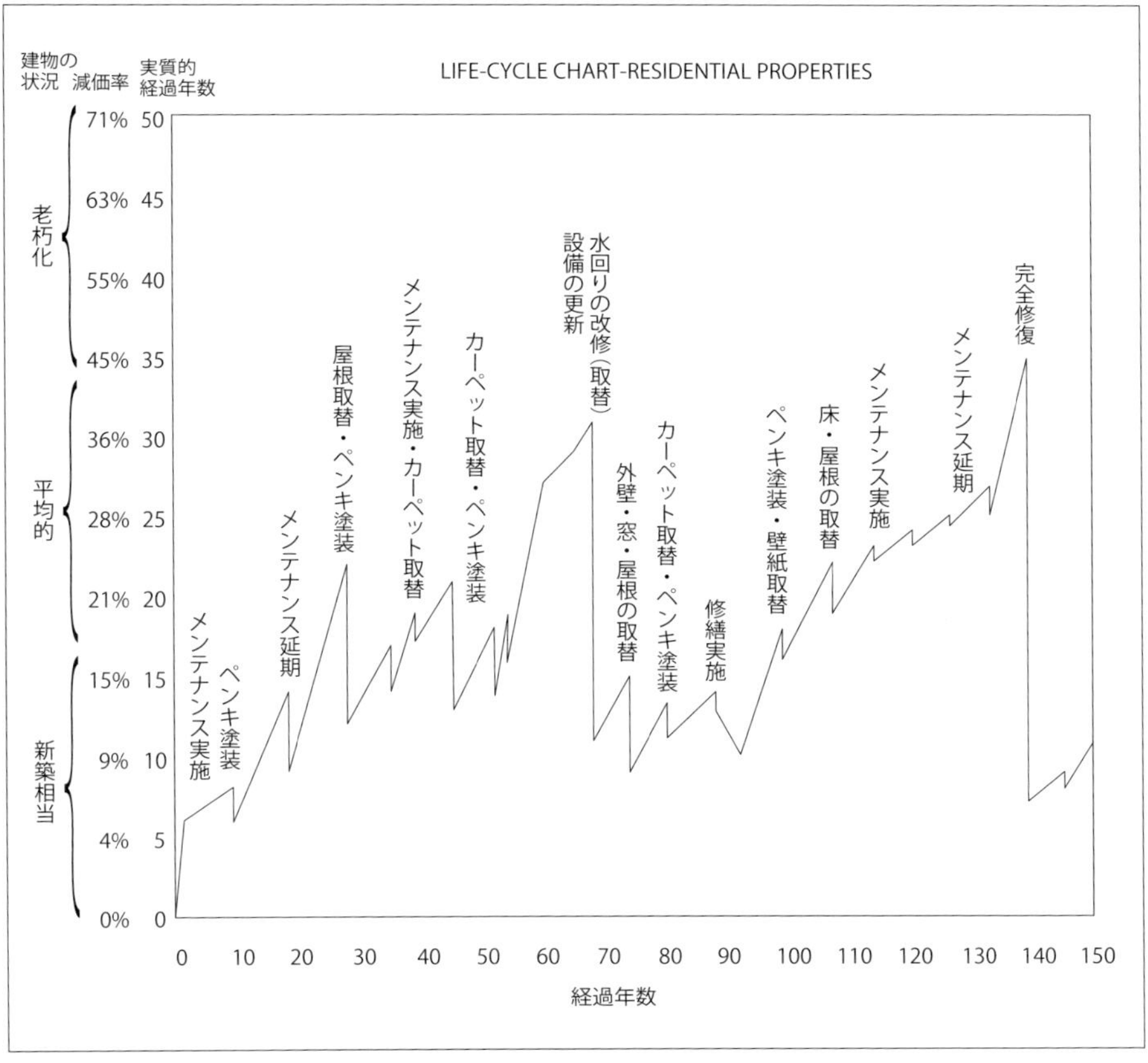

図4　アメリカの住宅のメンテナンスと価格の推移（国土交通省、2013）

人件費の抑制は職人の待遇悪化につながりませんか？

Q「安くてよいものをつくるには、材料をよいものにして手間賃を安くするということですが、それでは職人さんの待遇が悪くなると思います。これはどうしようもないことなのでしょうか？　今後、組立てすら機械化する可能性もあると思いますが」

A手間賃を安くする、ということに誤解があったみたいですね。費用を安くするためには、当然いいものを安く仕入れる必要があるわけです。言いたいことはそういうことではなく、人件費が上がってきているために、作業費は年々上がってきていることです。人件費を下げるというのは、賃金を下げるという意味ではまったくありません。賃金を下げるのではなく、作業時間を減らすことによって、作業費を安くできるわけですよね。つまり、いかに工事時間を減らすか、ということです。とくにこれから、熟練作業員や腕のいい作業者が非常に必要になってくるので、そのためには技術のある人に高いお金を払う必要があり、そうなると無駄な作業をしなくて済むようにするために、工程監理が必要になります。今後はむしろ、大工さんや有能な職人さんの賃金は上がっていくと思います。

新人が現場監理をするのは荷が重すぎませんか？

Q「多くの学生は、現場監理を敬遠すると思います。現場では指示する立場であるため、立場が弱くなるイメージがあります。ましてや、自分の年齢が若く、大工は年上ばかりという状況は、かなりストレスがたまるのではないでしょうか」

A新人はどんな職に就いてもストレスがたまるものだと思います。ゼネコンに入って現場配属になる人もいるだろうし、設計事務所で自分が担当した現場監理になることもあると思います。最初はみんなわからないことばかりなので、先輩が教えてくれたり、あるいは職人さんが親切に教えてくれます。一生懸命真面目にやっていれば、たいへんなことは一般的な意味で同じですが、建築の現場だからとくに大変ということはないと思います。

偏屈で怖い職人さんもいますけど、でもそれは、かえって楽しいものですよ。そういうことで、訓練されていくわけです。

工程が進んでから間違いが見つかったらどうする？

Q「プレカット図は、実施設計の段階で既に作成しているものなのでしょうか？ また、仮に工程が進んでから間違いに気がついた場合、どのような対応を行うのでしょうか。たとえば、かぶり厚を間違えてコンクリートを流してしまった場合などです」

A 基本的にプレカット図は、施工者側が施工するために実施設計図に基づいて、施工段階でつくるものです。設計事務所が描くものではありません。設計事務所は、プレカット業者が作製したものを監理者としてチェックします。

また、工事に不具合が出た場合については、基本的な大きな間違いがあれば、壊してつくり直します。壊せないようなものは、きちんと現場監理しなければいけないということです。とくにかぶり厚というのは基本中の基本なので、配筋検査があり、不具合はコンクリート打設前に手直しします。後で気がついてしまった場合は、手直しできるものであれば手直しするし、できないものであれば何らかの補強をすることになります。できあがった後に見つかってトラブルになるとこじれてしまいますので、工事中に気がついた段階で直す、というのが原則です。

資料編◎実施設計の実際

実際に建った小住宅の建築図書を紹介する。

◉神沢の家

○基本計画

4間×3間の小住宅。大きな開口部と吹抜けの組合せで広がりと日当たりを確保。

○戸外の活用

ウッドデッキ、バルコニー、吹抜けが相互につながり、小敷地で四季折々の戸外生活が可能。

○住性能

高い耐震性と省エネ性の確保。

耐震強度：建築基準法の1.5倍以上。住宅性能表示性能3等級（最上級）。

温熱性能：住宅性能表示、省エネルギー対策4等級（最上級）。

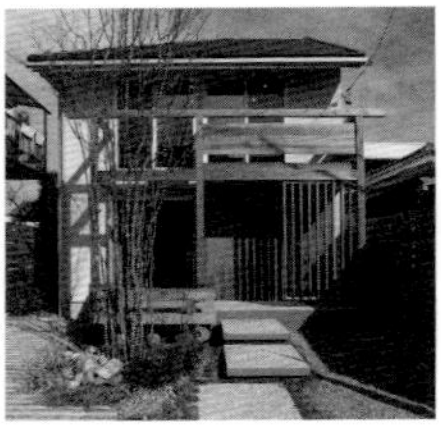

外観

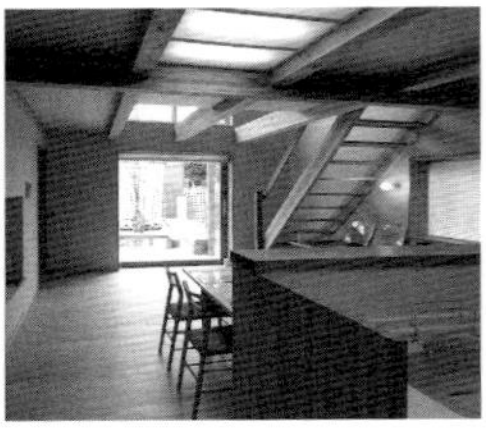

内観

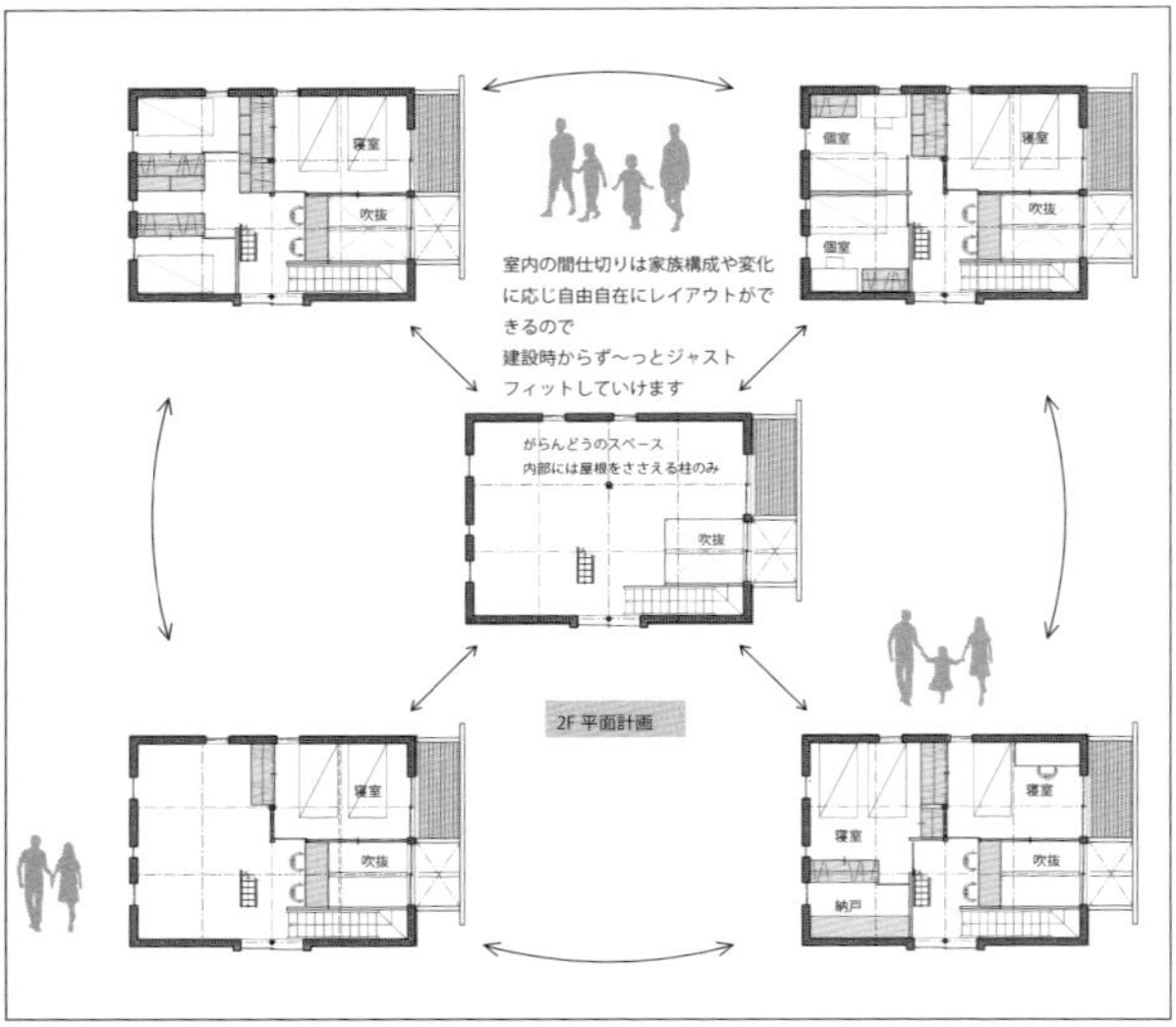

コンセプト図

【掲載図書】

1 概要書・特記仕様書
2 仕上表
3 配置図、1階平面図
4 2階、小屋裏平面図
5 立面図
6 矩計図
7 基礎伏図、基礎断面詳細図
8 土台伏図、2階床伏図
9 2階小屋伏図、屋根パネル伏図
10 展開図 玄関、LDK
11 水廻り平面詳細図
12 展開図 浴室、洗面所、便所
13 展開図 2階、小屋裏収納
14 階段詳細図
15 バルコニー詳細図
16 木製建具表
17 1階給排水管設備図、設備リスト
18 1階電灯コンセントレイアウト図
19 2階、小屋裏電灯コンセント図
20 照明器具リスト
21 1階床下エアコン暖房計画図
22 LDK南面開口部詳細図
23 出窓詳細図
24 枠詳細図
25 LDK天井照明詳細図
26 家具図F1 下足入
27 家具図F2 TV台、便所収納
28 家具図F3 机、カウンター、床下エアコン納まり
29 家具図F4 キッチン背面カウンター収納
30 家具図F5 キッチンカウンター収納、吊戸棚
31 家具図F6 食器棚
32 家具図F7 洗面所 網かご 収納
33 家具図F8 洗面カウンター
34 家具図F10 ホール机
35 外構図

1. 工事名称

工事名称	神沢の家　新築工事	建築主	
建設地 （地名地番）		住所	〒
主要用途	一戸建専用住宅	工期	
工事種別	新築		

2. 敷地状況

用途地域	第一種住居専用地域	日影制限	測定面　m
建ぺい率	50%		敷地境界線より5mを超え10m以内の範囲　時間
容積率	150%		敷地境界線より10mを超える範囲　時間
防火地域	指定なし、22条区域		

3. 構造・規模

構造	木造在来軸組み工法	階数	2階建		
基礎形式	ベタ基礎	面積	1階床面積	39.74㎡	12坪
			2階床面積	39.74㎡	12坪（吹抜込）
敷地面積	107.44㎡				
			延べ面積	79.48㎡	24坪
			小屋裏収納	9.93㎡	3坪

4. 別途工事

5. 図面リスト

1	概要書・特記仕様書		
2	仕上表		
3	配置図、1階平面図		S=1/50
4	2階、小屋裏平面図		S=1/50
5	立面図		S=1/100
6	矩計図		S=1/30
7	基礎伏図・基礎断面詳細図		S=1/50、S=1/20
8	土台伏図,2階床伏図		S=1/50
9	2階小屋伏図、屋根パネル伏図		S=1/50
10	展開図　玄関 LDK		S=1/50
11	水廻り平面詳細図		S=1/20
12	展開図　浴室・洗面所・便所		S=1/50、S=1/5
13	展開図　2階、小屋裏収納		S=1/50
14	階段詳細図		S=1/30、S=1/5
15	バルコニー詳細図		S=1/30
16	木製建具表		S=1/50
17	1階給排水管設備図,設備リスト		S=1/50
18	1階電灯コンセントレイアウト図		S=1/50
19	2階、小屋裏電灯コンセントレイアウト図		S=1/50
20	照明器具リスト		
21	1階床下エアコン暖房計画図		S=1/50
22	部分詳細図	LDK南面開口部(M窓)　詳細図	S=1/5
23		出窓　詳細図	S=1/5
24		枠詳細図	S=1/5
25		LDK　天井照明	S=1/5、S=1/20
26	家具図	F1　下足入	S=1/10
27		F2　TV台、便所収納	S=1/10
28		F3　机、カウンター、床下エアコン納まり	S=1/10
29		F4　キッチン背面カウンター収納	S=1/10
30		F5　キッチンカウンター収納、吊戸棚	S=1/10
31		F6　食器棚	S=1/10
32		F7　洗面所　網かご収納	S=1/10
33		F8　洗面カウンター	S=1/10
34		F9　吊戸棚	S=1/10
35		F10　ホール机	S=1/10
36	外構図		S=1/50
37			
38			

6. その他

・断熱地域区分：AMD地点　名古屋　平成11年基準　Ⅳ地域、平成25年基準　6地域

特記仕様書

一般共通事項
・図面及び本特記仕様書に記載無き仕様は日本建築学会編建築工事標準仕様書による。
又、施工上必要な図面は延滞なく作製し係員の承認を受ける事。

構造上、機能上当然必要と認められる事項は係員の指示により請負金額の範囲内で施工する。

設計図又は本仕様書に不明な点及び疑義を生じた場合は工事契約前に確認しておく事。工事契約後は全て係員の指示による。
・工事の都合により軽微でない変更、又は、追加工事等を委嘱された場合は請負者は実施に先立ち、その都度見積書を係員に提出し承認を受けたのち工事に着手する。
・工事の施工順序、方法は予め係員と打ち合わせを行う。
・各工事は予め係員が指定した工程に達した時には必ず検査を受けその承認後、次の工程にかかる。
・施工後では検査が出来ないか又は困難な工事はそれを施工する時に係員の立ち会いを受ける。
・各工事において他の工事と関連のある事項はそれぞれの該当工事の記載事項を参照する。

仮設工事
・敷地境界線及び建物の位置の決定は縄張りの時に係員の立ち会いの上行う。
・工事中に破損又は汚損の恐れのある物は板、紙、布、シート等それぞれ適当な材料で十分に養生する。

地業及び基礎工事
・全般にわたって入念に行う。詳細は基礎伏図、基礎断面図による。

木工事
・主要構造材（柱、梁）、造作家具等入念な仕上げを必要とする部分は乾燥材を使用する。
・枠回り等施工上複雑な部分は事前に工作図（原寸図）を作製し係員と協議する。

屋根工事
・ガルバリウム塗装鋼板　t=0.35とし詳細は係員と協議する。

かざり工事
・水切り鉄板、雨押さえはガルバリウム塗装鋼板　t=0.35とし詳細は係員と協議する。

金属工事
・製作金物は加工直後に錆止め塗装を施してから搬入し破損した部分は直ちに前記の塗装を行う。

建具工事
・建具表に准ずる。仕上げは原則としてその部屋の仕上げに准ずる。

家具工事
・特記無き収納は、扉：シナ合板フラッシュ戸、箱及び棚板はt=21or24シナランバーコアとする。

ガラス工事
・建具表及び平面図に准ずる。必要に応じて小口保護し、突付部はシリコンコーキングする。

塗装工事
・色及び仕上げ見本の確認の上、協議決定する。
外部木部：ウッドロングエコ
内部木部：リボス、オスモカラー等、自然塗料

コーキング工事
・外部枠廻り等必要と思われる部位は、仕上げ工事前にコーキングする。

内装工事
・上記の該当項に准ずる。

断熱工事等
・外壁：　外張　t=50EPS、充填t=100　ウッドファイバー　40kg/m3
屋根：　EPS　t=140　ダブルシールドパネル

基礎断熱：　内外　EPS　t=30

開口部：　樹脂サッシ　トリプルガラス、樹脂・アルミ複合サッシ　ペアガラス、木製引込都　ペアガラス

雑工事
・

関連工事
・詳細は係員と協議する。

その他
・敷地内の障害物の処理は係員と協議する。
工事中及び工事完成後の不要材処理ならびに清掃整地は入念に行う。

神沢の家　新築工事	2015.7.17	図	No. 1
概要書・特記仕様書	縮尺	閲	
（株）半田雅俊設計事務所 一級建築士事務所知事登録第58380	東京都板橋区板橋1−48−8−405 〒173-0004電話03−3579−5571 一級建築士登録第109794半田雅俊		

外部仕上

屋根	ﾀﾞﾌﾞﾙｼｰﾄﾞﾊﾟﾈﾙ 6インチ、防水紙、遮熱ｼｰﾄ、通気桟、瓦桟、三州瓦フラットタイプ	
外壁	t=9 構造用合板、透湿防水ｼｰﾄ、t＝50 EPS外張断熱、南面:左官壁、東西北面:通気胴縁、t=12.5耐水PB、透湿防水ｼｰﾄ、t=0.35ｶﾞﾙﾊﾞﾘｳﾑ塗装鋼板 角波	
軒裏	t=6ｹｲｶﾙ板 Vｶｯﾄ目地突付張、塗装済品	鼻隠し、破風板中止→ 木下地、ｶﾞﾙﾊﾞﾘｳﾑ鋼板巻き
基礎巾木	基礎内外断熱中止→外:RC直仕上げ、基礎内断熱	土台水切：t=0.35 ｶﾞﾙﾊﾞﾘﾑ鋼板 色:外壁近似色
ウッドデッキ	ｳｯﾄﾞﾃﾞｯｷ桧一等材 スノコ:105～150x40～45、大引・束: 105x105@910、ｳｯﾄﾞﾛﾝｸﾞｴｺ	小庇：YKKｱﾙﾐ庇ｺﾝﾊﾞｲｻﾞｰ D=200 色:ｼﾙﾊﾞｰ オプションフック付
玄関ポーチ	t=120土間ｺﾝｸﾘｰﾄ 45x20桧一等材伏込 直仕上	樋：軒樋 ﾀﾆﾀﾊｳｼﾞﾝｸﾞｳｪｱ ｶﾞﾙﾊﾞﾘｳﾑ鋼板 ﾊｺH-6型 色:ｼﾙﾊﾞｰ
バルコニー	ｽﾉｺ ウッドデッキと同じ仕様 木部塗装:ｳｯﾄﾞﾛﾝｸﾞｴｺ	縦樋 ｶﾞﾙﾊﾞﾘｳﾑ鋼板 60、色:ｼﾙﾊﾞｰ

内部仕上

室名	床		巾木	壁		天井		造作家具	機器	備考
	仕上	下地		外周壁内壁	間仕切壁	仕上	下地			
1F 玄関	t=15 ムク堅木床材 式台 ムク板(ラオス松)	t=28 特類構造用合板	造作材 h=45	t=27 縦胴縁 t=12.5 PB下地 土佐和紙貼	t=12.5 PB下地 土佐和紙貼	土佐和紙貼	t=9.5 PB下地	下足入 式台	木製ﾃｽﾘ 杉ミガキ丸太(45φ程度)	
LDK	t＝15 杉(桧)ﾌﾛｰﾘﾝｸﾞ	同上	同上	同上	同上	同上 (梁表し)	同上	キッチン前ｶｳﾝﾀｰ キッチン吊戸棚 机 食卓ﾃｰﾌﾞﾙ	キッチン：流しｶｳﾝﾀｰ、ｺﾝﾛｶｳﾝﾀｰ ﾚﾝｼﾞﾌｰﾄﾞ換気扇 住宅用火災警報器(熱)	ｼｯｸﾊｳｽ給気口は ｱﾙﾐｻｯｼ換気框
便所	同上	同上	同上	t=27 縦胴縁 t=12.5 PB下地 無垢板張	t=12.5 PB下地 無垢板張	土佐和紙貼	同上	収納	便器、ｳｫｼｭﾚｯﾄ、紙巻器、タオル掛け 換気扇(24h換気)	
洗面所				t=27 縦胴縁 t=12.5 耐水PB下地 無垢板張	t=12.5 耐水PB下地 無垢板張			収納 小物収納	洗面ｶｳﾝﾀｰ、洗面器、水栓 洗濯機用水栓、排水金物、 ｿﾞｳｷﾝ掛け、タオル掛け	
浴室	ﾊｰﾌﾕﾆｯﾄﾊﾞｽ			t=12 構造用合板 防湿シート t=0.15 横胴縁 t=15 米ﾋﾊﾞ縁甲板 ｵｽﾓｶﾗｰ 下塗 ウッドﾌﾟﾛﾃｸﾀｰ 上塗 #3101	t=12 構造用合板 防湿シート t=0.15 横胴縁 t=15 米ﾋﾊﾞ縁甲板	t=15 米ﾋﾊﾞ縁甲板 ｵｽﾓｶﾗｰ 下塗 ウッドﾌﾟﾛﾃｸﾀｰ 上塗 #3101	t=12 構造用合板 防湿ｼｰﾄ		換気扇(24h換気)	
階段	段板 t=40程度 杉板 ｻｻﾗ桁 杉			t=27 縦胴縁 t=12.5 PB下地 土佐和紙貼		OSB表し			木製ﾃｽﾘ(木工事) 住宅用火災警報器(煙)	
2F ホール	t＝15 杉(桧)ﾌﾛｰﾘﾝｸﾞ	t=28 構造用合板	造作材 h=45	同上	t=12.5 PB下地 土佐和紙貼	同上		机	住宅用火災警報器(煙)	ｼｯｸﾊｳｽ給気口は ｱﾙﾐｻｯｼ換気框
寝室									住宅用火災警報器(煙)	ｼｯｸﾊｳｽ給気口は ｱﾙﾐｻｯｼ換気框
小屋裏収納	t＝15 杉(桧)ﾌﾛｰﾘﾝｸﾞ	t=28 ムクボード	同上	t=27 縦胴縁 t=12.5 PB下地 土佐和紙貼	t=12.5 PB下地 土佐和紙貼	同上			可動梯子	

・造作材：杉 又は ｽﾌﾟﾙｽ
・全ての建材はF☆☆☆☆又は規制対象外材

土佐和紙 ハウスシステム HS-57 竹肌色紙
耳残し、重ね15mm前後
パテ色は下地ﾎﾞｰﾄﾞと近似色、 ジョイント、ﾋﾞｽ部のみパテ処理 杉ｿﾘｯﾄﾞﾌﾘｰ板：中西木材

外部木部塗装 ウッドロングエコ

内部塗装 ・床、階段、造作材、化粧柱、家具、ｼﾅ合板壁面 ： ﾘﾎﾞｽ
・化粧梁は無塗装

神沢の家 新築工事	2015.7.17	図	No. 2
仕上表	縮尺	図	

（株）半田雅俊設計事務所 東京都板橋区板橋1-48-8-405
一級建築士事務所知事登録第58380 〒173-0004電話03-3579-5571
一級建築士登録第109794半田雅俊

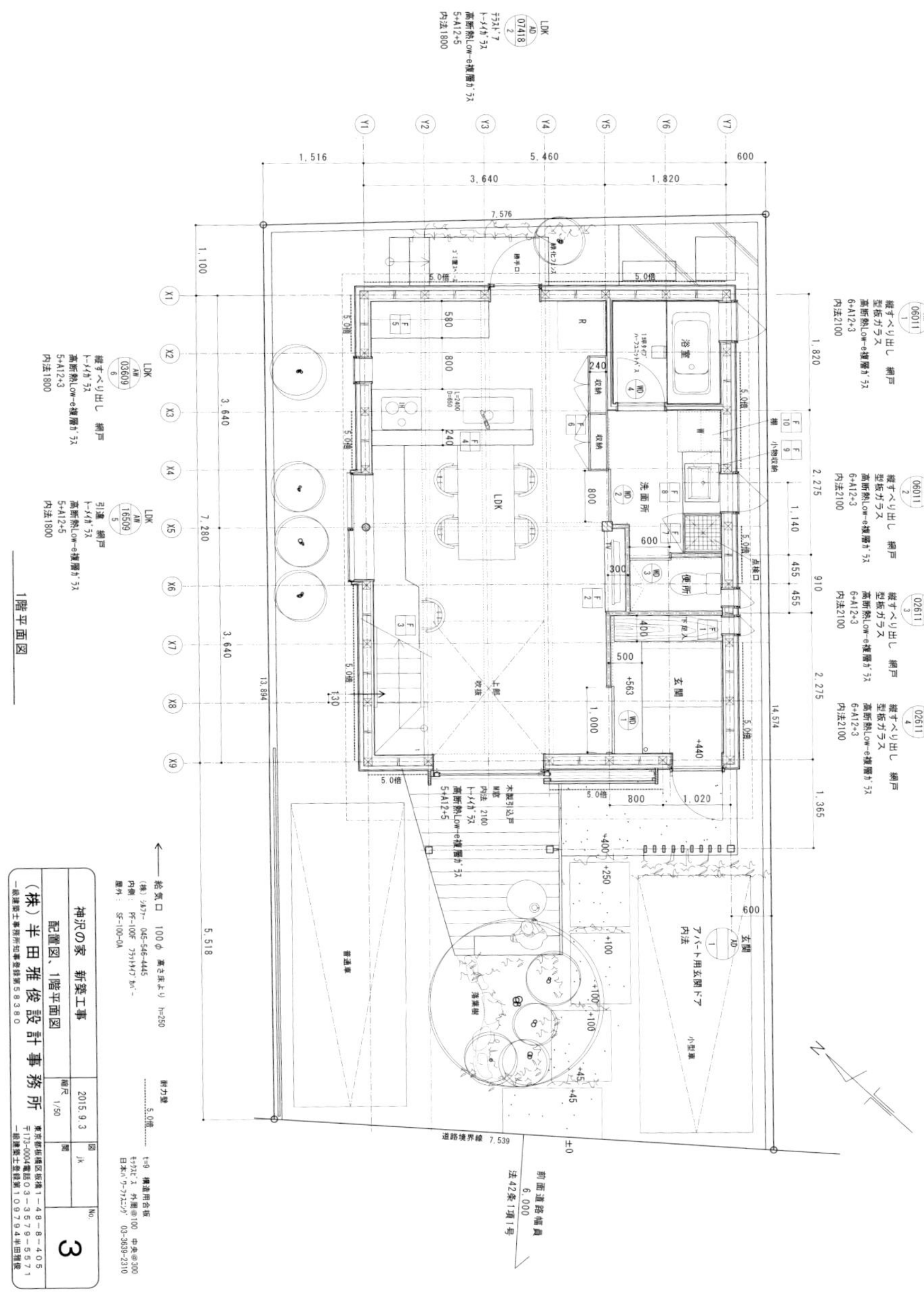
1階平面図
神沢の家　新築工事
配置図、1階平面図
(株)半田雅俊設計事務所
2015.9.3
1/50
3
LDK
洗面所
浴室
便所
玄関
前面道路幅員 6.000
法42条1項1号
道路境界線 7.539

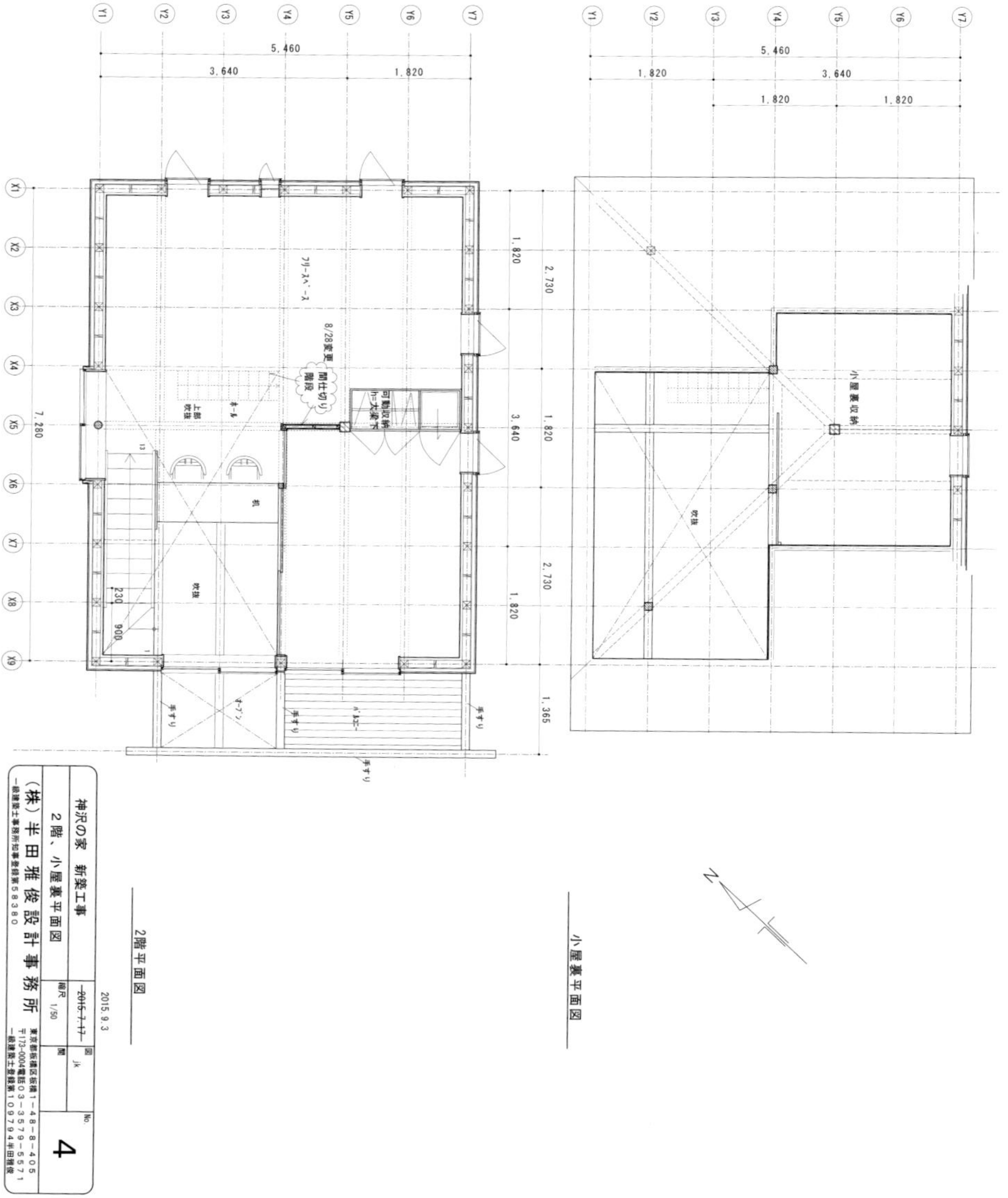
2階平面図
小屋裏平面図
フリースペース
8/28変更 間仕切り 階段
可動収納 h=大梁下
ホール
上部吹抜
机
吹抜
オープン
バルコニー
手すり
小屋裏収納
神沢の家 新築工事
2階、小屋裏平面図
(株)半田雅俊設計事務所
一級建築士事務所知事登録第58380
2015.7.17
2015.9.3
縮尺 1/50
東京都板橋区板橋1-48-8-405
〒173-0004電話03-3579-5571
一級建築士登録第107974半田雅俊
No. 4

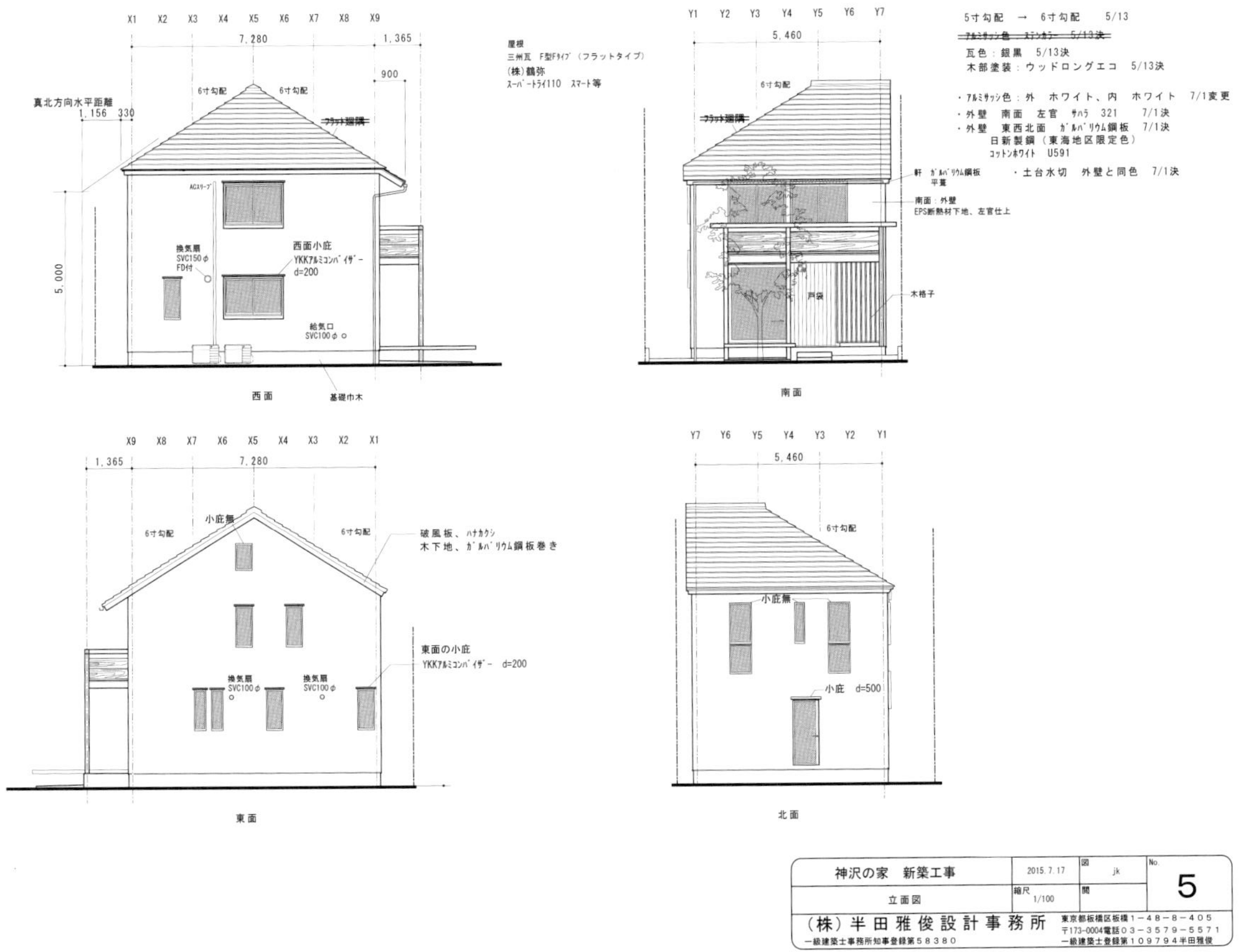
西面
基礎巾木
真北方向水平距離
1,156 330
5,000
7,280
1,365
900
6寸勾配
フラット瓦葺
ACスリーブ
換気扇
SVC150φ
FD付
西面小庇
YKKｱﾙﾐｺﾝﾊﾞｲｻﾞｰ
d=200
給気口
SVC100φ
屋根
三州瓦　F型Fﾀｲﾌﾟ（フラットタイプ）
(株)鶴弥
ｽｰﾊﾟｰﾄﾗｲ110　ｽﾏｰﾄ等
南面
5,460
6寸勾配
フラット瓦葺
軒　ｶﾞﾙﾊﾞﾘｳﾑ鋼板
平葺
南面：外壁
EPS断熱材下地、左官仕上
戸袋
木格子
5寸勾配　→　6寸勾配　5/13
アルミサッシ色：ステンカラー　5/13決
瓦色：銀黒　5/13決
木部塗装：ウッドロングエコ　5/13決
・ｱﾙﾐｻｯｼ色：外　ホワイト、内　ホワイト　7/1変更
・外壁　南面　左官　ｻﾊﾗ 321　7/1決
・外壁　東西北面　ｶﾞﾙﾊﾞﾘｳﾑ鋼板　7/1決
日新製鋼（東海地区限定色）
ｺｯﾄﾝﾎﾜｲﾄ　U591
・土台水切　外壁と同色　7/1決
東面
小庇無
破風板、ハナカクシ
木下地、ｶﾞﾙﾊﾞﾘｳﾑ鋼板巻き
換気扇
SVC100φ
東面の小庇
YKKｱﾙﾐｺﾝﾊﾞｲｻﾞｰ　d=200
北面
小庇　d=500
神沢の家　新築工事
2015.7.17
図　jk
No.　5
立面図
縮尺　1/100
(株)半田雅俊設計事務所
一級建築士事務所知事登録第58380
東京都板橋区板橋1-48-8-405
〒173-0004電話03-3579-5571
一級建築士登録第109794半田雅俊

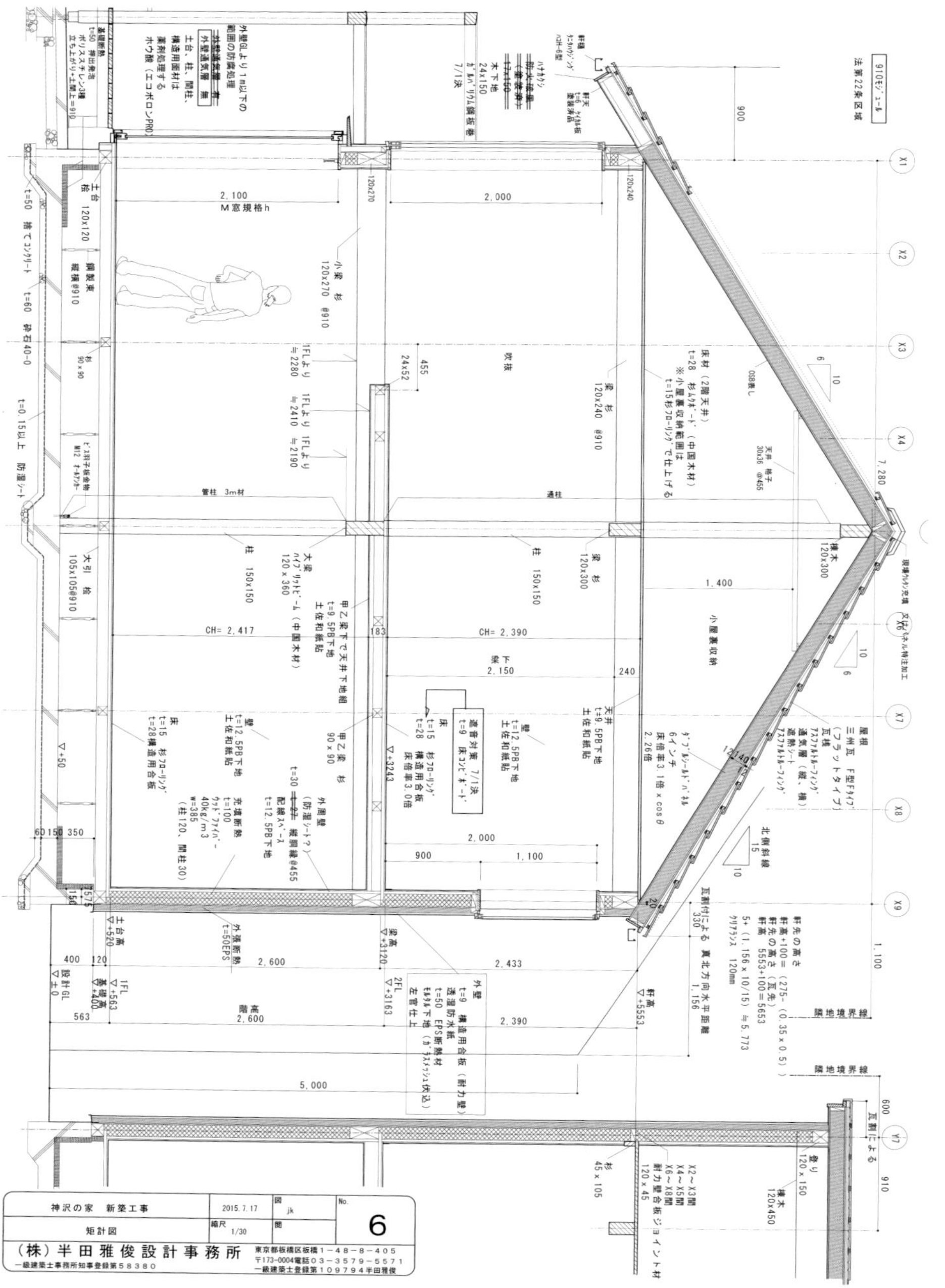
神沢の家　新築工事
2015.7.17
矩計図
縮尺 1/30
No. 6
（株）半田雅俊設計事務所
一級建築士事務所知事登録第58380
東京都板橋区板橋1−48−8−405
〒173-0004電話03−3579−5571
一級建築士登録第109794半田雅俊

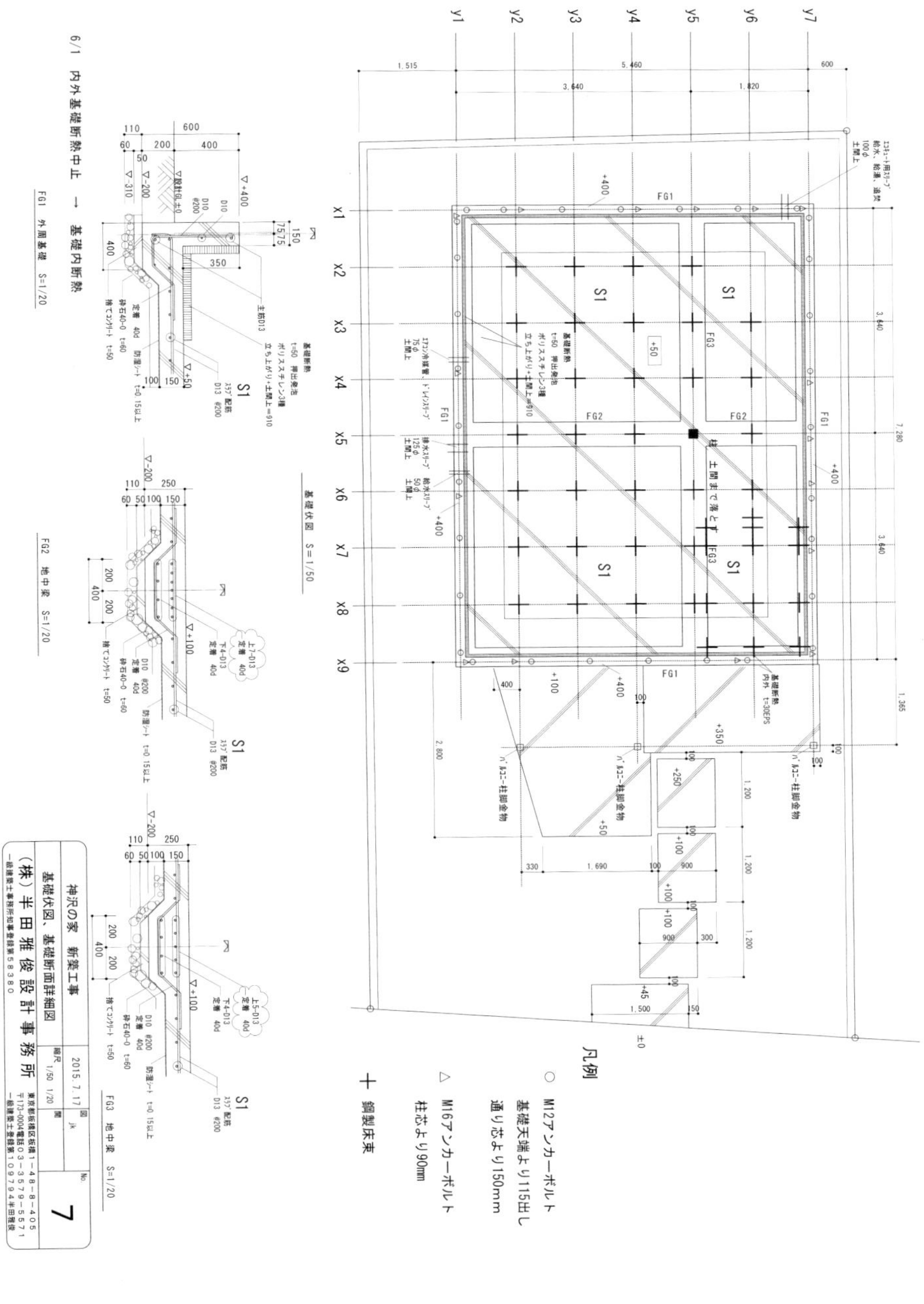
6/1 内外基礎断熱中止 → 基礎内断熱
FG1 外周基礎 S=1/20
FG2 地中梁 S=1/20
FG3 地中梁 S=1/20
基礎伏図 S=1/50
凡例
○ M12アンカーボルト
基礎天端より115出し
通り芯より150mm
△ M16アンカーボルト
柱芯より90mm
＋ 鋼製床束
神沢の家 新築工事
基礎伏図、基礎断面詳細図
2015.7.17
1/50 1/20
7
（株）半田雅俊設計事務所
y1
y2
y3
y4
y5
y6
y7
x1
x2
x3
x4
x5
x6
x7
x8
x9

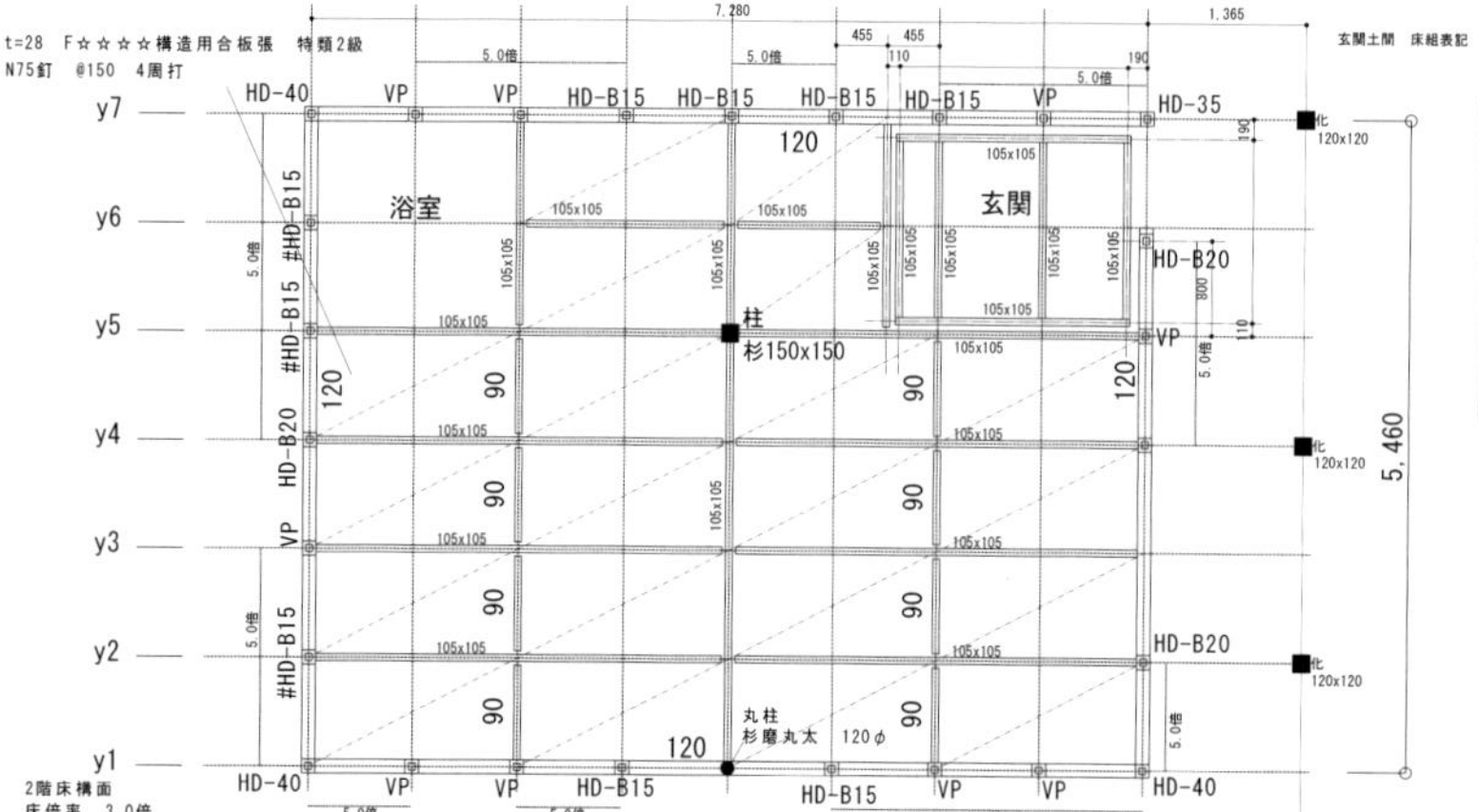

土台伏図 S=1/50

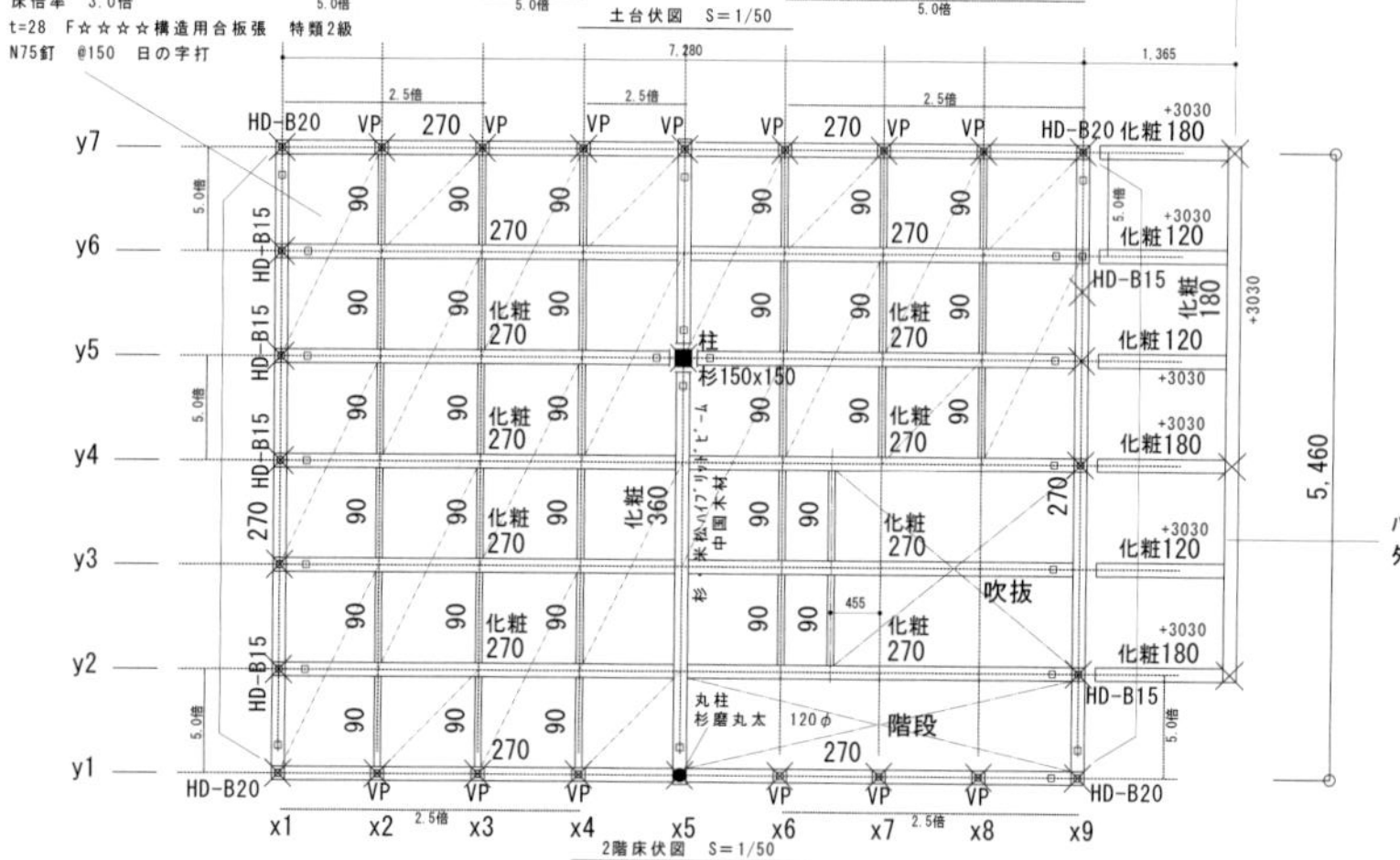

2階床伏図 S=1/50

バルコニー軸組材
外壁工事完了後施工

構造材等

記号	部位	樹種		等級	構造等級	含水率	木材ｻｲｽﾞ
		標準	神沢ﾓﾃﾞﾙ				
□	柱	杉	米松集成	一等	無等級材	SD20以下	120x120
■化	化粧柱	杉	桧	一等	無等級材	SD20以下	120×120、150×150
	間柱@455	杉	米松集成			KD材	120x30（仕上がり寸法）
＝	土台	桧	桧	一等	無等級材		120×120
＝	梁 巾120	杉	化粧 杉 隠蔽梁 赤松集成	一等	機械等級E70 又は無等級材でE70自主検査	SD20以下	梁巾120

記号	部位	
5.0	5倍耐力壁 FRM-0153	t=9 構造用合板 F☆☆☆☆ ねじくぎ ﾓｯｸｽ JP-M04240 外周 @100 中央 @300 間柱 120x30 @455 上下共 釘N90x2
2.5	2.5倍耐力壁 告示仕様	t=9 構造用合板 F☆☆☆☆ 釘N50 外周@150、中央@150 間柱 120x30 @455 上下共 釘N90x2
	2階床構面	床倍率 3.0倍 t=28 F☆☆☆☆構造用合板張 特類2級 N75釘 @150 日の字打
	屋根勾配構面	床倍率 2.8倍×COSθ（5寸勾配） ﾀﾞﾌﾞﾙｼｰﾙﾄﾞﾊﾟﾈﾙ 6インチ

ねじくぎ ﾓｯｸｽ ：日本ﾊﾟﾜｰﾌｧｽﾆﾝｸﾞ（株）03-3639-2310

土台高 +520

土台下 防湿気密ﾊﾟｯｷﾝ材（土間ﾘｽﾄ120）

特記無き梁高 +3120

記号	金物
VP	山形ﾌﾟﾚｰﾄ
HD-B15	ホールダウン金物15kN
HD-B20	ホールダウン金物20kN
HD-35	ホールダウン金物35kN
HD-40	ホールダウン金物40kN

神沢の家 新築工事	2015.7.17	図 jk	No. 8
土台伏図、2階床伏図	縮尺 1/50	閲	
（株）半田雅俊設計事務所 一級建築士事務所知事登録第58380	東京都板橋区板橋1-48-8-405 〒173-0004電話03-3579-5571 一級建築士登録第109794半田雅俊		

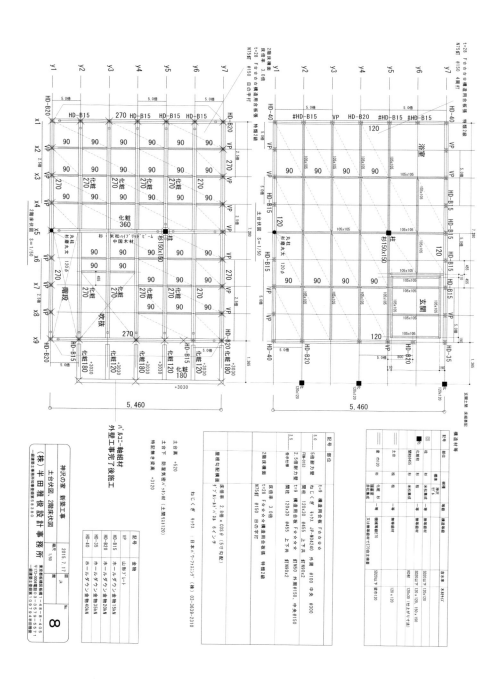

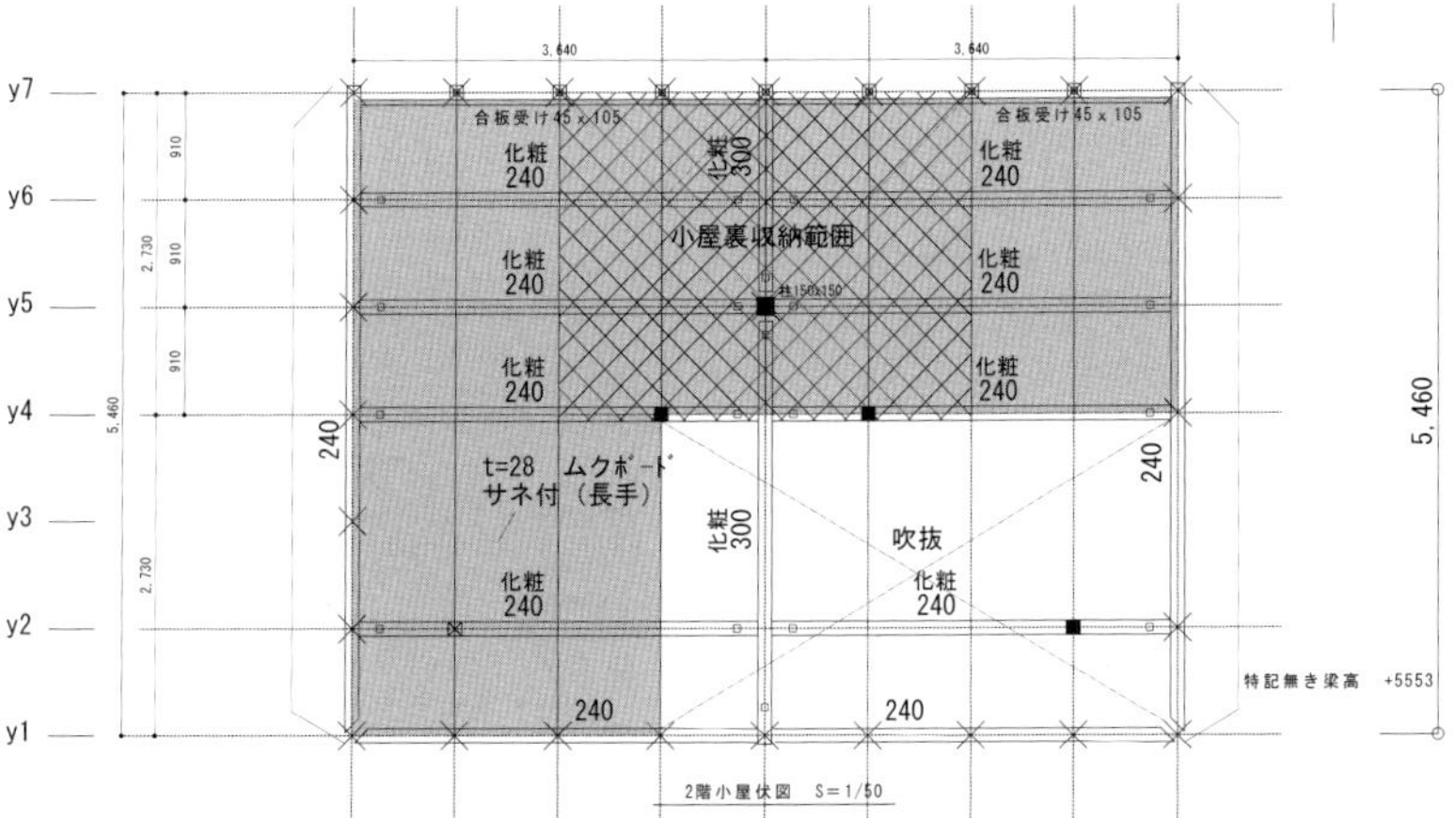

2階小屋伏図 S＝1/50

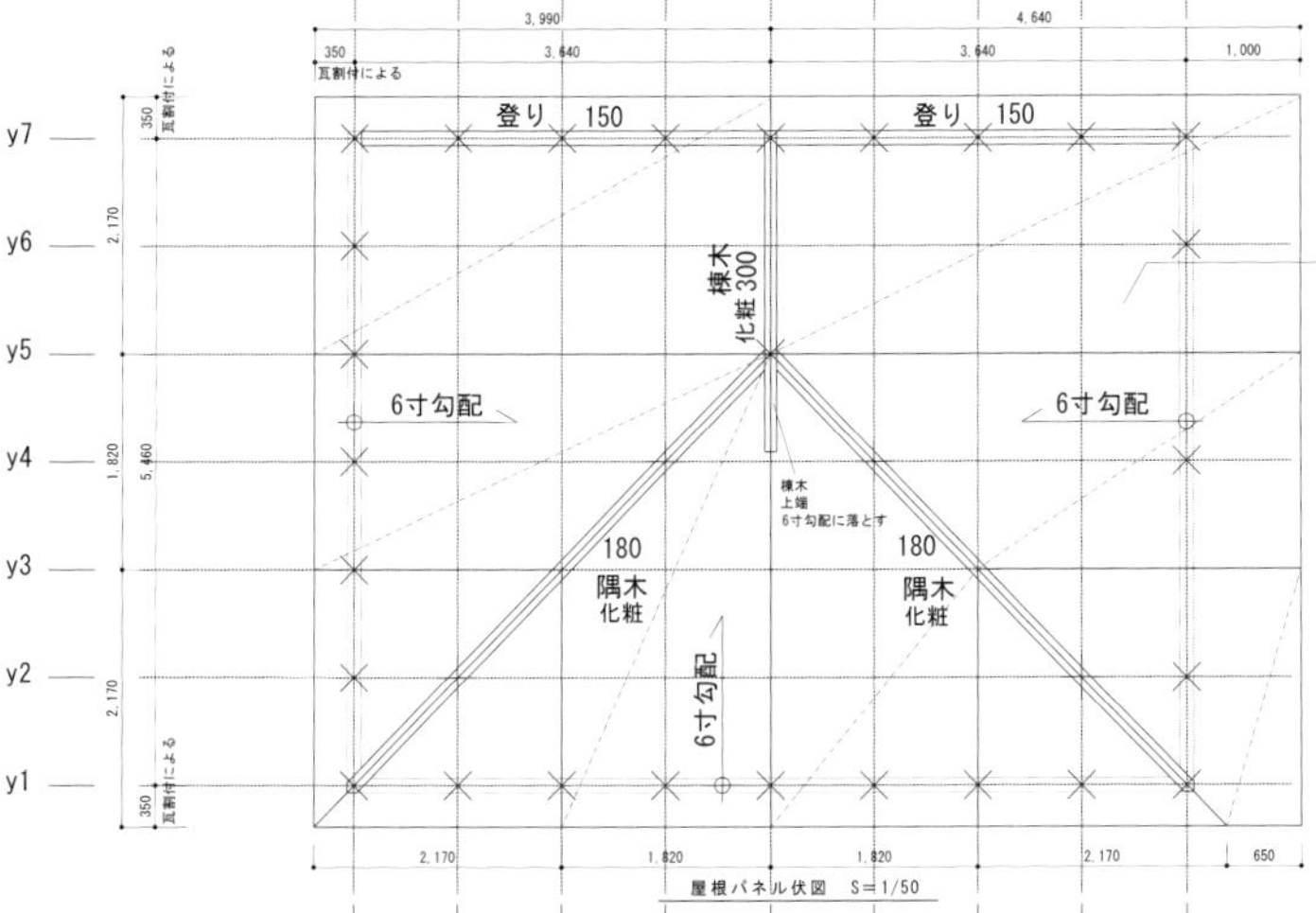

ダブルシールドパネル
6インチ
(9.50SB + 140EPS + 9.50SB)

屋根パネル伏図 S＝1/50

構造材等

記号	部位	樹種		等級	構造等級	含水率	木材サイズ
		標準	神沢モデル				
◻	柱	杉	米松集成	一等	無等級材	SD20以下	120x120
■化	化粧柱	杉	桧	一等	無等級材	SD20以下	120×120、150×150
	間柱@455	杉	桧			KD材	120x30（仕上がり寸法）
═	土台	桧	桧	一等	無等級材		120×120
═	梁 巾120	杉	化粧 杉 隠蔽梁 赤松集成	一等	機械等級E70 又は無等級材でE70自主検査	SD20以下	梁巾120

記号	部位	
5.0	5倍耐力壁 FRM-0153	t=9 構造用合板 F☆☆☆☆ ねじくぎ ﾓｯｸｽ JP-M04240 外周 @100 中央 @300 間柱 120x30 @455 上下共 釘N90x2
2.5	2.5倍耐力壁 告示仕様	t=9 構造用合板 F☆☆☆☆ 釘N50 外周@150、中央@150 間柱 120x30 @455 上下共 釘N90x2
	2階床構面	床倍率 3.0倍 t=28 F☆☆☆☆構造用合板張 特類2級 N75釘 @150 日の字打
	屋根勾配構面	床倍率 3.1倍×COSθ（6寸勾配） ﾀﾞﾌﾞﾙｼｰﾙﾄﾞﾊﾟﾈﾙ 6インチ

ねじくぎ ﾓｯｸｽ ：日本ﾊﾟﾜｰﾌｧｽﾆﾝｸﾞ（株） 03-3639-2310

神沢の家 新築工事	2015.7.17	図 jk	No. 9
2階小屋伏図、屋根パネル伏図	縮尺 1/50	閲	
（株）半田雅俊設計事務所 一級建築士事務所知事登録第58380	東京都板橋区板橋1－48－8－405 〒173-0004電話03－3579－5571 一級建築士登録第109794半田雅俊		

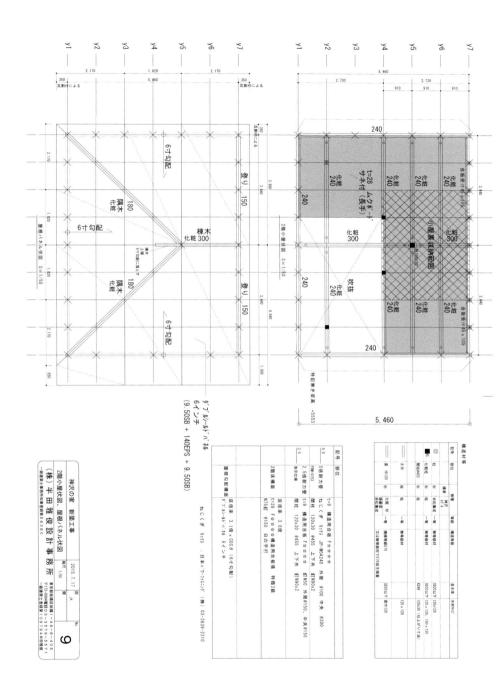

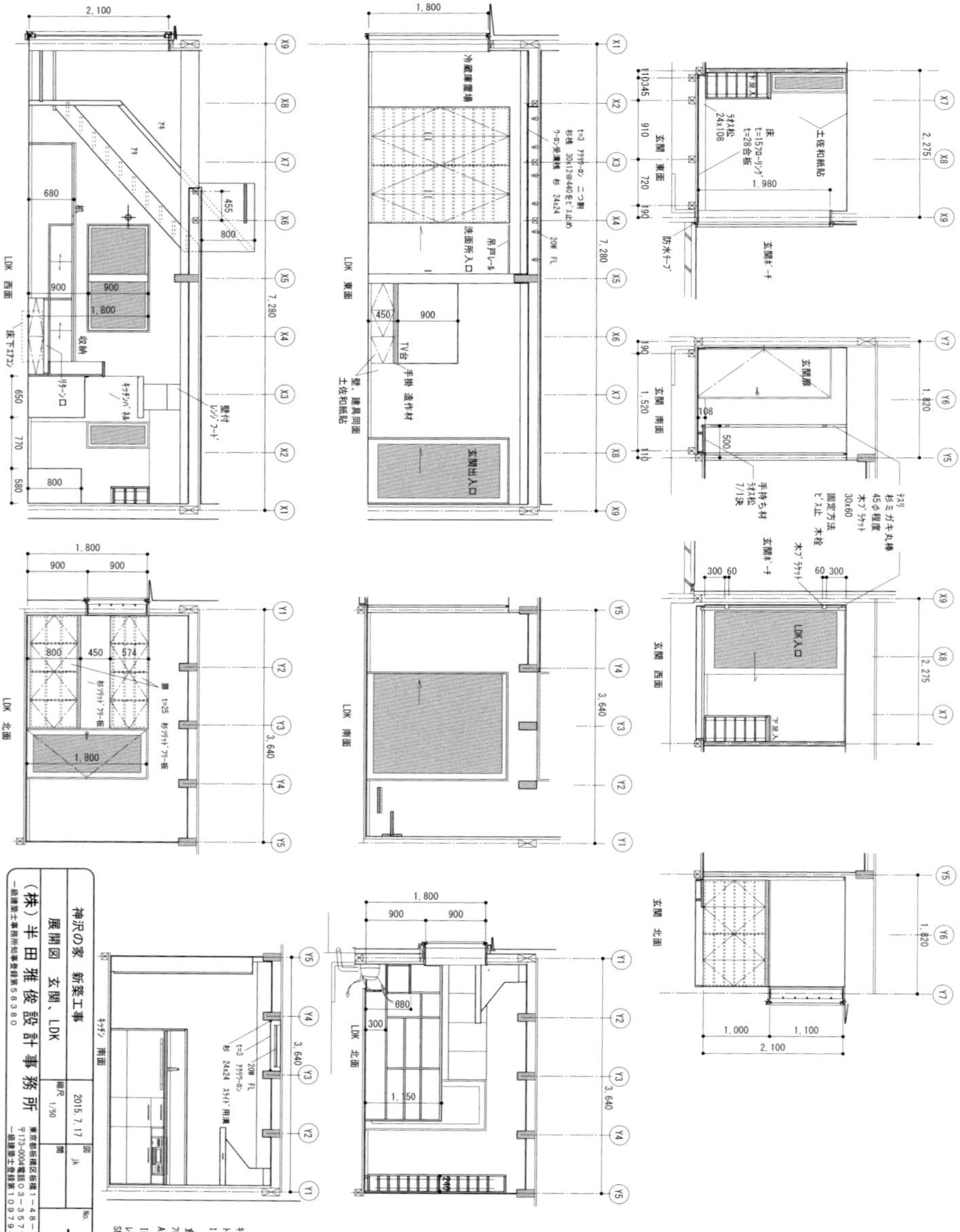

LDK 西面
LDK 東面
玄関 東面
玄関 南面
玄関 西面
LDK 北面
LDK 南面
玄関 北面
キッチン 南面
冷蔵庫置場
洗面所入口
玄関出入口
LDK入口
玄関扉
土佐和紙貼
神沢の家 新築工事
展開図 玄関、LDK
2015.7.17
縮尺 1/50
No. 10
(株)半田雅俊設計事務所
東京都板橋区板橋1-48-8-405
〒173-0004 電話03-3579-5571
一級建築士事務所知事登録第58380
一級建築士登録第109794 半田雅俊

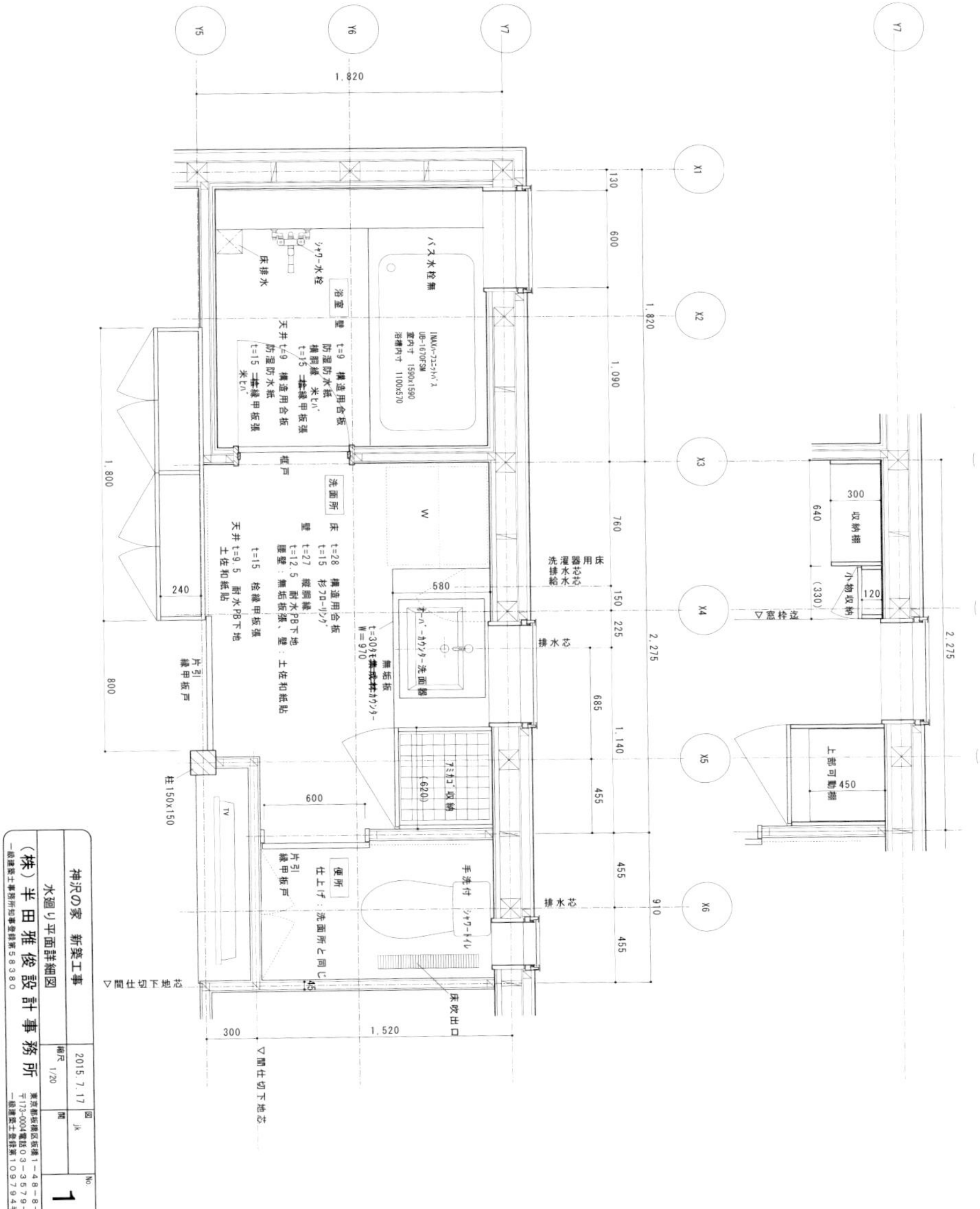
神沢の家　新築工事
水廻り平面詳細図
(株)半田雅俊設計事務所
2015.7.17
1/20
11
浴室
洗面所
便所
バス水栓無
シャワー水栓
床排水
INAXバーアユニットバス
UB-1670FSM
室内寸 1590x1590
浴槽内寸 1100x570
壁 t=9 構造用合板
防湿防水紙
横胴縁 米ヒバ
t=15 二等縁甲板張
天井 t=9 構造用合板
防湿防水紙
t=15 二等縁甲板張 米ヒバ
床 t=28 構造用合板
t=15 杉フローリング
壁 t=27 縦胴縁
t=12.5 耐水PB下地
腰壁：無垢板張，壁：土佐和紙貼
t=15 桧縁甲板張
天井 t=9.5 耐水PB下地
土佐和紙貼
洗濯器用床
排水芯
給水芯
排水芯
▽窓枠迄
収納棚
小物収納
上部可動棚
手洗付 シャワートイレ
仕上げ：洗面所と同じ
片引
縁甲板戸
柱150x150
床吹出口
▽間仕切下地芯
1,820
1,800
2,275
1,140
1,520
300
910
600
1,090
760
580
240
800
685
455
450
640
120
(330)
(620)

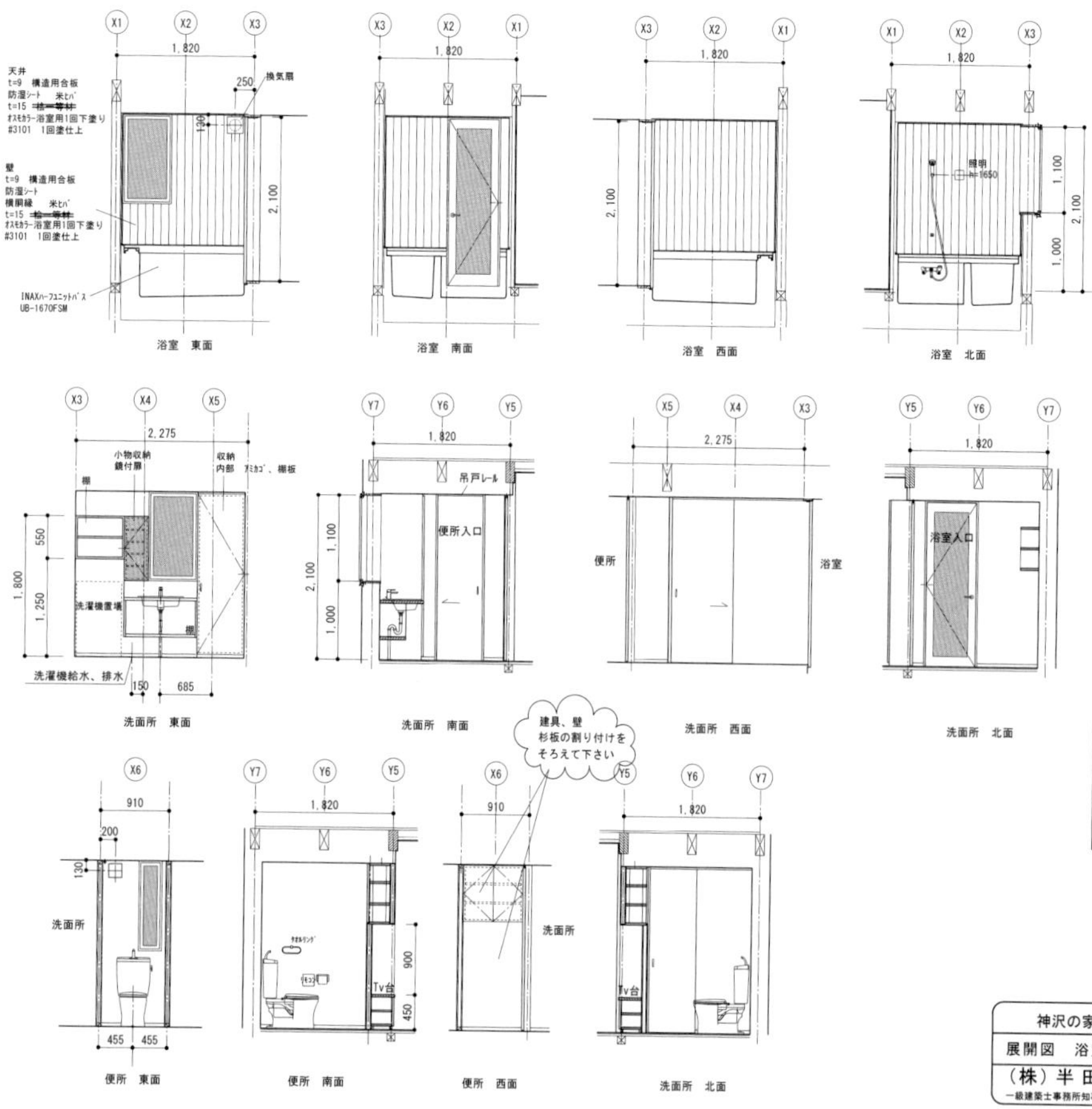

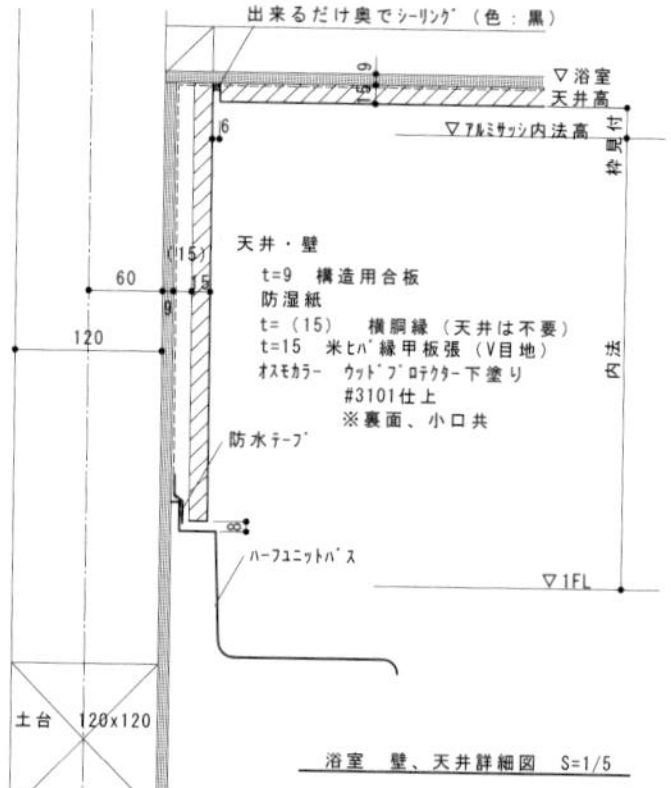

洗面所、便所 仕上

天井
t=9.5 PB下地 土佐和紙貼

壁
無垢板張 ※範囲は手持ち材料の中で協議してきめる
杉板張（天井用ムク板）7/1決

床
t=15 杉フローリング

浴室、洗面所、便所の天井高は内法高（2100）+枠見付

神沢の家 新築工事	2015.7.17	図 jk	No. 12
展開図 浴室、洗面所、便所	縮尺 1/50、1/5	闘	
（株）半田雅俊設計事務所 一級建築士事務所知事登録第58380	東京都板橋区板橋1-48-8-405 〒173-0004電話03-3579-5571 一級建築士登録第109794半田雅俊		

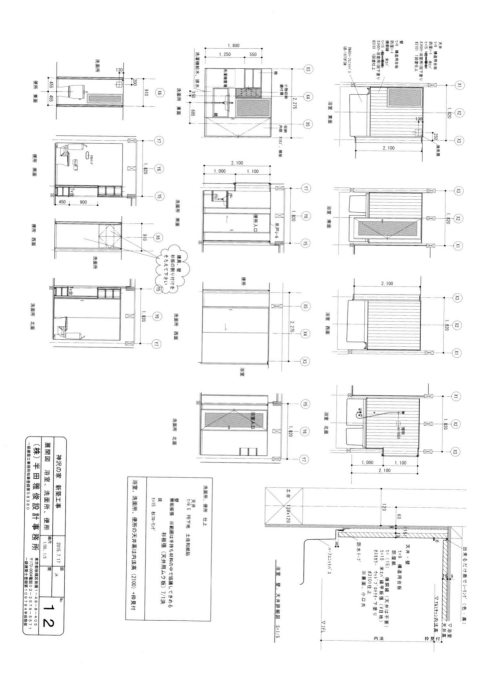

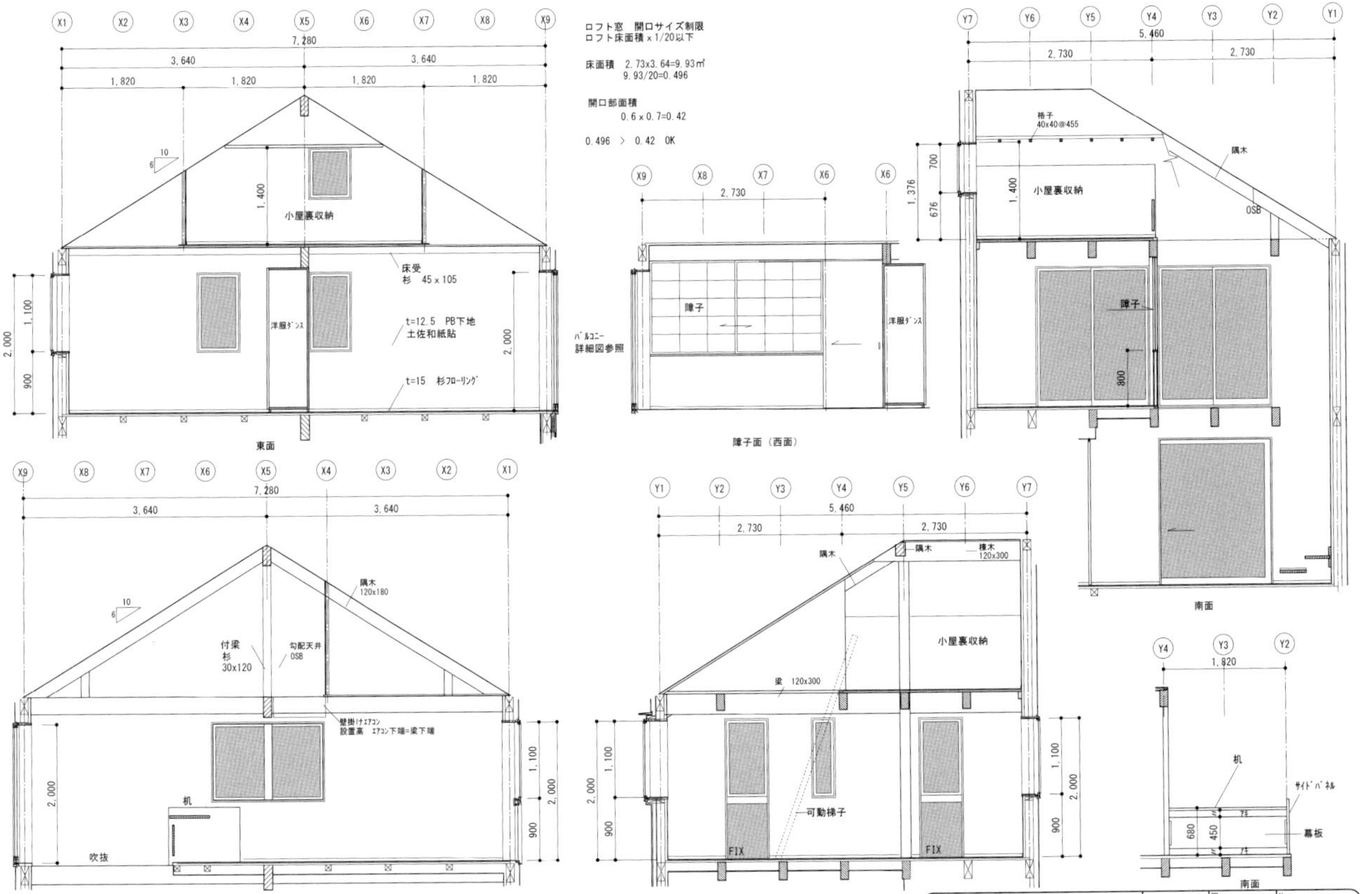
ロフト窓　開口サイズ制限
ロフト床面積 x 1/20以下
床面積　2.73x3.64=9.93㎡
9.93/20=0.496
開口部面積
0.6 x 0.7=0.42
0.496 ＞ 0.42 OK
小屋裏収納
床受
杉　45 x 105
洋服ダンス
t=12.5 PB下地
土佐和紙貼
t=15 杉フローリング
東面
障子
バルコニー
詳細図参照
障子面（西面）
格子
40x40@455
隅木
OSB
南面
隅木
120x180
付梁
杉
30x120
勾配天井
OSB
壁掛けエアコン
設置高 エアコン下端=梁下端
机
吹抜
西面
棟木
120x300
梁 120x300
可動梯子
FIX
北面
幕板
サイドパネル

神沢の家　新築工事	2015.7.17	図 jk	No. 13
展開図　2階、小屋裏収納	縮尺 1/50	聞	
（株）半田雅俊設計事務所 一級建築士事務所知事登録第58380	東京都板橋区板橋1-48-8-405 〒173-0004電話03-3579-5571 一級建築士登録第109794半田雅俊		

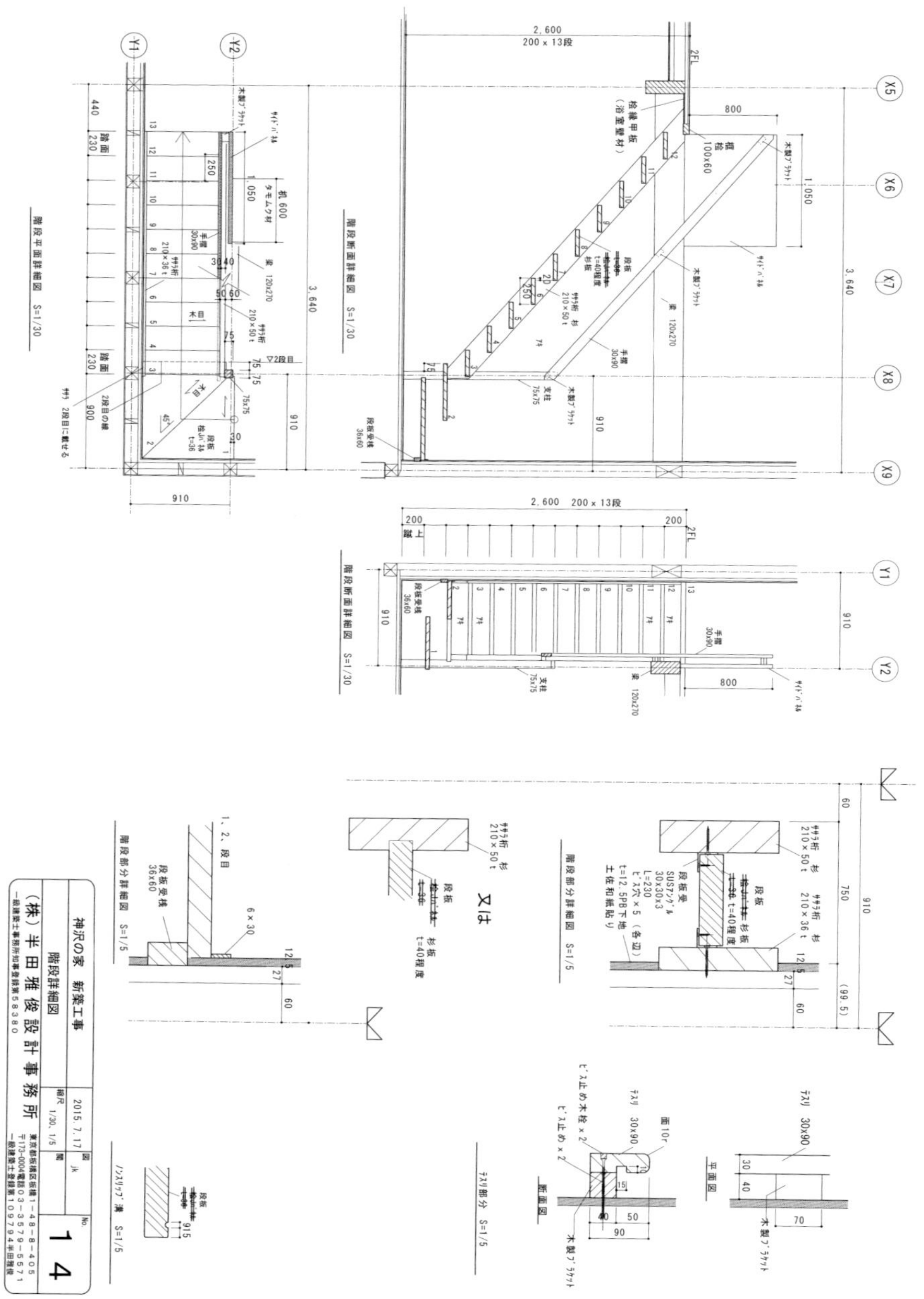
階段平面詳細図 S=1/30
階段断面詳細図 S=1/30
階段断面詳細図 S=1/30
階段部分詳細図 S=1/5
階段部分詳細図 S=1/5
ノンスリップ溝 S=1/5
テスリ部分 S=1/5
又は
神沢の家 新築工事
階段詳細図
2015.7.17
縮尺 1/30, 1/5
No. 14
(株)半田雅俊設計事務所
一級建築士事務所知事登録第58380
東京都板橋区板橋1-48-8-405
〒173-0004 電話03-3579-5571
一級建築士登録第109794半田雅俊

仕口部位	仕口金物　カナイ 後施工金物（梁受用）	数量
~~柱（梁）-120 x 240~~	~~後施工金物3~~	
柱（梁）-120 x 180	後施工金物2	7
柱（梁）-120 x 120	後施工金物1	1
柱（梁）-105 x 105	後施工金物1	2
外壁-　120 x 180	後施工金物2	3
外壁-　120 x 120	後施工金物1	1
外壁-　105 x 105	後施工金物1	2

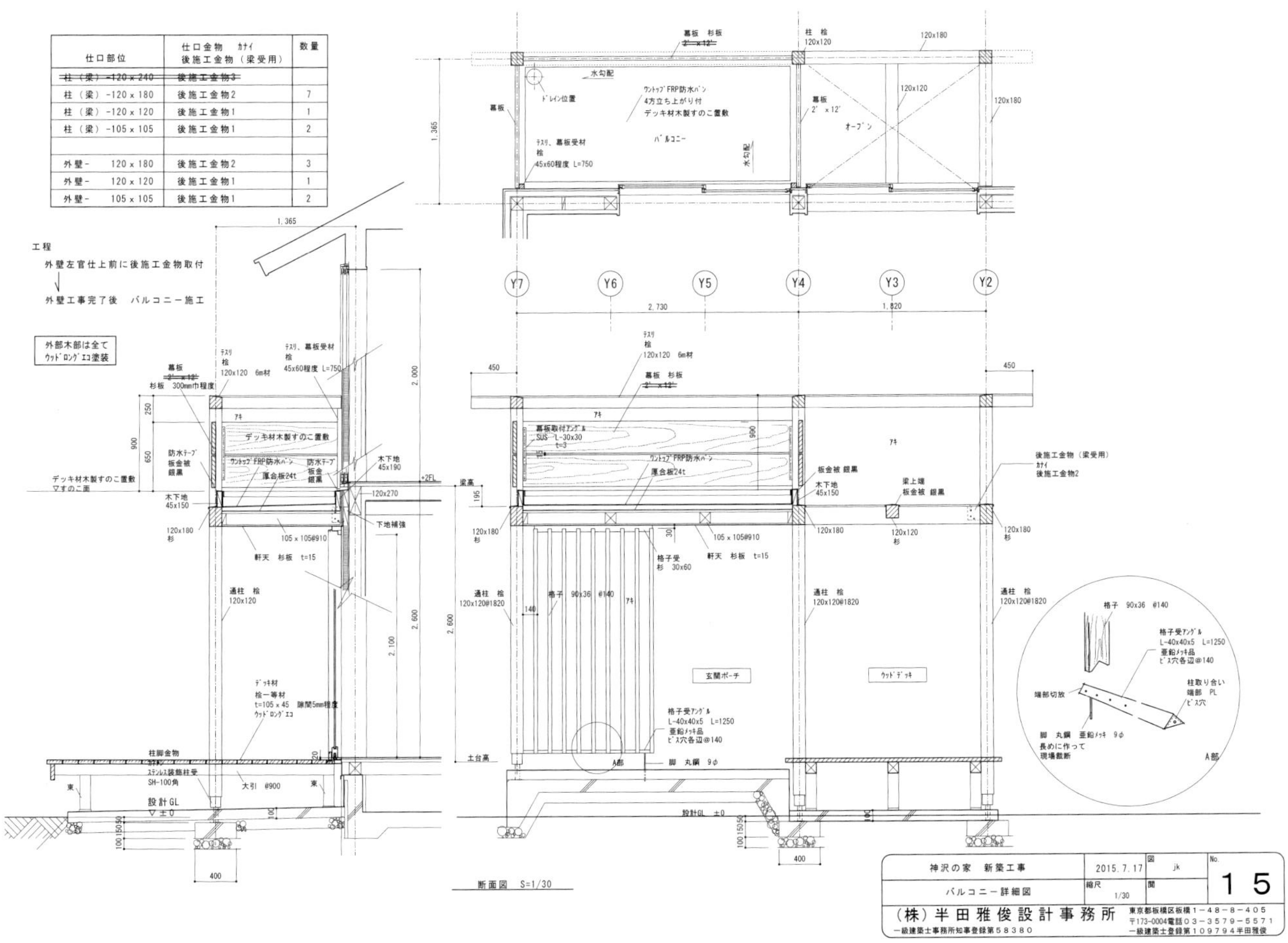

符号	WD 1 玄関	WD 2 洗面所	WD 3 便所	WD 4 浴室	WD 5 寝室
型式	框戸　引戸	板戸　引戸	板戸　引戸	框戸　開戸	板戸　引戸
材質	ｽﾌﾟﾙｽ　or　杉	杉	杉	桧　or　ﾋﾊﾞ	杉
見込	36	33	33	36	33
ガラス	t=5　ﾄｰﾒｲｶﾞﾗｽ			t=5　乳半ｱｸﾘﾙ	
金物	上吊式吊戸金物	上吊式吊戸金物	上吊式吊戸金物 ｱｳﾄｾｯﾄ引戸錠　表示錠・Cﾀｲﾌﾟ・ｸﾛｰﾑ仕上 D360R-U-*-4CD-Cr 川口技研	丁番 美和ロック　WLA32　ﾊﾞｯｸｾｯﾄ51mm 空錠 ﾚﾊﾞｰﾊﾝﾄﾞﾙ 32type	上吊式吊戸金物
姿図	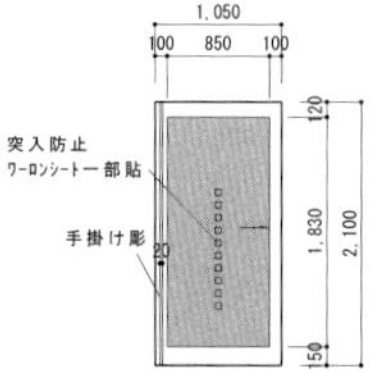	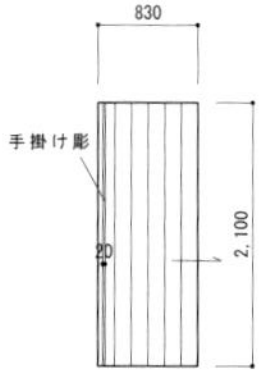	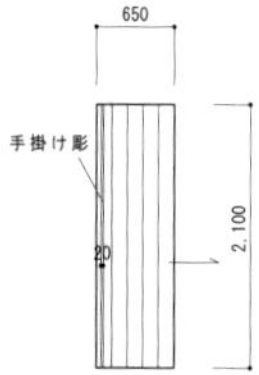	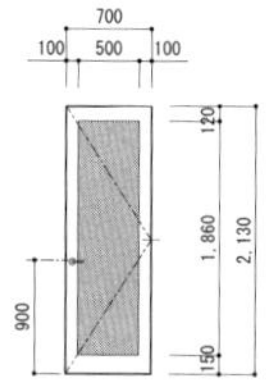	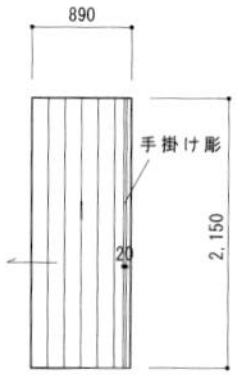
符号	S 1 南寝室				
型式	障子　引違い				
材質	杉　or　ｽﾌﾟﾙｽ				
見込	30				
ガラス					
金物	敷居ｽﾍﾞﾘ（竹ｽﾍﾞﾘ） 引手無				
姿図	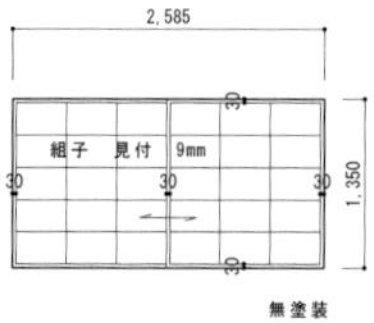				

特記：家具に取付く建具は家具詳細図を参照

上吊式吊戸金物　HR　SYSTEM　（ｱﾄﾑﾘﾋﾞﾝｸﾞﾃｯｸ）　2WAYｿﾌﾄｸﾛｰｼﾞﾝｸﾞ　　下部ｶﾞｲﾄﾞ　ﾚｰﾙ色：ｼﾙﾊﾞｰ

ｱｳﾄｾｯﾄ引戸錠（表示錠）D360R-U-*-4CD-Cr　（川口技研）

塗装：ｵｽﾓｶﾗｰ＃1101下塗、＃3101上塗

神沢の家　新築工事	2015.7.17	図 jk	No. 16
木製建具表	縮尺 1/50	閲	

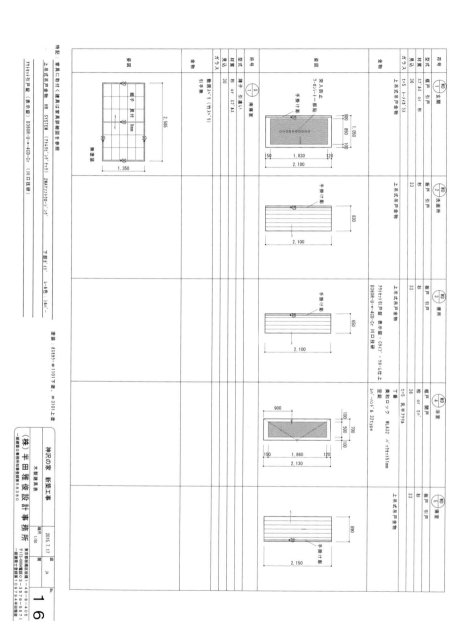

（株）半田雅俊設計事務所
一級建築士事務所知事登録第58380
東京都板橋区板橋1-48-8-405
〒173-0004電話03-3579-5571
一級建築士登録第109794半田雅俊

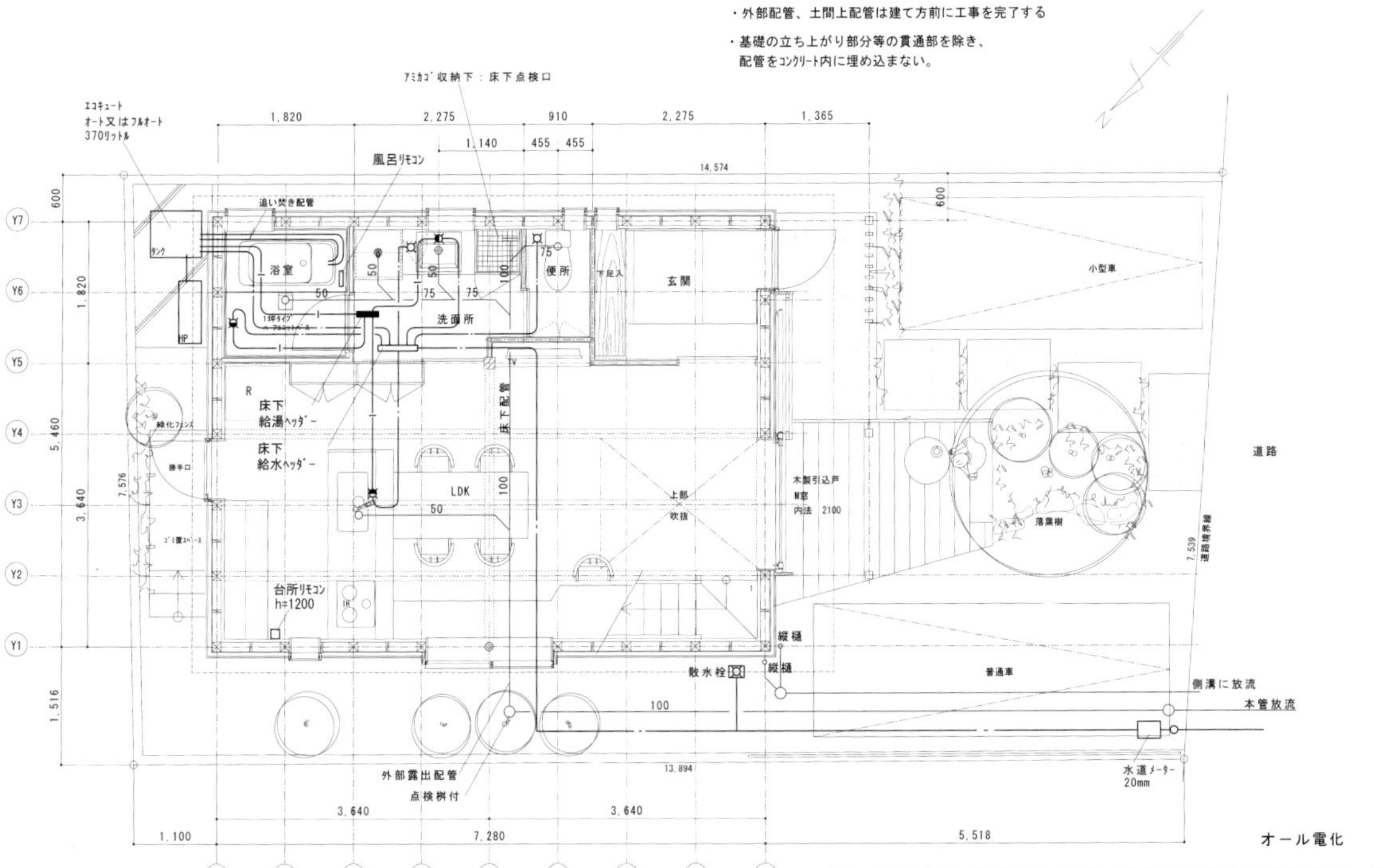

■給排水衛生設備機器表

浴室			
ハーフユニットバス	UB-1670 バス水栓不要、	リクシル	
シャワー水栓	付属BF-HB147TSD		
便所			
便器	アメージュZシャワートイレ 手洗い付		
ペーパーホルダー	CF-AA23D	色：ホワイト WA	
タオル掛け	KF-AA70P		

洗面所		
洗面器	493-008	カクダイ
洗面器水栓	シングルレバー混合水栓 183-008	
洗面台	t=30 タモ無垢板（建築工事）	
洗濯水栓	洗面カウンター下、床出し	
洗濯機床排水金物		

1階平面図

凡例	
⌧	給水栓
⌧	給湯栓
⌧	混合栓

屋外 保温の上ラッキング		
給水管	VP	硬質塩化ビニル管 20mm
給湯管	CPL	リン脱酸銅管
汚雑水管	VP	硬質塩化ビニル管

屋内	
給水管	保温材付架橋ポリエチレン管
給湯管	保温材付架橋ポリエチレン管
汚雑水管	VP 硬質塩化ビニル管

神沢の家 新築工事	2015.7.17	図 jk	No. 17
1階給排水管設備図，設備リスト	縮尺 1/50	閲	
（株）半田雅俊設計事務所 一級建築士事務所知事登録第58380	東京都板橋区板橋1－48－8－405 〒173-0004電話03－3579－5571 一級建築士登録第109794半田雅俊		

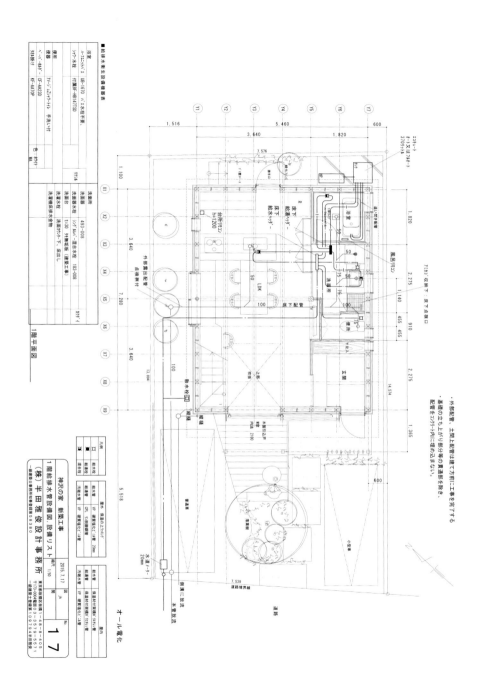

断熱層内の配線はNG、梁貫通はNGとします。
配線層：１F床下、外壁室内側胴縁層（27mm）、
間仕切壁

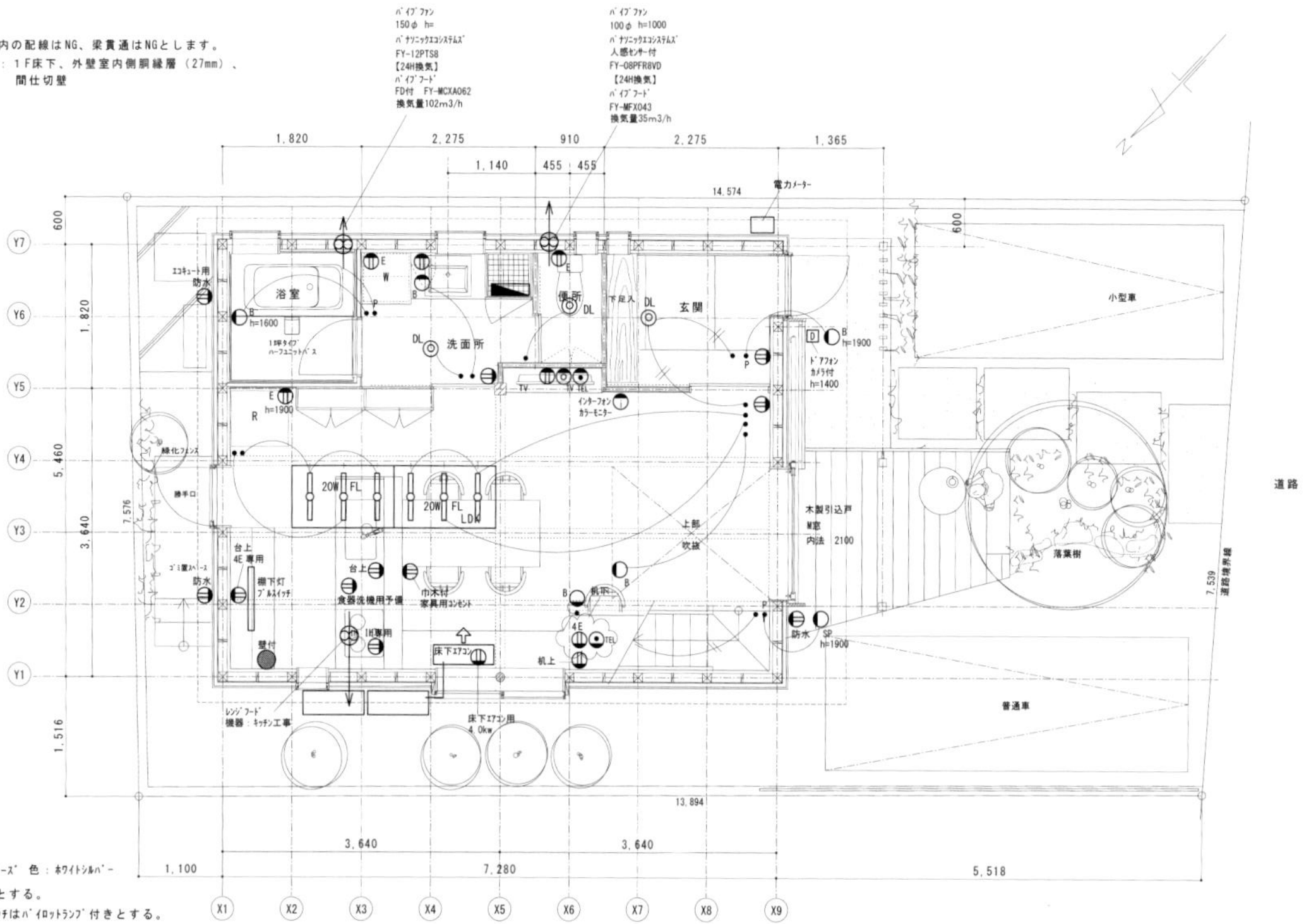

・防水コンセント
　パナソニックスマートデザインシリーズ　色：ホワイトシルバー
・特記無きコンセントは2口とする。
・外灯及び換気扇のスイッチはパイロットランプ付きとする。
・スイッチ、コンセントプレート：コスモホワイト
・TV配線：S5CFB
・TVアンテナ：ケーブルTV又はアンテナ建
　位置は協議の上定める
・TEL：PF管16+実線配線
・スイッチ取付高さ：FLヨリ1000
・コンセント取付高さ：FLヨリ250
・火災報知器は電池式とする。

凡例

コンセント（数値は口数を示す）無表記 2ケロ	ダウンライト
アース付きコンセント	FL
防水コンセント	換気扇
スイッチ	分電盤
パイロットランプ付スイッチ	インターホン
ブラケット照明	テレビジャック
スポットライト照明	電話ジャック
	住宅用火災警報器（電池式）

給湯器リモコン設置位置は設備図参照

1階平面図

神沢の家　新築工事	2015.7.17	図 jk	No. 18
1階電灯コンセントレイアウト図	縮尺 1/50	閲	

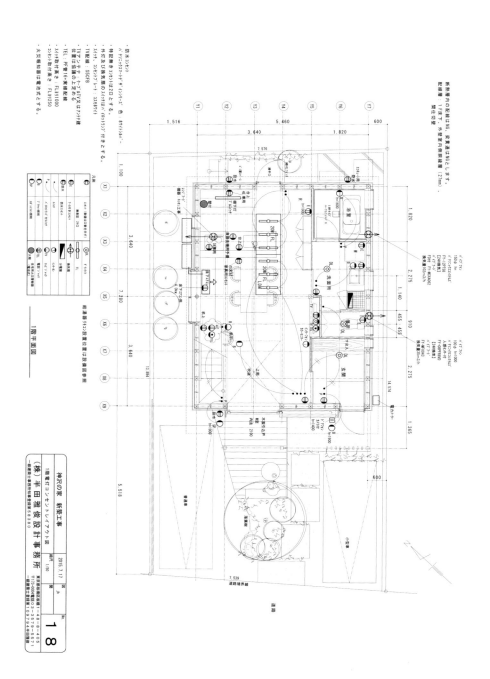

（株）半田雅俊設計事務所
一級建築士事務所知事登録第58380
東京都板橋区板橋1－48－8－405
〒173-0004電話03－3579－5571
一級建築士登録第109794半田雅俊

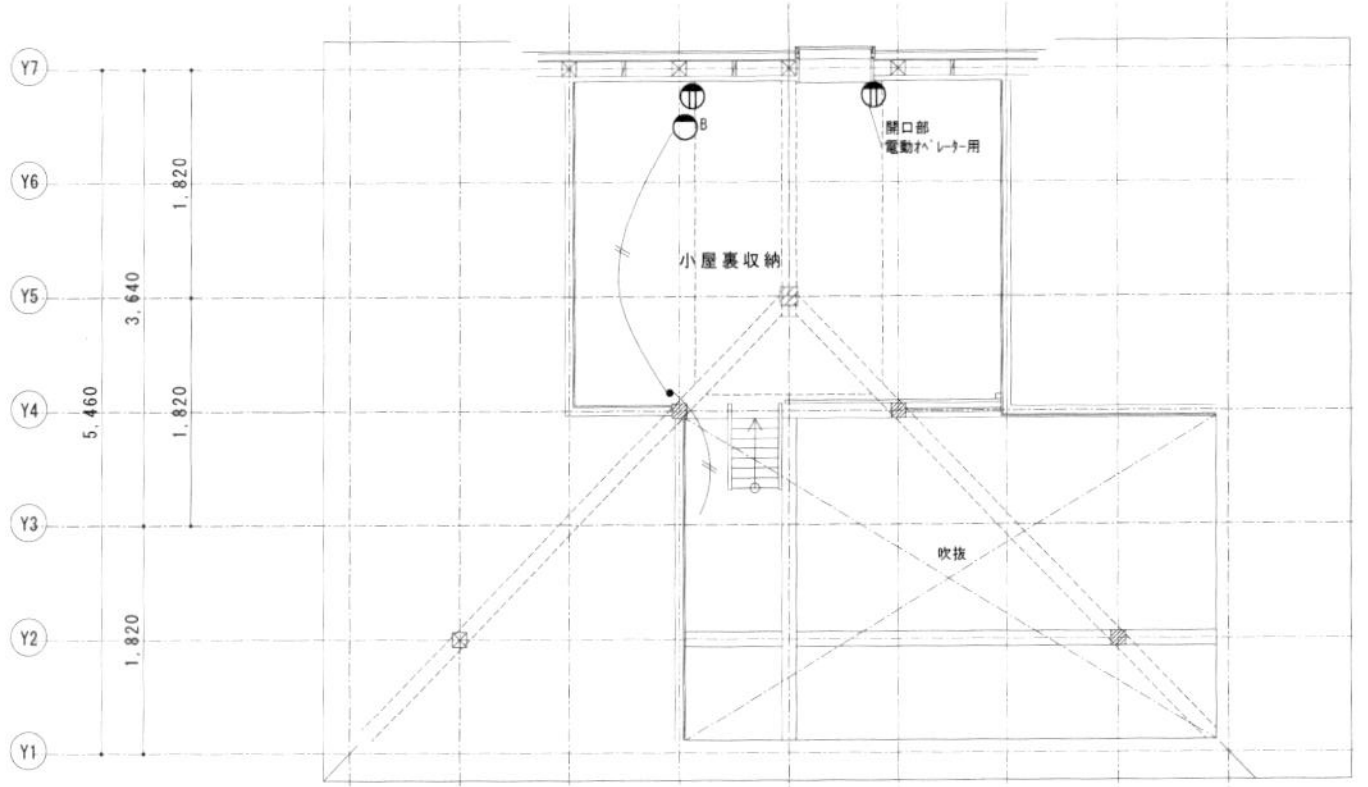

小屋裏平面図

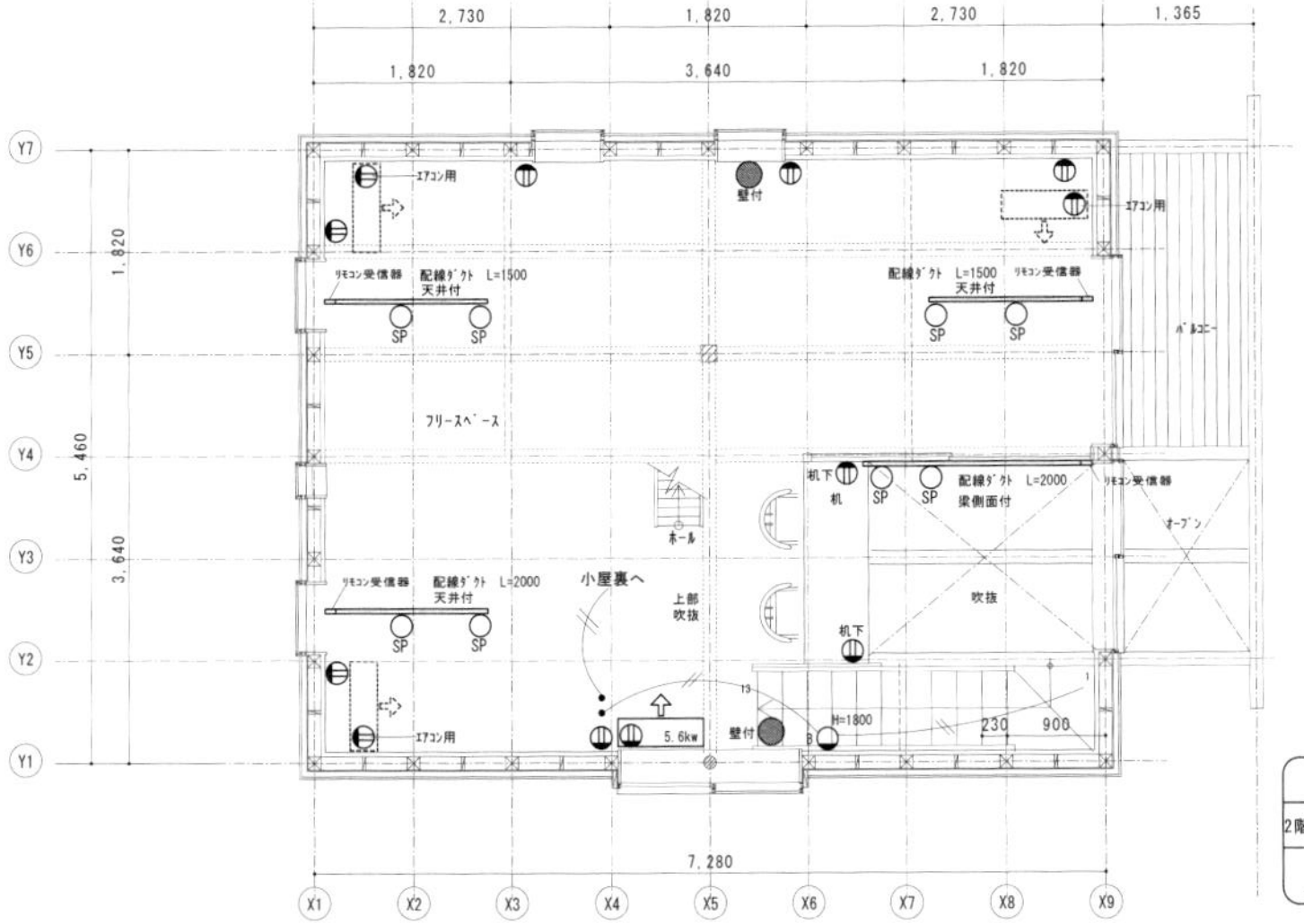

2階平面図

2階　個室、将来個室用のLAN対応、TVは協議の上設置する。

2階にインターフォンモニターを設置する場合は
ポータブル機器の増設で対応する。

神沢の家　新築工事	2015.7.17	図 jk	No. 19
2階、小屋裏電灯コンセントレイアウト図	縮尺 1/50	関	
（株）半田雅俊設計事務所　一級建築士事務所知事登録第58380	東京都板橋区板橋1－48－8－405　〒173-0004電話03－3579－5571　一級建築士登録第109794半田雅俊		

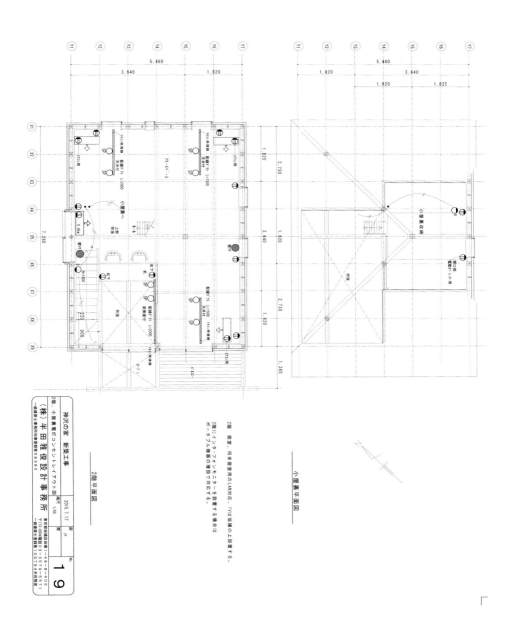

姿図	取り付け場所	価格	数量	金額	備考
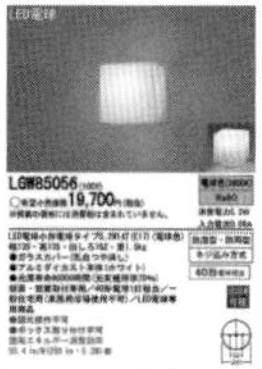	玄関ポーチ	19,700	1	19,700	パナソニック
	浴室	19,700	1	19,700	
	ウッドデッキ	19,700	1	19,700	
	合計			59,100	
 器具 ヤザワ LCX6025WH LED 電球 60形タイプ LDA9L-G(電球色)	ホール 机上	1,400	2	2,800	電球はすべて電球色
	南寝室	1,400	2	2,800	
	フリースペース	1,400	2	2,800	
	合計		6	8,400	
	合計		0	0	
	小屋裏収納	3,500	1	3,500	オーデリック 電球: エルパボール LDG5L-G-G211 LED 電球色 40W 電球色 E26 外形70mm
	洗面所	3,500	1	3,500	
	階段	3,500	1	3,500	
	LDK 机脇 SP	3,500	1	3,500	
	LDK 吹抜け	3,500	1	3,500	
	合計		5	17,500	

姿図	取り付け場所	価格	数量	金額	備考
	玄関	6,800	1	6,800	パナソニック
	1階便所	6,800	1	6,800	
	洗面所	6,800	1	6,800	
	合計			20,400	
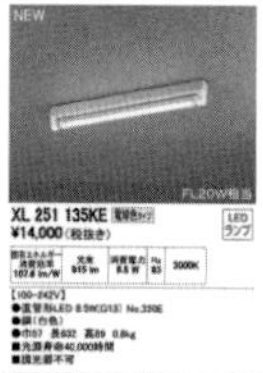	キッチン上	14,000	3	42,000	オーデリック
	食卓テーブル上	14,000	3	42,000	
	トラフ型であれば他メーカーでもOKです。				
	合計			84,000	
	台所棚下灯	13,800	1	13,800	ダイコウ
	38249Y 電球色				
	合計		1	13,800	

照明器具合計金額 ¥203,200

電球は全てLED とする 2015/5/13

神沢の家 新築工事	2015.7.17	図	No. 20
照明器具リスト	縮尺	間	

（株）半田雅俊設計事務所
一級建築士事務所知事登録第58380
東京都板橋区板橋1-48-8-405
〒173-0004電話03-3579-5571
一級建築士登録第109794半田雅俊

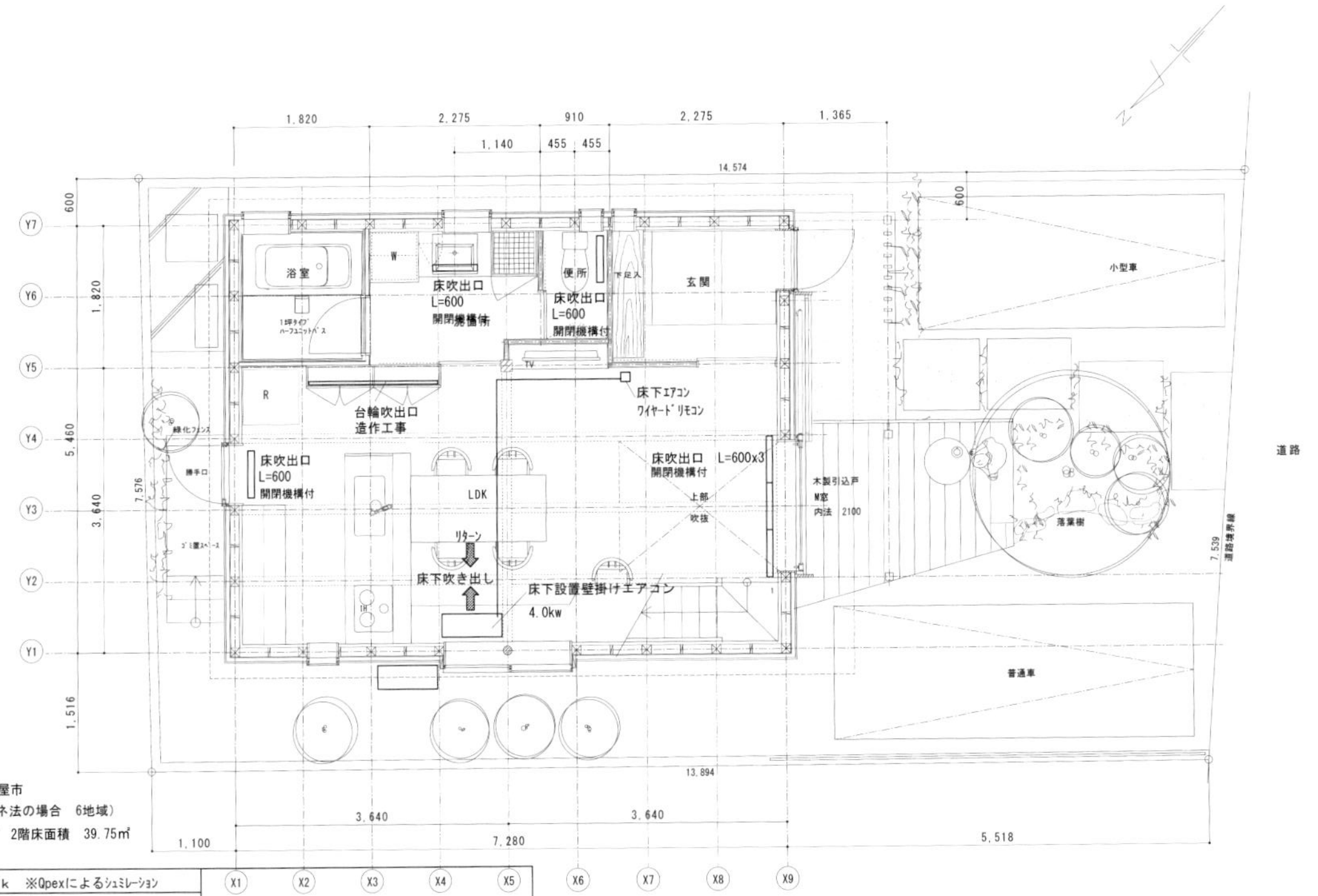

■放熱器算定計算

建設地：愛知県名古屋市

Ⅳ地域　（改正省エネ法の場合　6地域）

1階床面積　39.75㎡　2階床面積　39.75㎡

述面積　79.5㎡

総熱損失　162.68W/k　※Qpexによるシュミレーション

熱損失係数（Q値）2.04W/㎡K

	設計室温	外気温	内外温度差	負荷
1,2階　熱損失 136.37W/K	20°	0°	20°	2727W
床下空間熱損失 26.31W/K	30°	0°	30°	790W
			負荷合計	3517W

放熱器必要能力

■3517W（負荷合計）x 1.2（安全率）＝4220W

∴5.0kwの放熱器が必要（全館）

機種：4.0kwタイプの壁掛けエアコン　ダイキンEシリーズ等

※冷房能力4.0kw　/　暖房能力4.0kw

リモコンはワイヤードとします

時間設定入切タイマー運転対応とします

木製床吹出口

EOM株式会社　TEL：053-464-8970

風量調節仕切付き　スリット5mmタイプ　材　バーチ

1階平面図

神沢の家　新築工事	2015.7.17	図 jk	No. 21
1階床下エアコン暖房計画図	縮尺 1/50	閲	

（株）半田雅俊設計事務所

東京都板橋区板橋1－48－8－405

〒173-0004電話03－3579－5571

一級建築士事務所知事登録第58380

一級建築士登録第109794半田雅俊

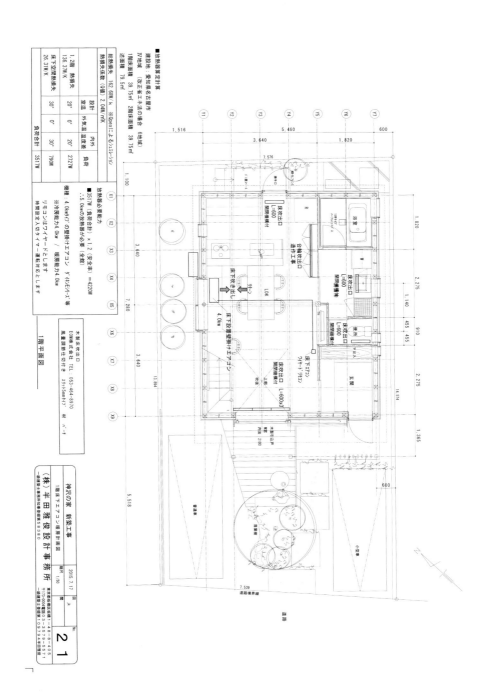

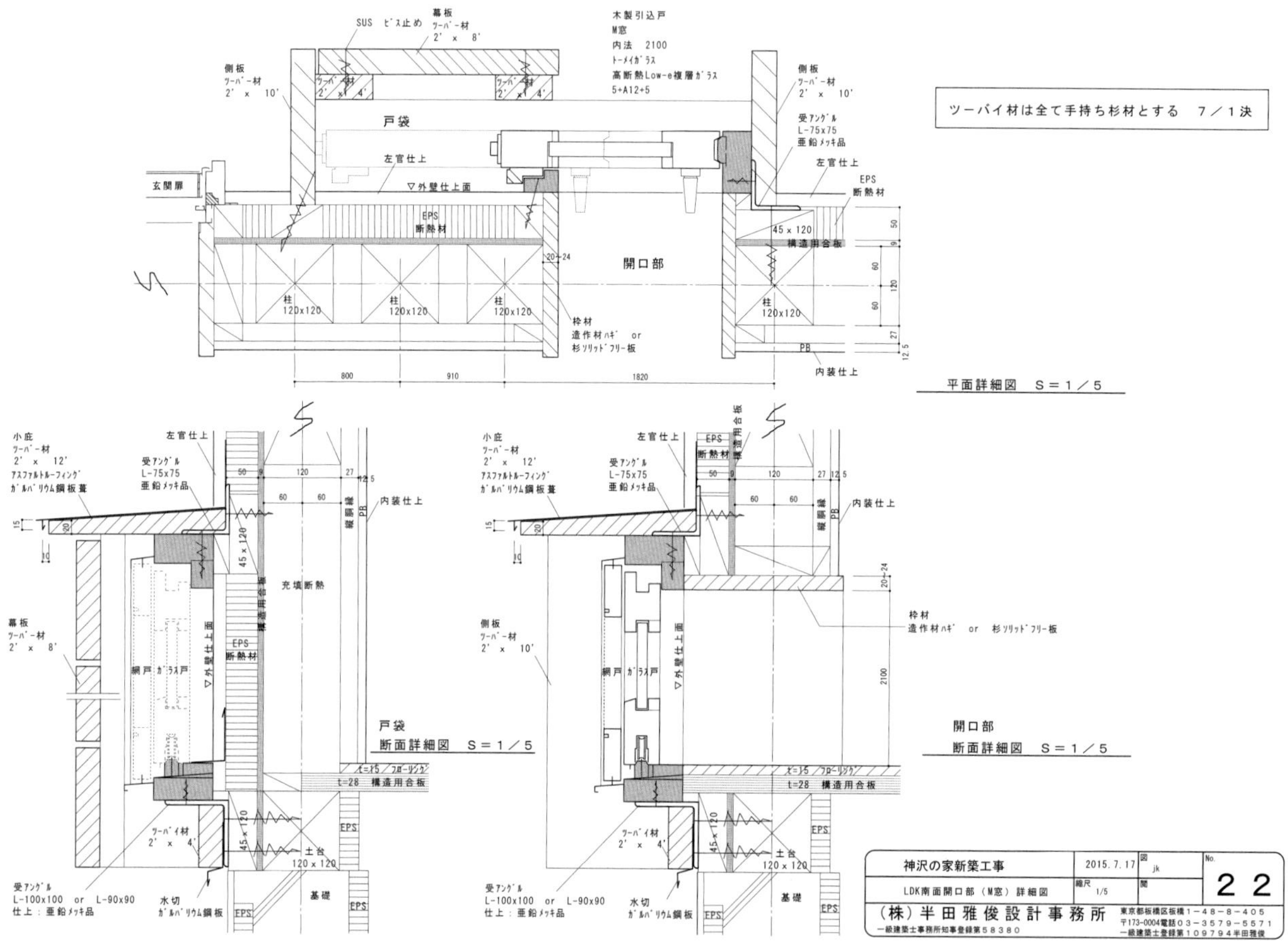
ツーバイ材は全て手持ち杉材とする　7／1決
平面詳細図　S＝1／5
木製引込戸
M窓
内法　2100
トーメイガラス
高断熱Low-e複層ガラス
5+A12+5
SUS　ビス止め
幕板
ツーバー材
2'　x　8'
側板
ツーバー材
2'　x　10'
ツーバイ材
2'　x　4'
戸袋
左官仕上
▽外壁仕上面
玄関扉
EPS
断熱材
受アングル
L-75x75
亜鉛メッキ品
45 x 120
構造用合板
開口部
柱
120x120
枠材
造作材ハギ　or
杉ソリッドフリー板
PB
内装仕上
800
910
1820
戸袋
断面詳細図　S＝1／5
開口部
断面詳細図　S＝1／5
小庇
ツーバー材
2'　x　12'
アスファルトルーフィング
ガルバリウム鋼板葺
網戸　ガラス戸
充填断熱
縦胴縁
t=15　フローリング
t=28　構造用合板
土台
120 x 120
基礎
受アングル
L-100x100　or　L-90x90
仕上：亜鉛メッキ品
水切
ガルバリウム鋼板
2100
神沢の家新築工事
LDK南面開口部（M窓）詳細図
2015.7.17
縮尺　1/5
jk
No.
22
（株）半田雅俊設計事務所
一級建築士事務所知事登録第58380
東京都板橋区板橋1－48－8－405
〒173-0004電話03－3579－5571
一級建築士登録第109794半田雅俊

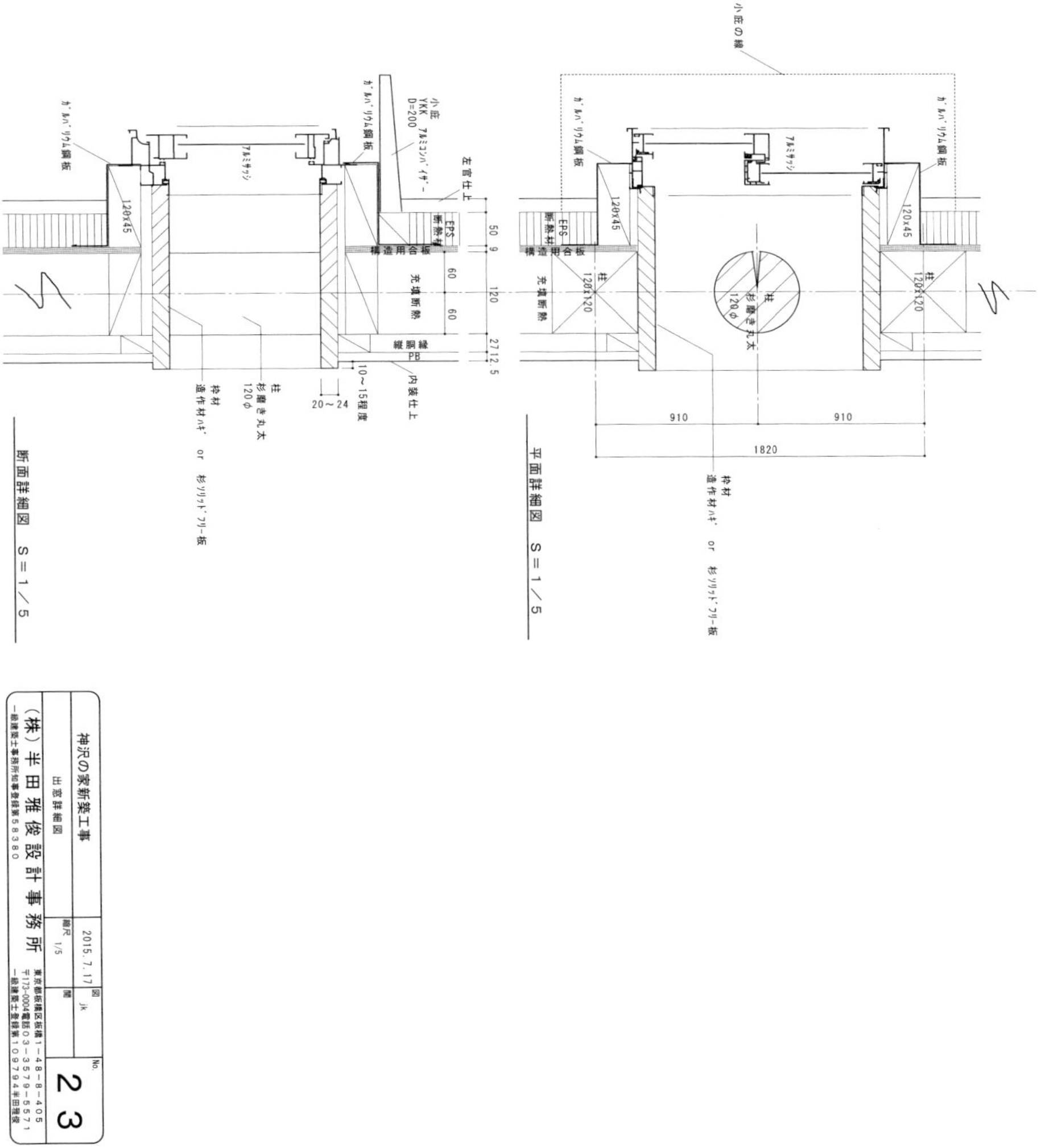
断面詳細図 S＝1／5
平面詳細図 S＝1／5
小庇の線
ｶﾞﾙﾊﾞﾘｳﾑ鋼板
小庇 YKK ｱﾙﾐｺﾝﾊﾟｲｻﾞｰ D=200
ｱﾙﾐｻｯｼ
左官仕上
EPS
断熱材
構造用合板
充填断熱
縦胴縁
PB
内装仕上
柱 120x120
柱 杉磨き丸太 120φ
枠材 造作材ﾊｷﾞ or 杉ｿﾘｯﾄﾞﾌﾘｰ板
10～15程度
20～24
120x45
910
1820
神沢の家新築工事
出窓詳細図
2015.7.17
縮尺 1/5
No. 23
（株）半田雅俊設計事務所
一級建築士事務所知事登録第58380
東京都板橋区板橋1-48-8-405
〒173-0004電話03-3579-5571
一級建築士登録第109794半田雅俊

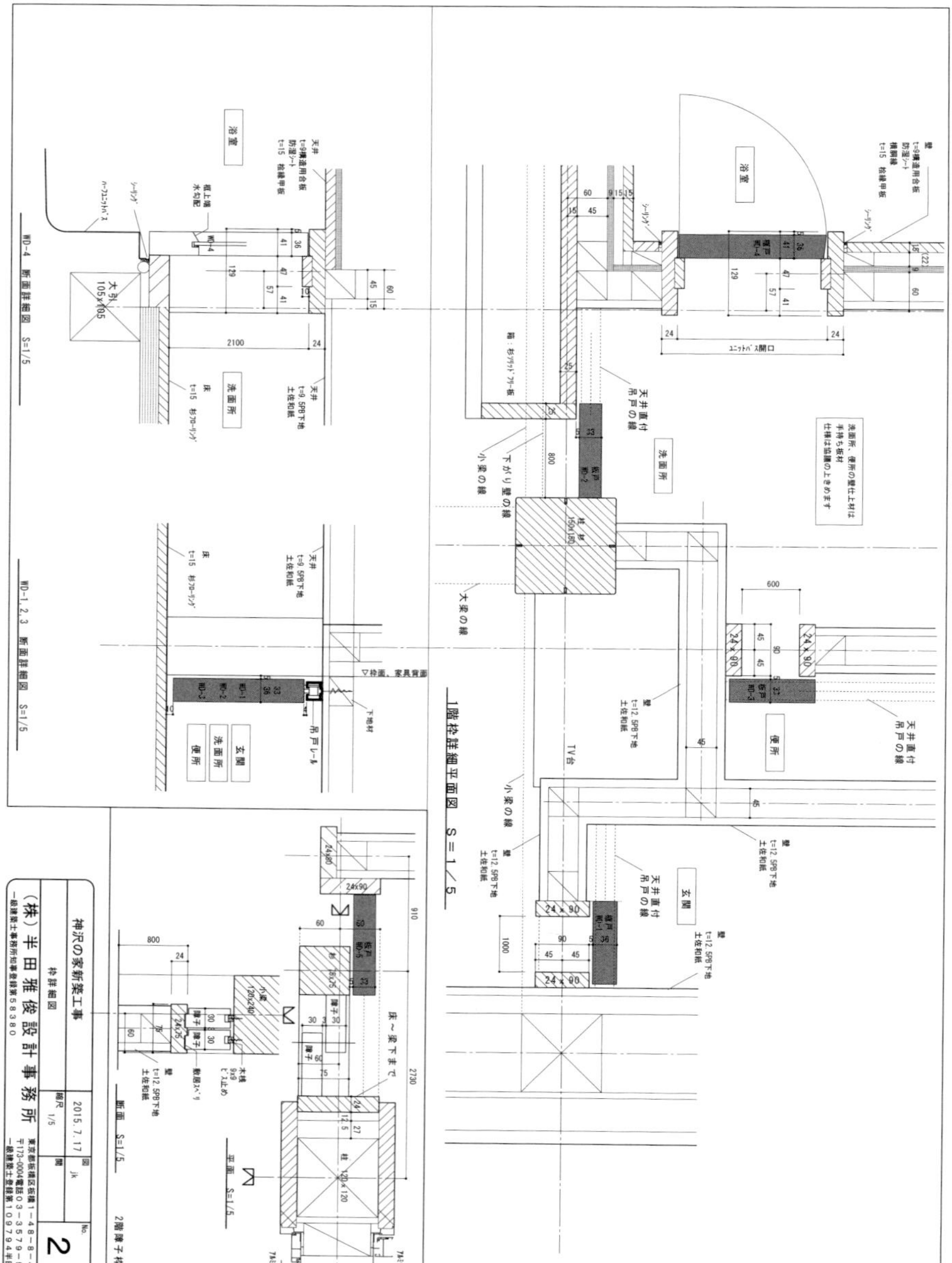
1階枠詳細平面図 S＝1／5
WD-4 断面詳細図 S=1/5
WD-1.2.3 断面詳細図 S=1/5
2階障子枠詳細図
断面 S=1/5
平面 S=1/5
神沢の家新築工事
枠詳細図
2015.7.17
縮尺 1/5
No. 24
（株）半田雅俊設計事務所

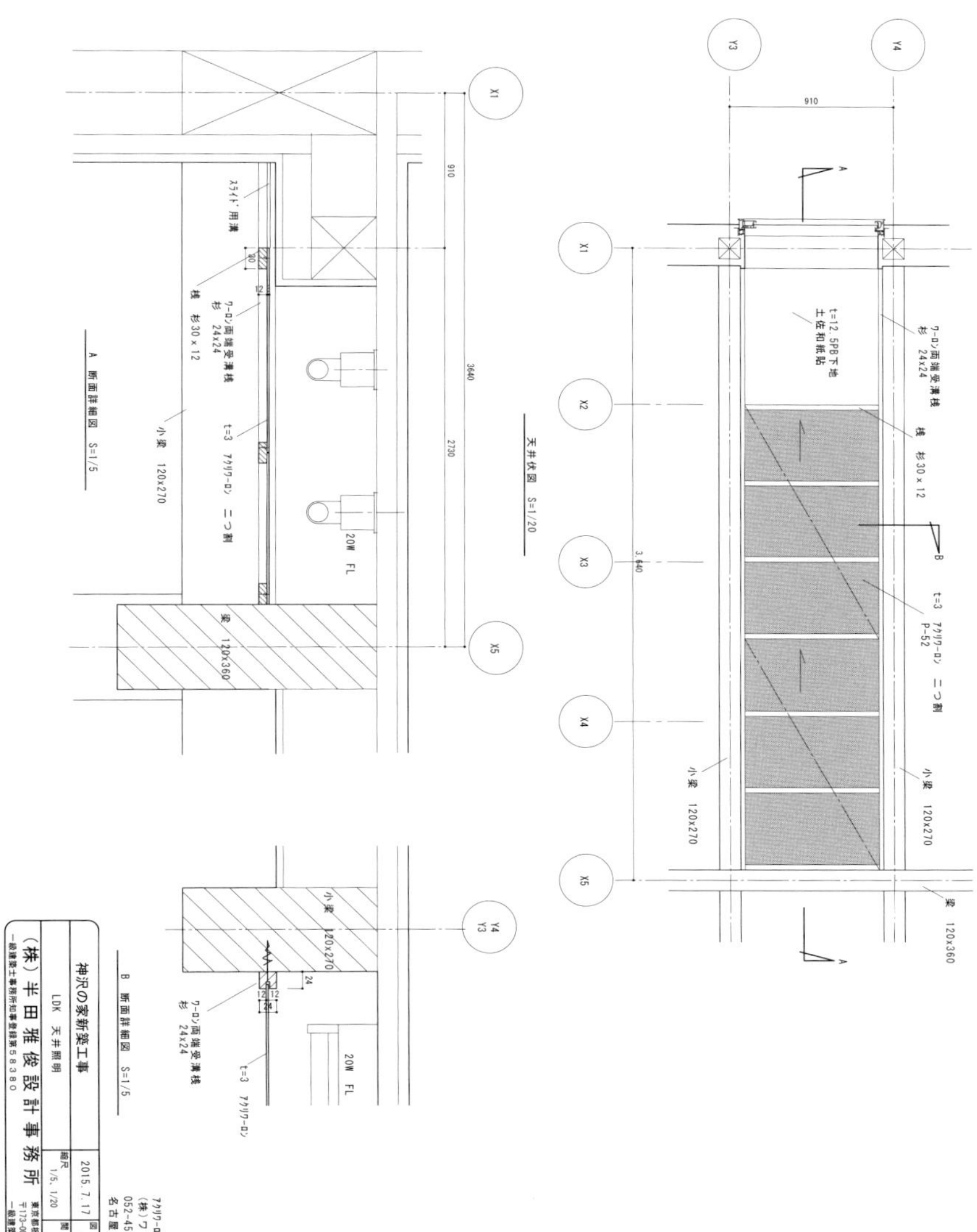
A 断面詳細図 S=1/5
天井伏図 S=1/20
B 断面詳細図 S=1/5
スライド用溝
ワーロン両端受溝桟 杉 24x24
桟 杉30x12
t=3 アクリワーロン 二つ割
小梁 120x270
梁 120x360
20W FL
t=12.5PB下地 土佐和紙貼
t=3 アクリワーロン P-52 二つ割
910
2730
3640
X1
X2
X3
X4
X5
Y3
Y4
アクリワーロン
(株)ワーロン
052-451-1456
名古屋市中村区
神沢の家新築工事
LDK 天井照明
2015.7.17
縮尺 1/5, 1/20
No. 25
(株)半田雅俊設計事務所
一級建築士事務所知事登録第58380
東京都板橋区板橋1-48-8-405
〒173-0004 電話03-3579-5571
一級建築士登録第109794半田雅俊

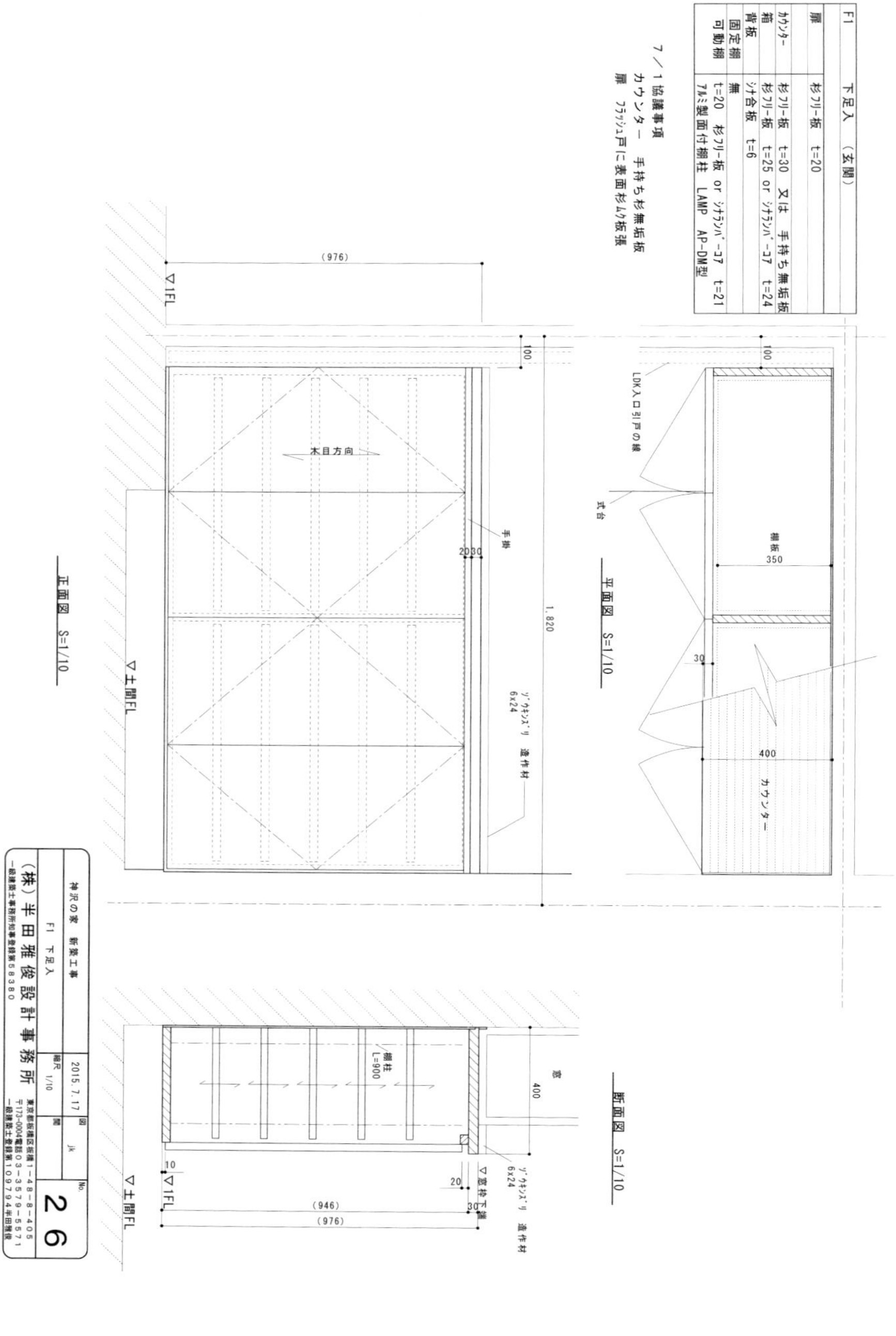
F1 下足入（玄関）
扉 杉フリー板 t=20
カウンター 杉フリー板 t=30 又は 手持ち無垢板
箱 杉フリー板 t=25 or シナランバーコア t=24
背板 シナ合板 t=6
固定棚 無
可動棚 t=20 杉フリー板 or シナランバーコア t=21
アルミ製面付棚柱 LAMP AP-DM型
7／1協議事項
カウンター 手持ち杉無垢板
扉 フラッシュ戸に表面杉ムク板張
正面図 S=1/10
平面図 S=1/10
断面図 S=1/10
木目方向
手掛
ゾウキンズリ 6x24 造作材
LDK入口引戸の線
式台
棚板
カウンター
棚柱 L=900
窓
▽1FL
▽土間FL
▽窓枠下端
神沢の家 新築工事
F1 下足入
2015.7.17
縮尺 1/10
26
（株）半田雅俊設計事務所
一級建築士事務所知事登録第58380
東京都板橋区板橋1-48-8-405
〒173-0004電話03-3579-5571
一級建築士登録第107974半田雅俊

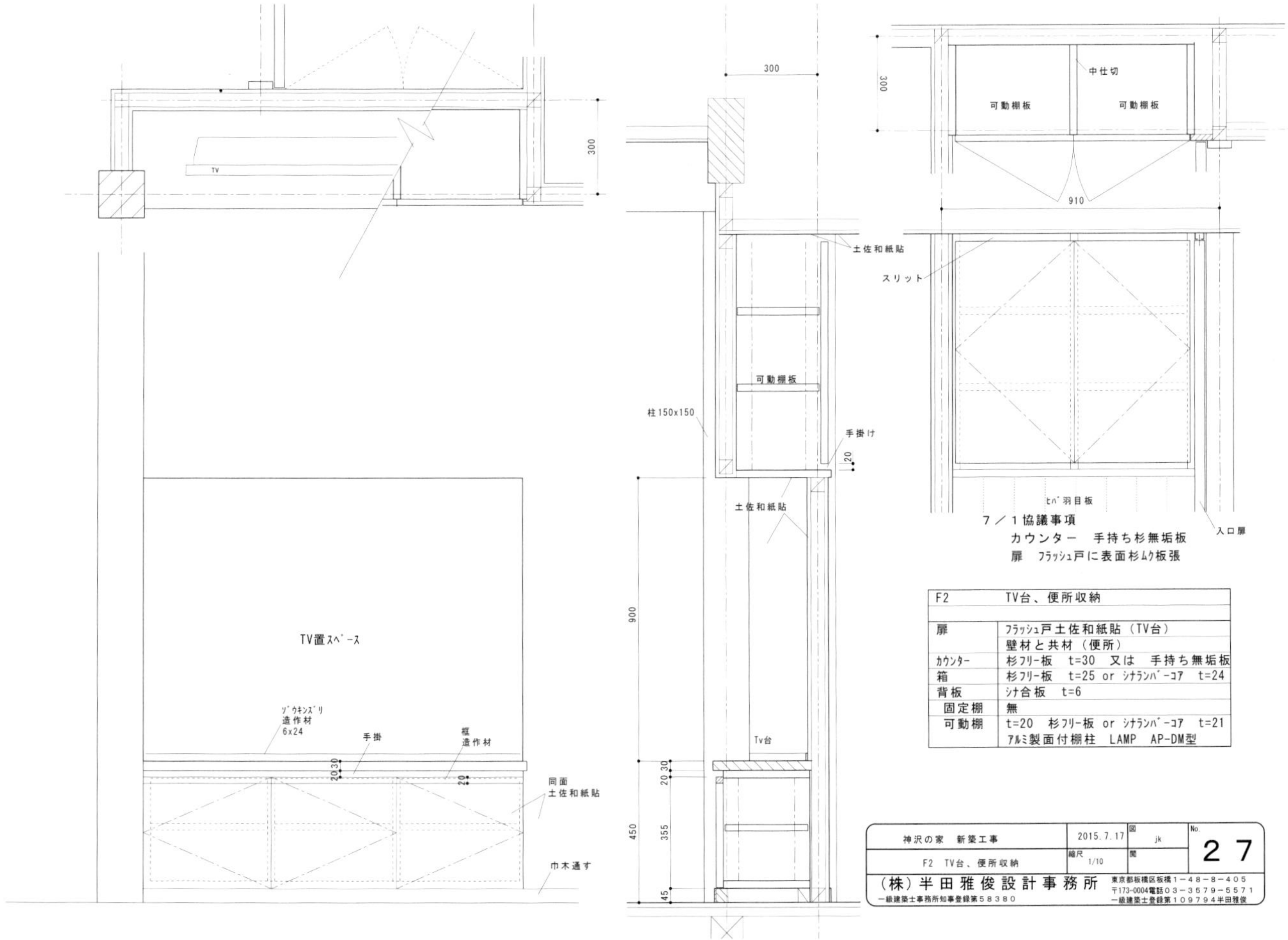

F2	TV台、便所収納
扉	フラッシュ戸土佐和紙貼（TV台） 壁材と共材（便所）
カウンター	杉フリー板　t=30　又は　手持ち無垢板
箱	杉フリー板　t=25 or シナランバーコア　t=24
背板	シナ合板　t=6
固定棚	無
可動棚	t=20　杉フリー板 or シナランバーコア　t=21 アルミ製面付棚柱　LAMP　AP-DM型

神沢の家　新築工事	2015.7.17	図 jk	No. 27
F2　TV台、便所収納	縮尺 1/10	閲	

(株)半田雅俊設計事務所
一級建築士事務所知事登録第58380
東京都板橋区板橋1-48-8-405
〒173-0004電話03-3579-5571
一級建築士登録第109794半田雅俊

7／1協議事項
カウンター　手持ちタモ無垢板

F3	階段下机、カウンター
収納扉	シナ合板　t=6
カウンター（机）、サイドパネル	タモ集成材　t=30
箱	杉フリー板　t=25 or シナランバーコア　t=24
点検扉	杉フリー板　t=25 or シナランバーコア　t=24

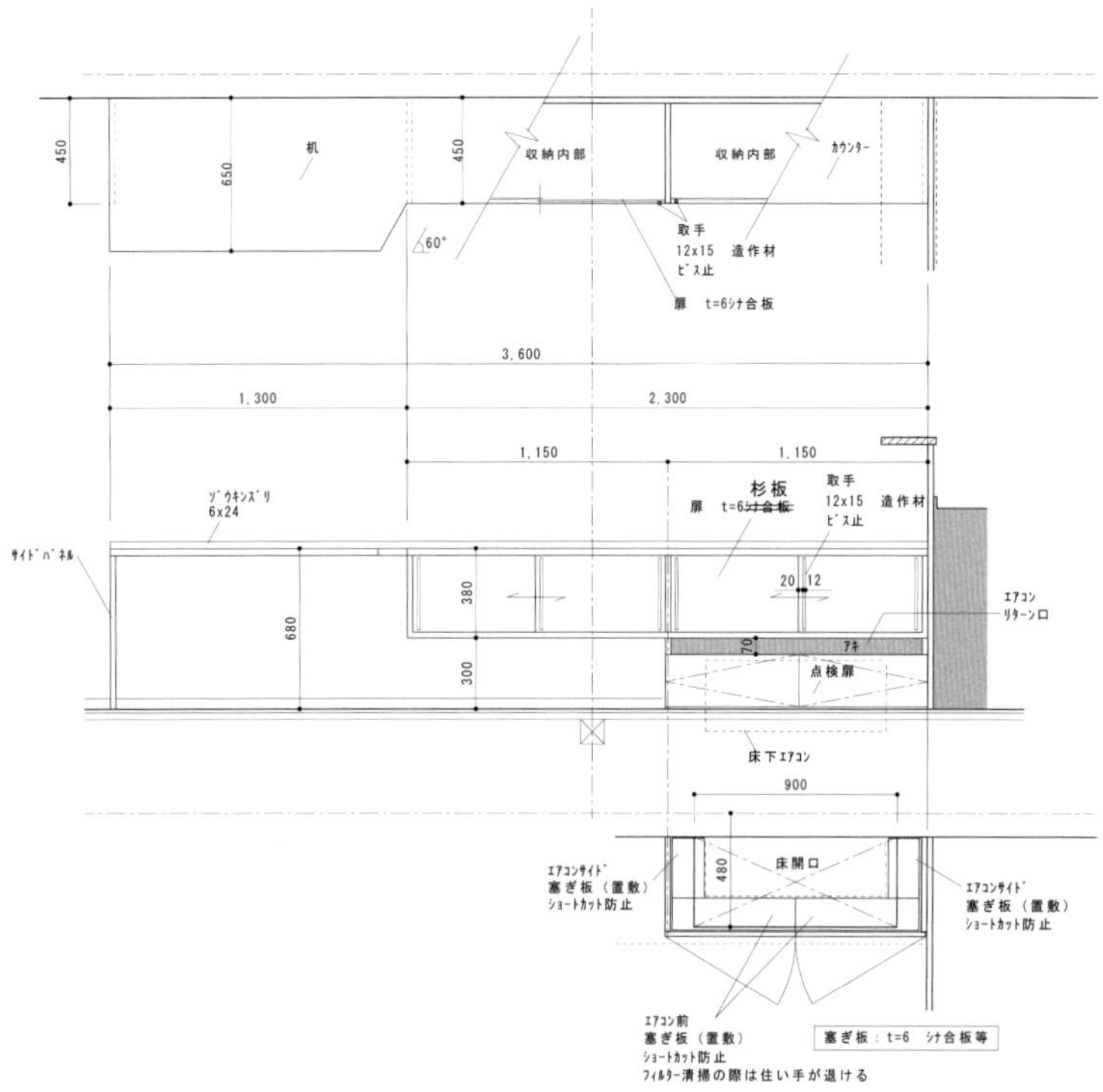

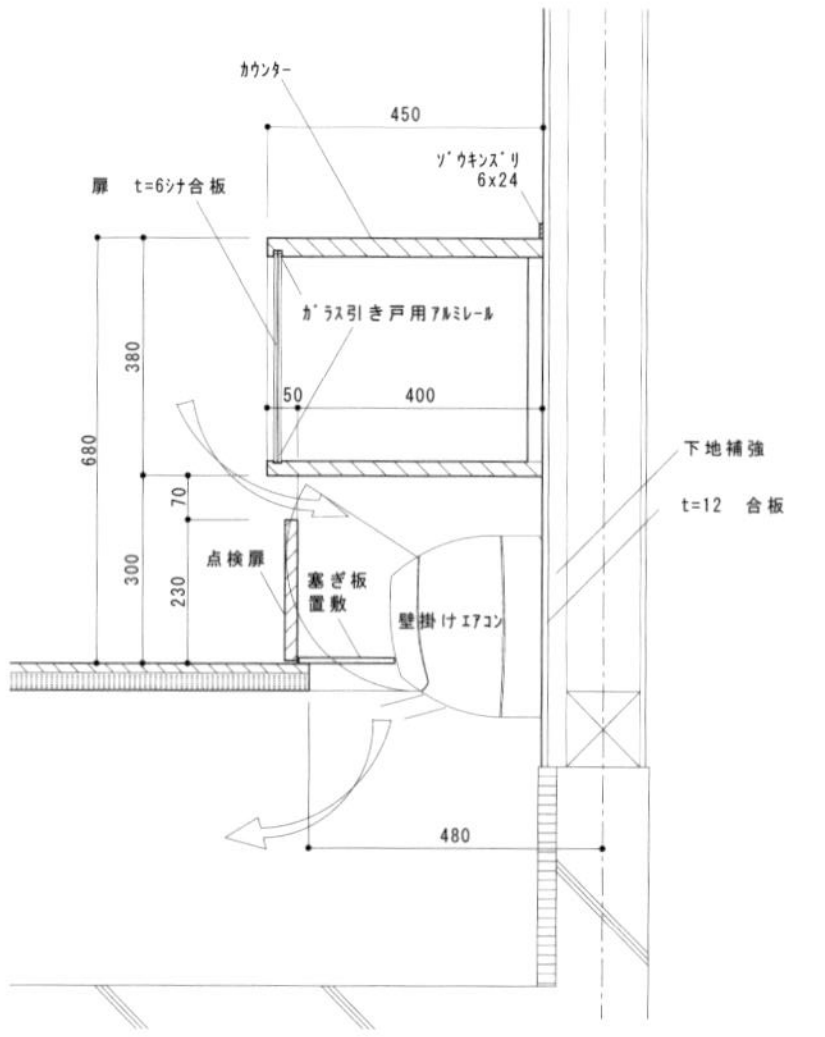

神沢の家　新築工事	2015.7.17	図 jk	No. 28
F3　机、カウンター、床下エアコン納まり	縮尺 1/10	閲	

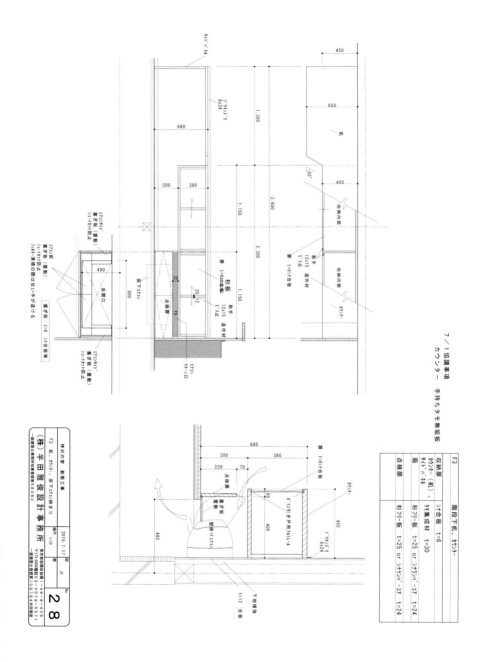

（株）半田雅俊設計事務所
一級建築士事務所知事登録第58380
東京都板橋区板橋1－48－8－405
〒173-0004電話03－3579－5571
一級建築士登録第109794半田雅俊

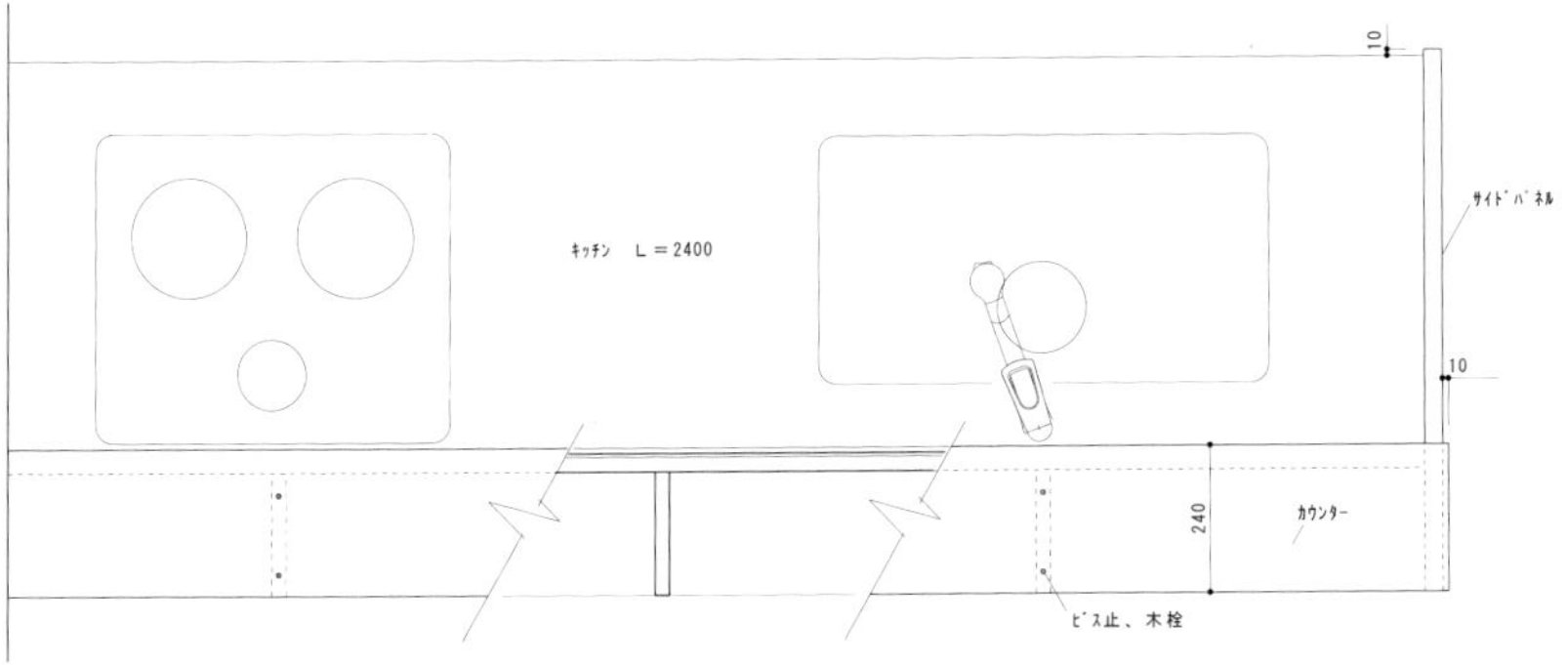

F4	キッチン食堂側収納
扉	無
カウンター	タモ集成材　t=30　又は　手持ち無垢板
箱 中仕切 サイドパネル	杉フリー板　t=25　or　シナランバーコア　t=24
背板	杉フリー板　t=25　or　シナランバーコア　t=24
固定棚	無
可動棚	t=20　杉フリー板　or　シナランバーコア　t=21 アルミ製面付棚柱　LAMP　AP-DM型

7／1協議事項
カウンター　手持ちタモ無垢板

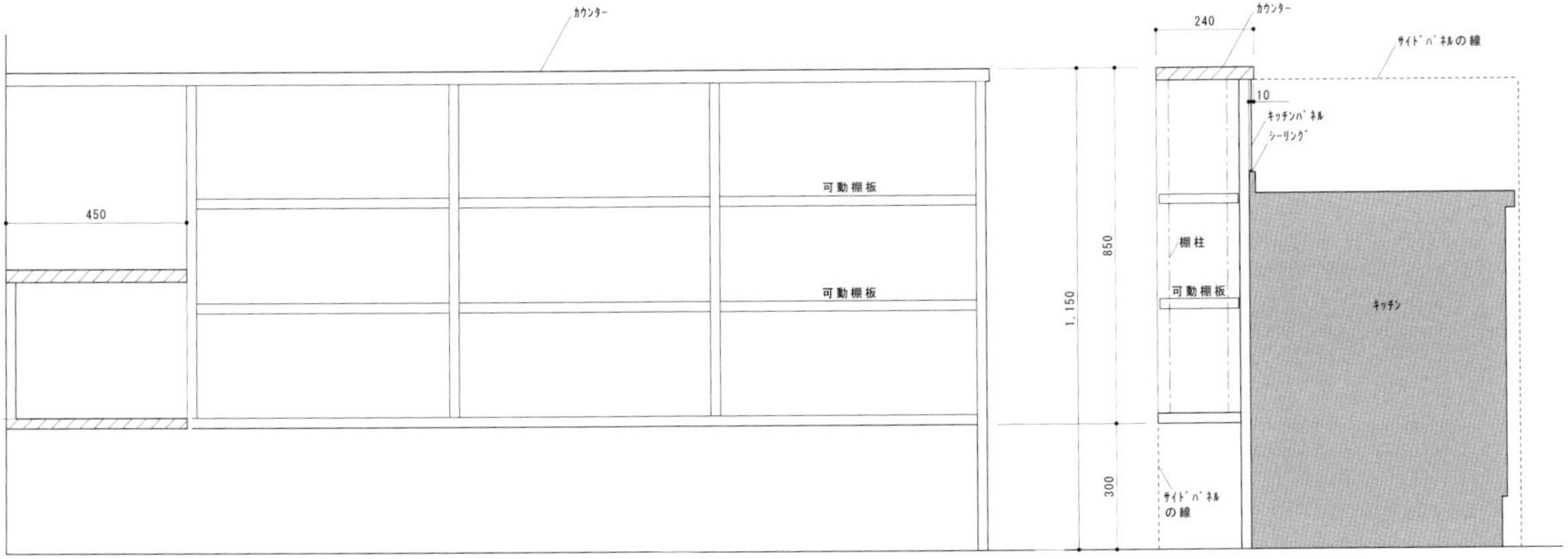

神沢の家　新築工事	2015.7.17	図 jk	No. 29
F4　キッチン背面カウンター収納	縮尺 1/10	閲	

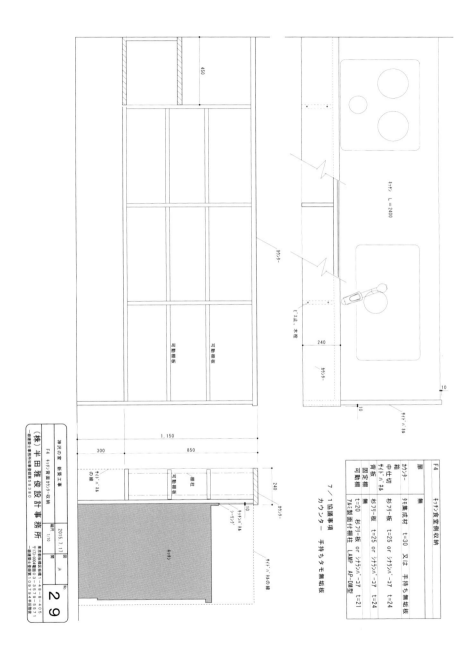

（株）半田雅俊設計事務所
一級建築士事務所知事登録第58380
東京都板橋区板橋1−48−8−405
〒173-0004電話03−3579−5571
一級建築士登録第109794半田雅俊

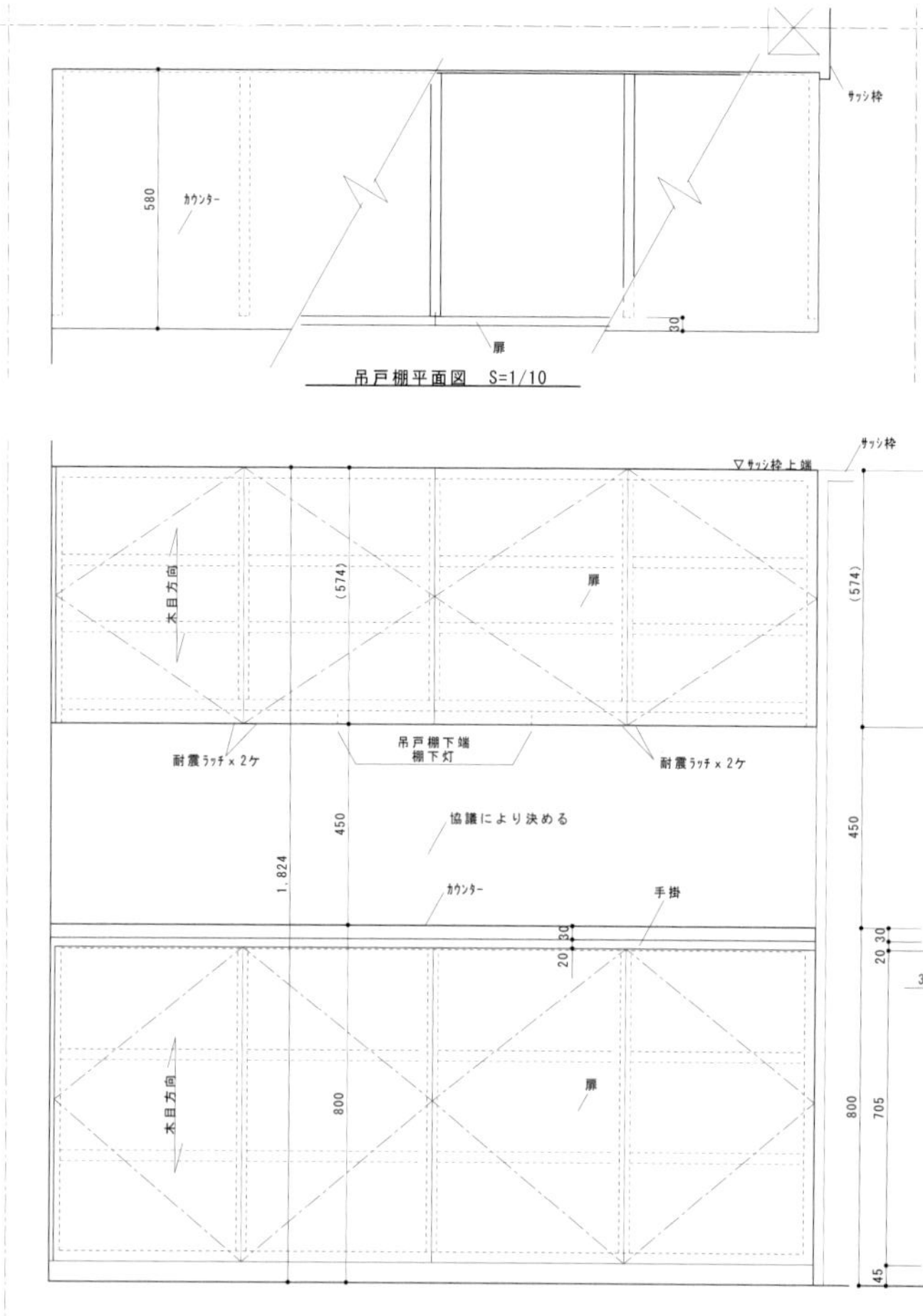

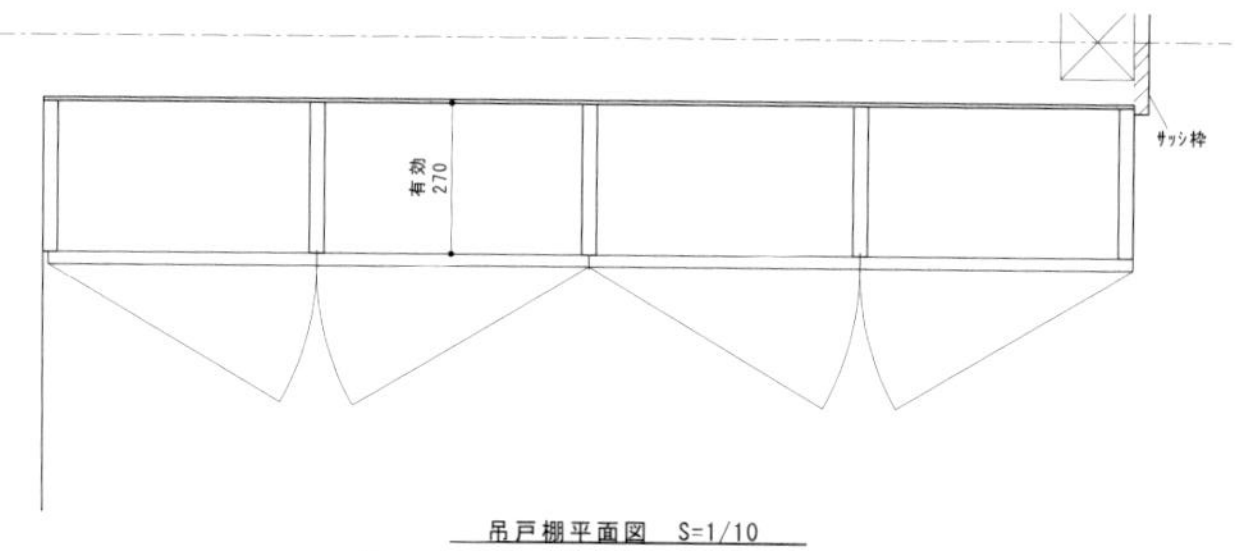

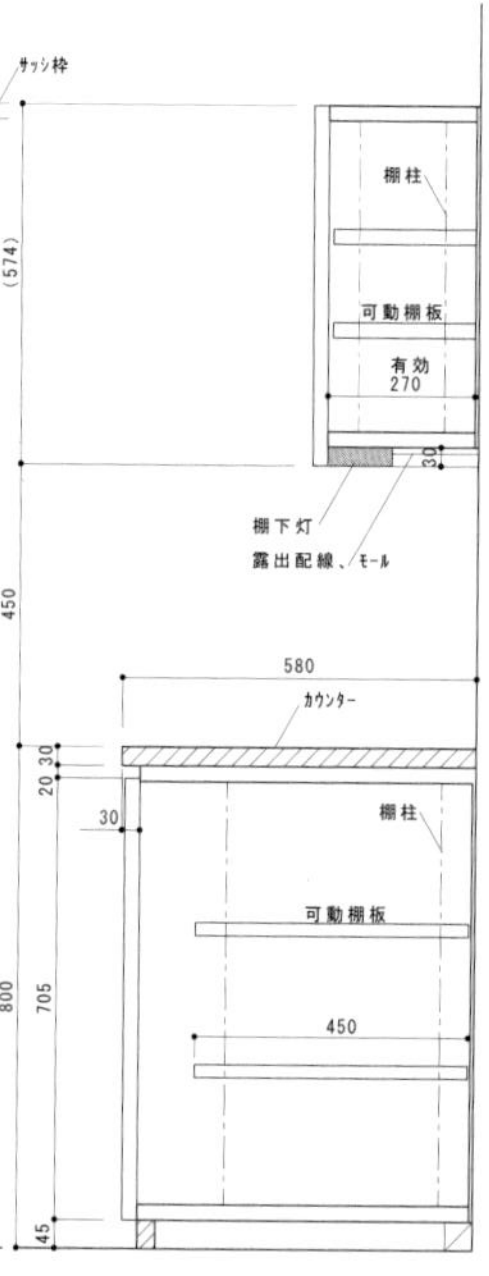

7／1協議事項
カウンター　手持ちタモ無垢板
扉　フラッシュ戸に表面杉ムク板張

F5	キッチン　カウンター収納、吊戸棚
扉	杉フリー板　t=20
カウンター	タモ集成材　t=30　又は　手持ち無垢板
箱	杉フリー板　t=25 or シナランバーコア　t=24
背板	シナ合板　t=6
固定棚	無
可動棚	t=20　杉フリー板 or シナランバーコア　t=21 アルミ製面付棚柱　LAMP　AP-DM型
耐震ラッチ	LAMP　LL-66BR

神沢の家　新築工事	2015.7.17	図 jk	No. 30
F5　キッチンカウンター収納、吊戸棚	縮尺 1/10	閲	

(株)半田雅俊設計事務所
一級建築士事務所知事登録第58380
東京都板橋区板橋1-48-8-405
〒173-0004電話03-3579-5571
一級建築士登録第109794半田雅俊

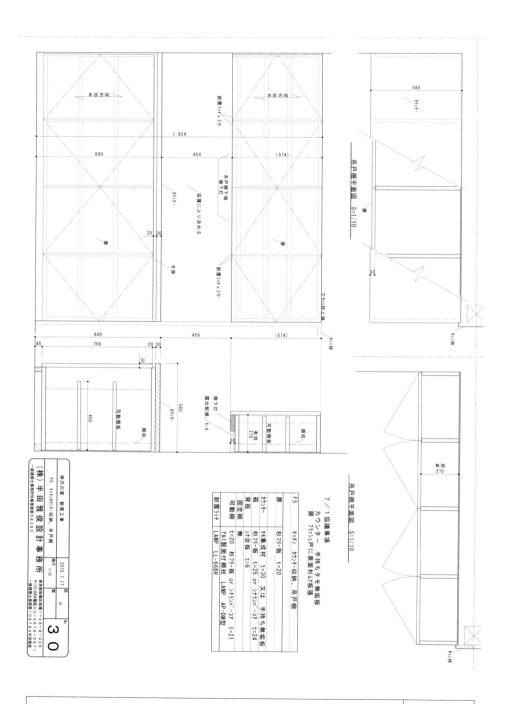

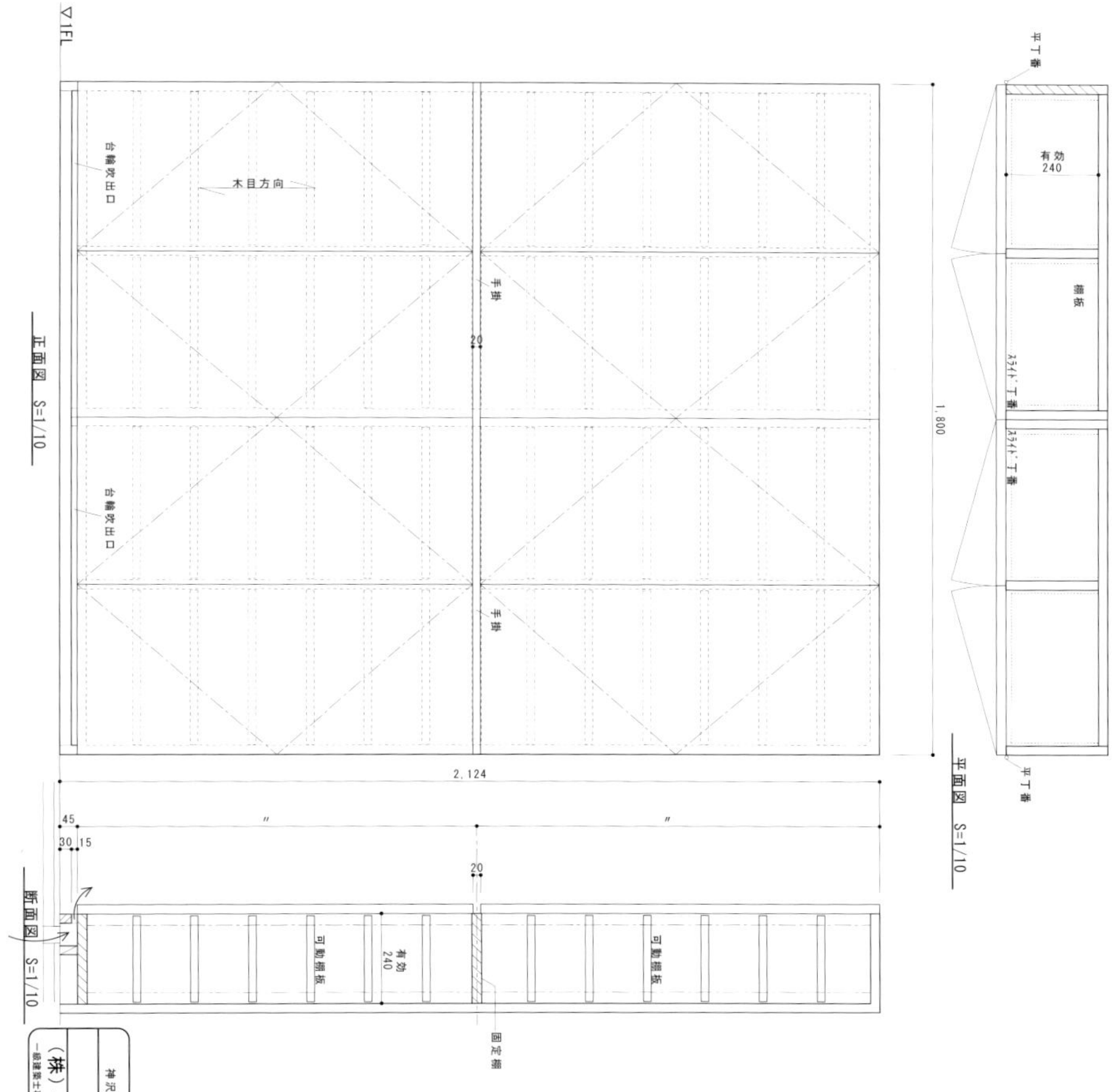

F6	食器棚
扉	ｽｷﾞﾌﾘｰ板 t=20
箱	ｽｷﾞﾌﾘｰ板 t=25 or ｼﾅﾗﾝﾊﾞｰｺｱ t=24
背板	ｽｷﾞﾌﾘｰ板 t=25 or ｼﾅﾗﾝﾊﾞｰｺｱ t=24
固定棚	t=20 ｽｷﾞﾌﾘｰ板 or ｼﾅﾗﾝﾊﾞｰｺｱ t=21
可動棚	ｱﾙﾐ製面付棚柱 LAMP AP-DM型

7／1協議事項

扉 ﾌﾗｯｼｭ戸に表面ｽｷﾞﾑｸ板張

神沢の家 新築工事

F6 食器棚

2015.7.17 図 jk

縮尺 1/10 閲

No. 31

（株）半田雅俊設計事務所

一級建築士事務所知事登録第58380

東京都板橋区板橋1－48－8－405 〒173-0004電話03－3579－5571

一級建築士登録第109794半田雅俊

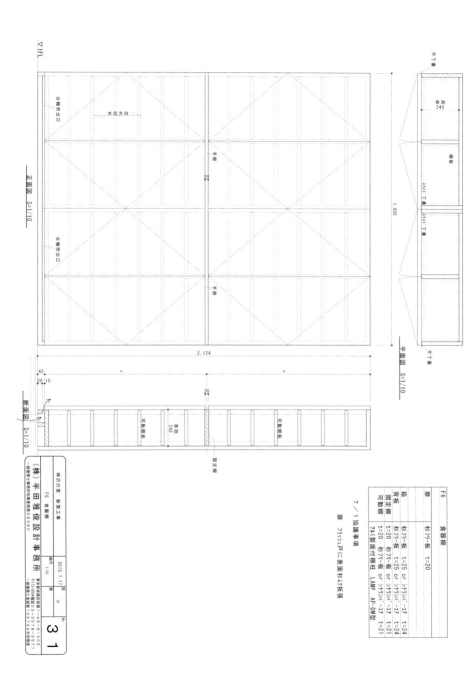

F7	トール収納　（洗面所）
扉	杉フリー板　t=30
取手	木製取手　タカトク金物　WTA-3 セン ウラネジ（タカトク）
カウンター	−
箱	t=25　杉フリー板
固定棚	−
可動棚	t=20　杉フリー板 アルミ製面付棚柱 LAMP　AP-DM型
アミカゴ	エルファバスケット（（株）収納辞典）　Tel：0476-49-3200
	E1551　527x527x85　　×3段
	E1552　527x527x185　　×3段
	E1553　527x527x285　　×1段

7／1協議事項
扉　フラッシュ戸に表面杉ムク板張

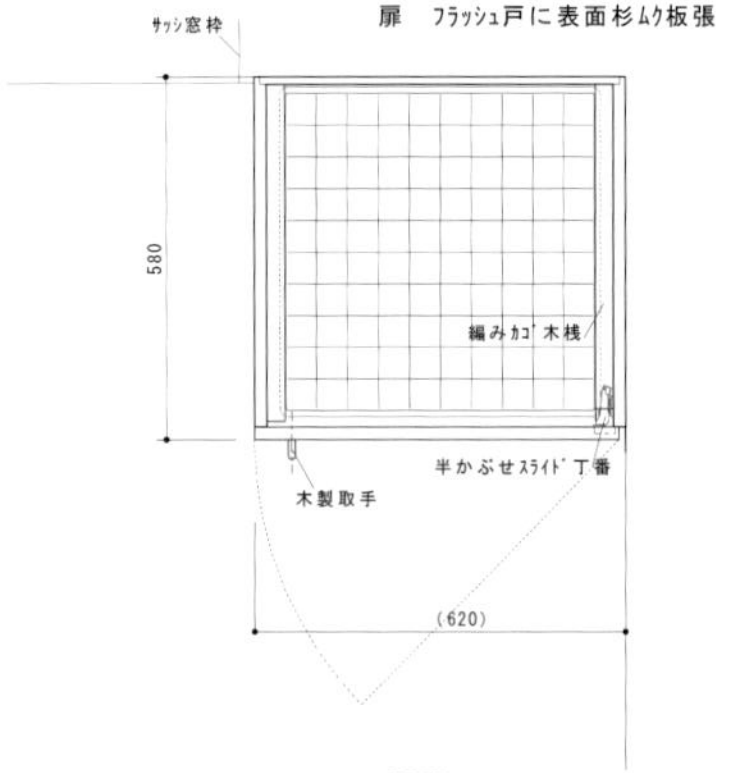

平面図

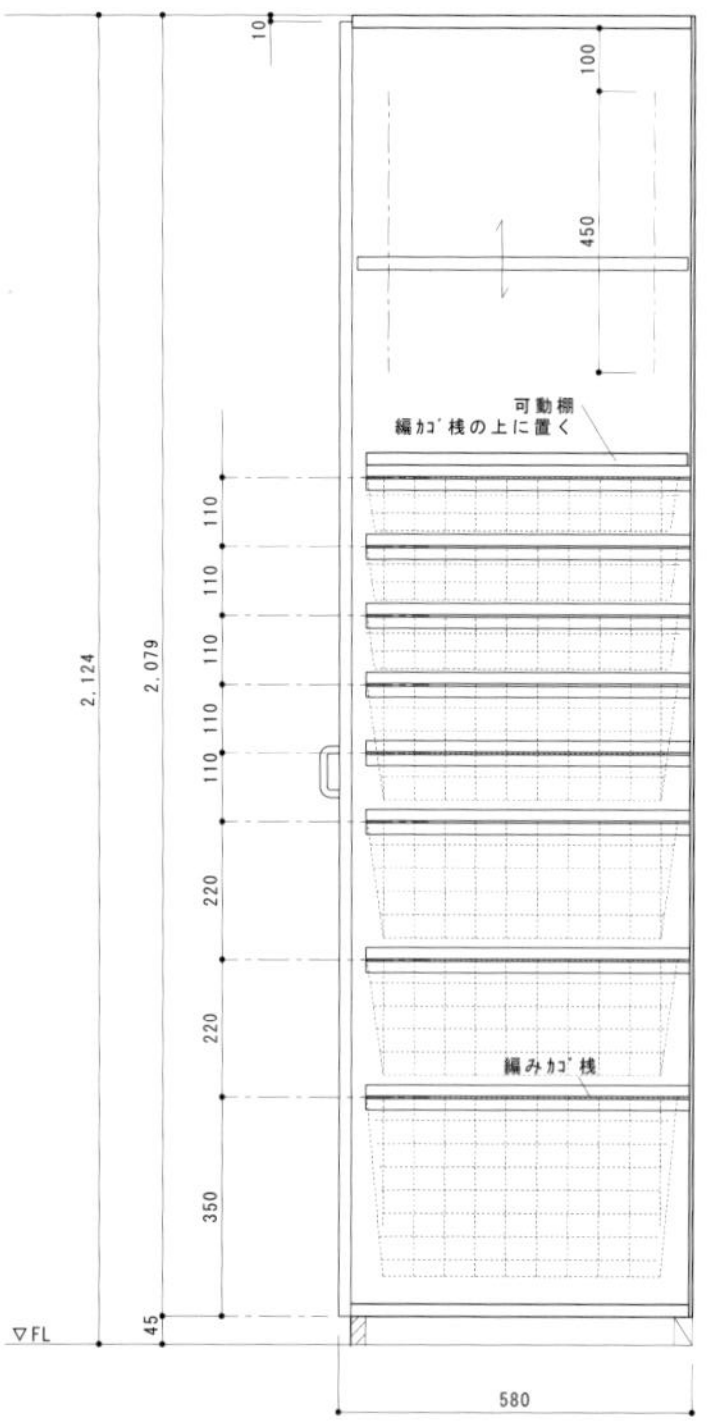

断面図

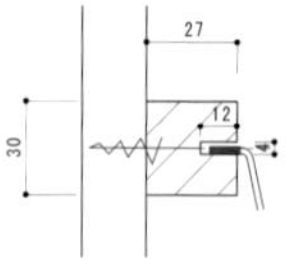

編みカゴ桟
S=1/2

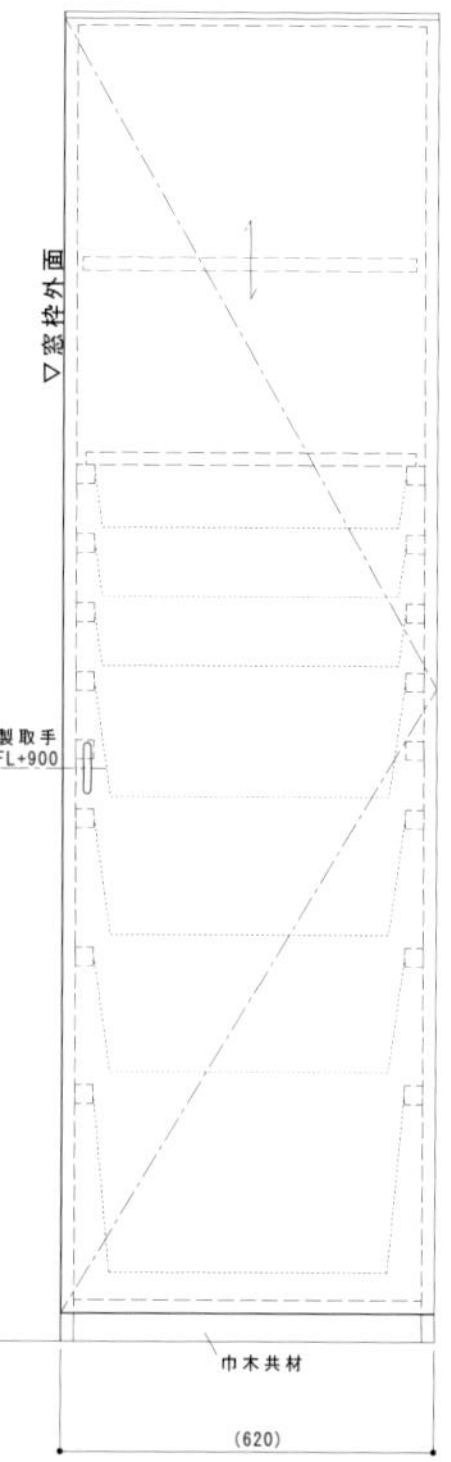

姿図

神沢の家　新築工事	2015.7.17	図 jk	No. 32
F7　洗面所　網かご収納	縮尺 1/10	聞	
（株）半田雅俊設計事務所 一級建築士事務所知事登録第58380	東京都板橋区板橋1−48−8−405 〒173-0004電話03−3579−5571 一級建築士登録第109794半田雅俊		

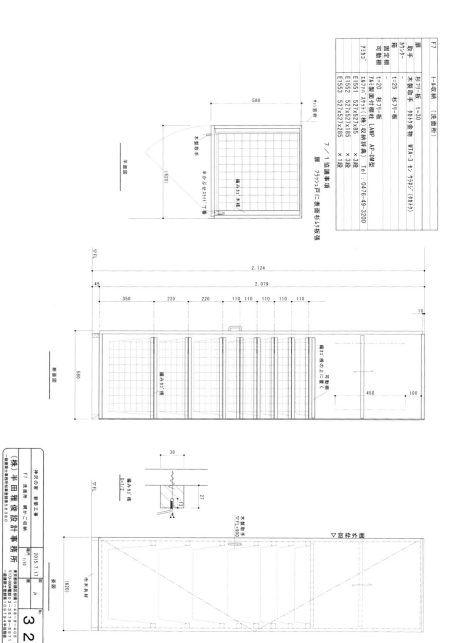

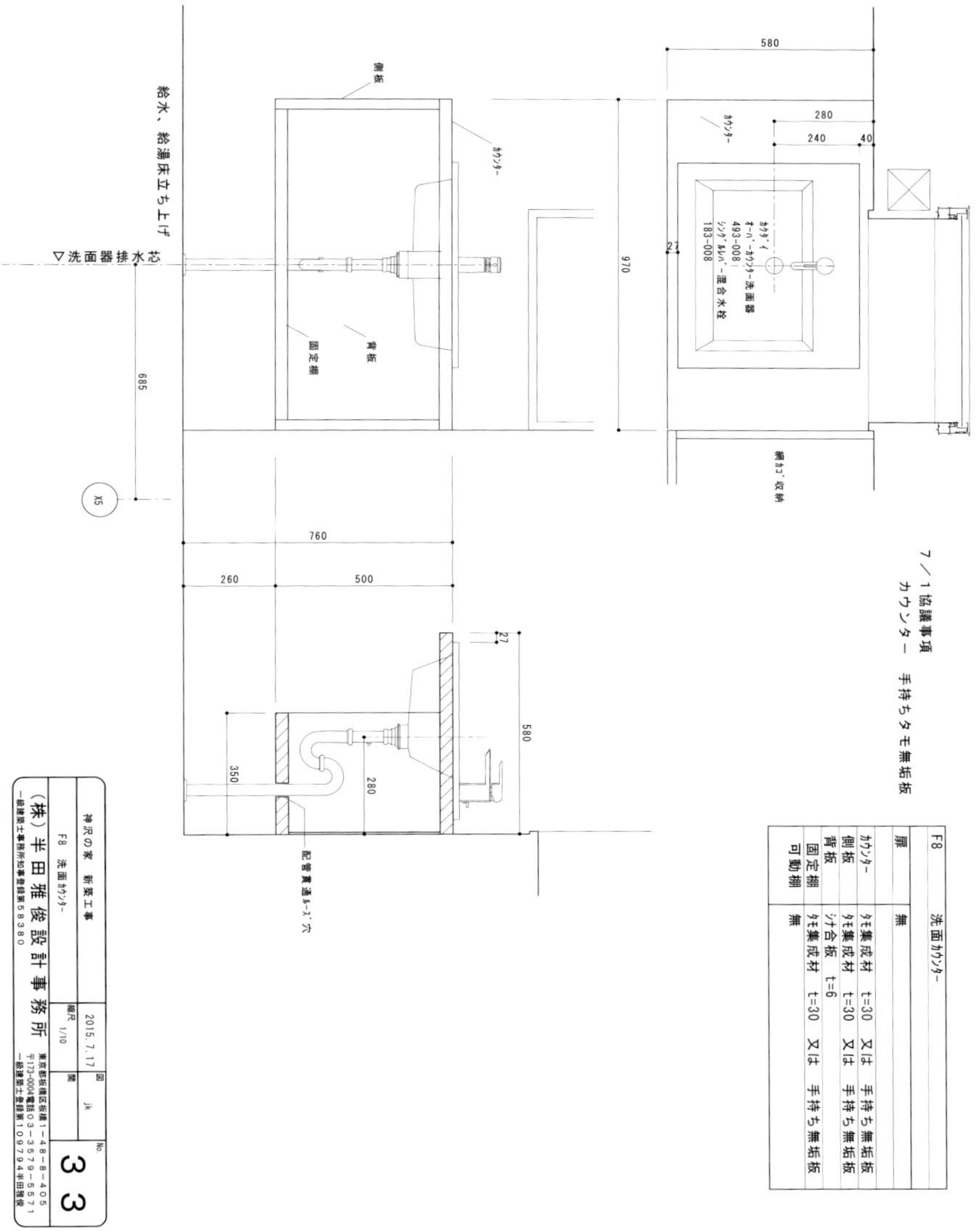

給水、給湯床立ち上げ
▽洗面器排水芯
側板
カウンター
背板
固定棚
配管貫通ルーズ穴
網カゴ収納
カクダイ
オーバーカウンター洗面器
493-008
シングルレバー混合水栓
183-008
580
280
240
40
27
970
685
760
260
500
350
580
X5
7／1協議事項
カウンター　手持ちタモ無垢板
F8　洗面カウンター
扉　無
カウンター　タモ集成材　t=30　又は　手持ち無垢板
側板　タモ集成材　t=30　又は　手持ち無垢板
背板　シナ合板　t=6
固定棚　タモ集成材　t=30　又は　手持ち無垢板
可動棚　無
神沢の家　新築工事
F8　洗面カウンター
2015.7.17
縮尺 1/10
jk
No. 33
（株）半田雅俊設計事務所
一級建築士事務所知事登録第58380
東京都板橋区板橋1-48-8-405
〒173-0004電話03-3579-5571
一級建築士登録第109794半田雅俊

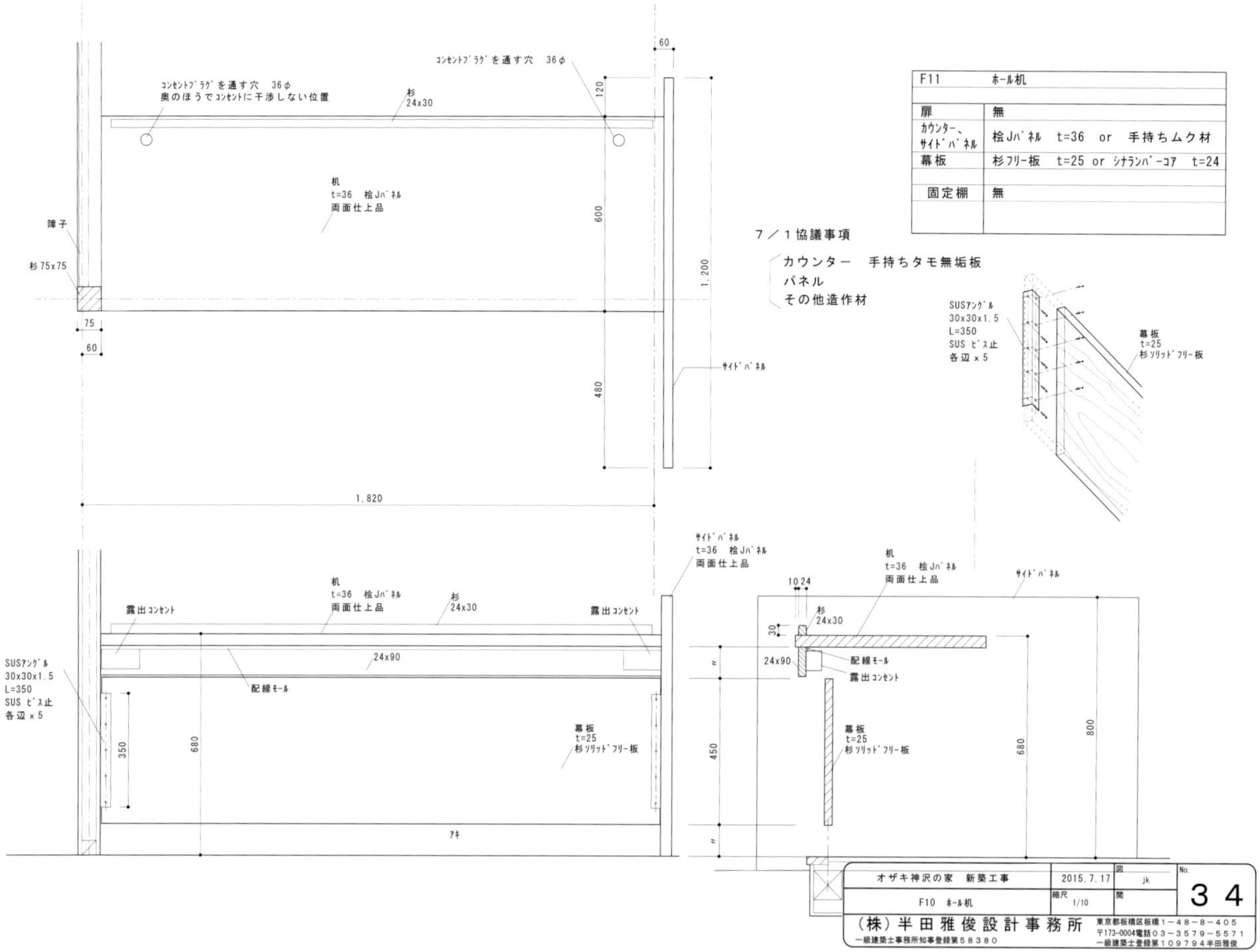

F11	ホール机
扉	無
カウンター、サイドパネル	桧Jパネル　t=36　or　手持ちムク材
幕板	杉フリー板　t=25 or シナランバーコア　t=24
固定棚	無

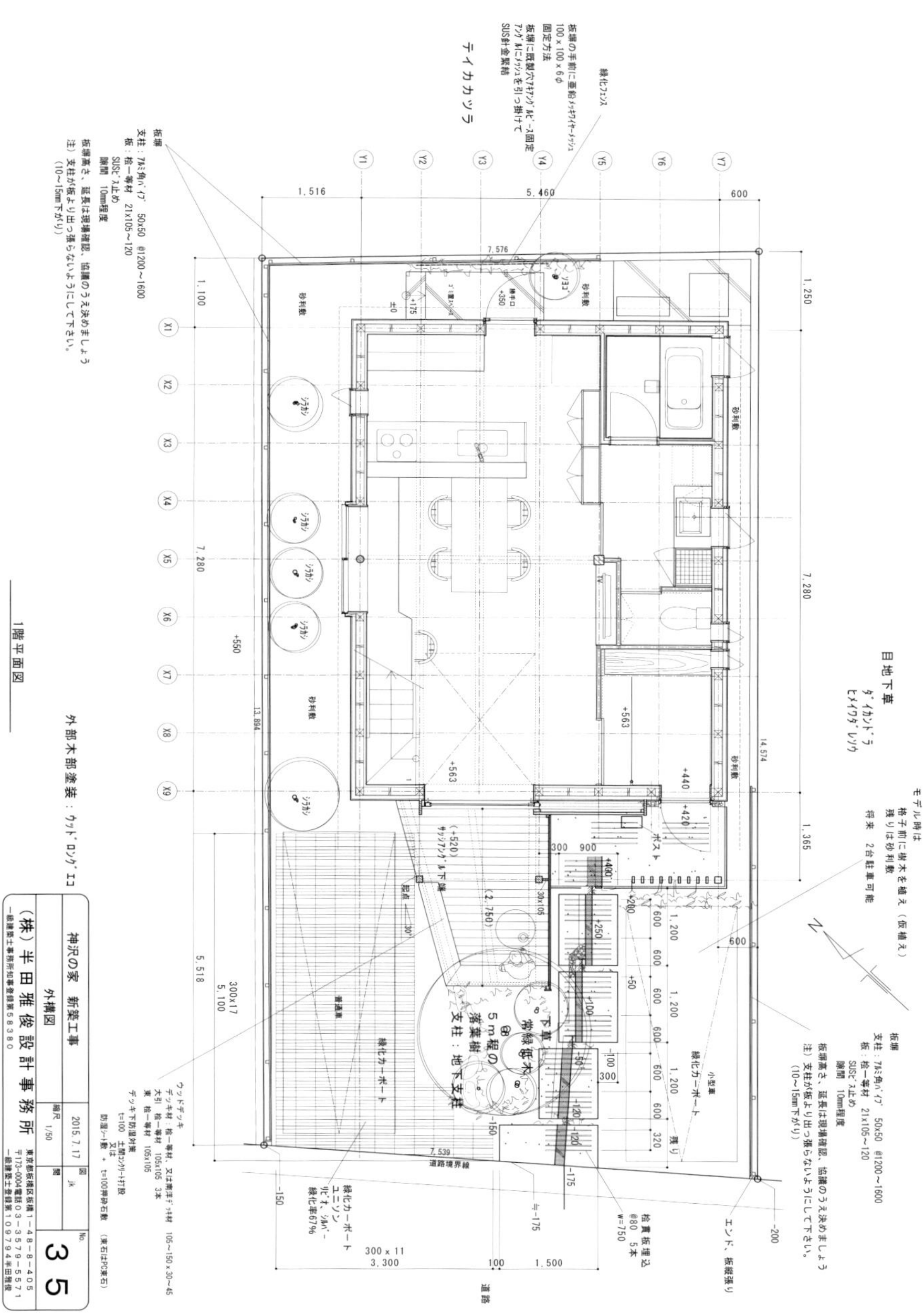
1階平面図
外部木部塗装：ウッドロングエコ
神沢の家 新築工事
外構図
2015.7.17
1/50
35
(株)半田雅俊設計事務所
テイカカツラ
目地下草
緑化カーポート
道路境界線
道路

出典

◉図版・写真クレジット

Los Angeles
０２１　写1

吉田桂二『間取り百年』彰国社、２００４
０２４　図2
０２５　図3、４
０２６　図5
０２７　図6

大阪毎日新聞社
０２６　写8

毎日新聞社
０２７　写9

増沢建築設計事務所
０２７　図7

平山忠治
０２７　写10
０２８　写11

◉参考図書

Frank Lloyd Wright, "The natural house", Horizon Press Publishers（遠藤楽訳『ライトの住宅』彰国社、１９６７）

あとがき

　古くなっても、使い続けたいと思える住宅とは、どんな建築だろうか。時代の変化に追従しやすい柔軟性は大切であるが、それだけではないはずだ。ライトの住宅や日本の民家のように建築自体が魅力的であることが、建築のもっとも根本的な要素である。魅力のある空間は直してでも使いたくなる。長く使い続けることで愛着が増し、地域の歴史となってゆく。住宅は個人の所有でも、街の景色の一部なのだ。

　かつて日本の町並みの美しさは、訪れる外国人を魅了した。現在でも美しい町並みが保存されている地域もあるが、一般住宅地の状況はどうだろうか。現実は建築の問題だけではなく、地価や税制などさまざまな社会的要因が絡み合ってできている。個人の努力でできることは限られているが、住宅建設に関わる専門家となるためには、建て主の要望を具現化するだけではなく、良識をもって先を見据えた見識を活用して、将来の社会に貢献する存在でありたいものだ。

　この本は、工学院大学での建築プロセス論の授業をまとめたものである。主任教授である鈴木敏彦先生と彰国社の鈴木洋美さんのおかげでようやく出版にこぎ着けることができた。感謝でいっぱいである。

2016年3月
半田雅俊

◆著者プロフィール

鈴木敏彦（すずき　としひこ）プロフェッサーアーキテクト

工学院大学大学院建築学専攻修士課程修了。早稲田大学建築学専攻博士課程を経て、東北芸術工科大学プロダクトデザイン学科助教授、首都大学東京システムデザイン学部准教授を歴任。現在、工学院大学建築学部教授。ATELIER OPA 共同主宰。

半田雅俊（はんだ　まさとし）住宅を中心に手掛ける建築家

工学院大学建築学科卒業。遠藤楽建築創作所、Frank Lloyd Wright School of Architecture（タリアセン）を経て、半田雅俊設計事務所設立。現在、工学院大学非常勤講師、NPO 法人家づくりの会理事、日本建築学会会員。

プロセスでわかる 住宅の設計・施工

2016年 4月10日　第1版 発　行

著作権者との協定により検印省略

著　者　鈴　木　敏　彦
　　　　半　田　雅　俊

発行者　下　出　雅　徳

発行所　株式会社　彰　国　社

162-0067　東京都新宿区富久町8-21
電話　03-3359-3231（大代表）
振替口座　00160-2-173401

自然科学書協会会員
工学書協会会員

Printed in Japan

印刷：壮光舎印刷　製本：ブロケード

ISBN 978-4-395-32017-2　C3052　http://www.shokokusha.co.jp